地域経済政策学入門

帝京大学地域経済学科
山川充夫 [編著]

八朔社

はじめに

　近年，地域学への関心が非常に高まっている。2016 年 4 月には「地域」を冠する学部・学科・コース等が 10 の国公立大学と 1 つの私立大学で新たに設立された。これは「日本再興戦略」(2013 年 6 月 14 日閣議決定)，「教育振興基本計画」(同日閣議決定)，「これからの大学教育等の在り方について（第三次提言）」(同年 5 月 28 日，教育再生実行会議) 等を踏まえた「国立大学改革プラン」(同年 11 月) に沿った結果の一部である（文部科学省，2013）。具体的には各国立大学は 2016 年に始まる第 3 期中期目標・中期計画でのミッションの再定義として，文科省から「世界最高の教育研究の展開拠点」，「全国的な教育研究拠点」，「地域活性化の中核的拠点」のいずれを選択するのかを求められ，地方国立大学の多くは「地域活性化の中核的拠点」を選択することになった。

　しかし我々が関心を持つのは「地域」に関する政治経済学的な視点である。政治経済学的に重要なことは，地域学への関心の強まりが新自由主義的なグローバリゼーションに対抗するもう一つの選択肢としてのローカライゼーションの動きを背景としていることである。経済地理学者のデヴィッド・ハーヴェイは「新自由主義とは何よりも，強力な私的所有権，自由市場，自由貿易を特徴とする制度的枠組みの範囲内で個々人の企業活動の自由とその能力とが無制約に発揮されることによって人類の富と福利が最も増大する，と主張する政治経済的実践の理論である」(D. ハーヴェイ，2007) とし，その実践とは国家間における経済的国境を限りなく引き下げることであり，世界的企業があらゆる生産要素を直接的に利用することによって，新たな不均等発展のもとで世界経済地理が再編成される姿を的確に描いている。

　この世界経済地理の新たな不均等発展を理解するキーワードは経済的な集中の強まりとしての集積経済である。それは世界的企業によって立地選択された場所の地域経済は発展するが，それは限られた場所でしかない。圧倒的に広い空間を占めるその他として地域経済は，立地選択された地域経済へのアクセスの良し悪しがその盛衰分岐となる。アクセスが良い場合には集積経済の後方連関的な波及効果を獲得できるが，アクセスが悪い場合には選別された

生産要素の供給地域として前方連関的な波及効果を期待するしかない（世界銀行，2008）。こうした生産要素の供給地域は多様な産業を創り出せないことから，グローバル競争によって経済衰退と雇用崩壊，そして人口流出が一気に進むことになる（J. ジェイコブズ，2012）。

　国勢調査によると，日本の総人口は2010年の1億2,806万人を頂点として減少局面に入り，2015年には1億2,711万人となり，2010年対比で0.7％減であった。都道府県別でみても東京圏など8都府県を除くと，人口減少となっている。市町村別でも東京都特別区や政令指定都市及びその周辺市町村では人口増加がみられたが，人口が減少した市町村は全体の8割を超え，5％以上減少した市町村の割合が約半数に拡大している。しかも人口減少地域においてはその年齢構成が少子超高齢型になっており，地域経済の衰退のみならず，地域社会それ自体の維持が困難になる地域が急増した。こうした地域の問題に高等教育機関の教育研究に携わる我々は，何を教育目標として掲げ，どのように行動していけばよいのであろうか。本書が掲げる基本的課題はここにある。

　以下，各章について編者なりの読み込みによって，その端緒を紹介しておこう。
　地域経済政策学は，地域／経済／政策の3つから構成されている。「地域」はもともと日常的な言葉であるが，それを学として定義をすることは簡単ではない。その定義づけにあたっては，経済学体系との関係や政策学体系のなかでの位置づけが問題となる。近年，経済学体系に立地論的視点から市場論を経由した空間概念が積極的に取り込まれており，都市経済学や空間経済学として発展してきた。しかし自然環境・建造環境のもとで多様な生活様式を紡ぎあげてきた「生きられた」人間集団を土地空間として括る「地域」概念には，経済計算だけでは説明できない多様な「豊かさの実現」が求められており，その理論化は緒に就いたばかりである。とはいえ我々は現実の経済活動において「地域」を掲げる意義を明確にし，そこに生活している人々に豊かさをもたらす経済理論を構築しなければならない。当面は，グローバル経済や国民経済に対置する地域経済はどのような経済循環を持つべきかを議論していきたいと思う（第1章）。

空間的枠組みとしての「地域」は，人間集団が大地のもつ自然条件との相互関係において独自の生活様式を発展させ，社会的共通資本ともいうべき制度・文化・言語を歴史的に創造し，その到達点としてアイデンティティをもっていることである。なぜグローバル経済化の下で地域経済のあり様が議論されているのかの理解にあたっては，逆に地域経済政策がどのような政治経済的意図のもとで進められようとしているのかを理解する必要がある。それは近代において人工的に作り上げられてきた「国民」や「国家」の成立過程のなかで「地域」概念が対抗的かつ意識的に登場した歴史的状況を振り返ることで理解することができる。近代フランスにおける「地域主義」や「地域経済政策」の歴史的検討は，中央集権的制度枠組を強く持つ日本における地域経済政策の理解とそのあり方を学ぶ上で重要である（第2章）。

　国民経済との対抗関係をもつ地域経済は都市経済と農村経済の両方を圏域として統一することで成り立っているが，少なくとも産業革命以前にあっては都会と田舎はそれぞれが独自の産業経済と文化的雰囲気とニュアンスをもっていた。産業革命そのものも田舎に対する租税強化により蓄積された国家資本と農家の階層分解により析出された労働力を新技術のもとで再結合することによって進んだ。田舎から離れた農民が東京や大阪などの工場で労働者として働き，職場の周りに生活者として定住することによって，都会とは異なった工業を主軸とする近代的都市が成立した。これは近代的都市が田舎を政治的・経済的・文化的に解体しつつ農村として包摂していく過程でもあり，交通・通信のインフラ整備や高等教育機関の配置を通じて，日本の地域構造は東京を頂点とし地方中枢都市を出先とする都市システムの階層化を強化し，都会と田舎という水平的分業関係ではなく都市と農村という垂直的分業の関係に再編成されてきたのである（第3章）。

　地域経済活動はヒト・モノ・カネ・チエといった生産要素だけで動いているわけでない。それらを価値連鎖としてどのように組み合わせていくのかが重要になる。労働生産性の向上にはアダム・スミスが『諸国民の富』の第1章に取り上げているように社会的分業を深化させなければならないが，それには交通関係や信用関係の発展が伴わなければならない。交通関係や信用関係はこれもアダム・スミスの『道徳感情論』にみられる道徳的了解としての「同感」や

『法学講義』にみられる法制度の整備がなければならない。その社会的関係性は社会的ネットワークあるいは社会関係資本として括られるが，その地域における社会的関係資本の多寡が経済活動，健康増進，福祉・子育て，文化活動から災害・危機におけるレジリエンスに影響することから，無差別性に特徴づけられる公共空間の中でどのように再構築していくのかが，地域づくりや地域活性化にも大きく影響する（第4章）。

東日本大震災をかえりみるまでもなく，災害における当面の復旧は「自助」「共助」でも対応は可能であるが，本格的な復旧と復興には「公助」を決して欠かすことはできない。同様に地域経済政策の展開にあっても「公助」はその基幹をなすが，逆に「自助」「共助」のない「公助」のみによる地域経済政策では持続性や効果性が弱いものとなる。日本においてはなお「公共政策基本法」が制定されていないことからもわかるように法制度的に「公共」の概念は明確ではない。当面は日本国憲法にその根拠を拠りつつ，公共の利益の増進に資する行為で，国民の日常生活及び社会生活に必要な基本的な需要を満たすものとする「公共サービス基本法」の考え方を前面に出す公共政策として，地域経済政策を進めていくしかない（第5章）。

公共政策のうち社会インフラなどのハード整備は，20世紀後半においては国土総合開発法を上位規程とする法体系と社会資本整備計画にもとづく国の公共事業として進められてきた。しかし社会資本整備はそれ自体が自動的に地域に豊かさをもたらすものではない。自治体が正面切って取り組まなければならないのは，「一村一品運動」や「ふるさと創生」や「地方創生」などの点検からも確認できるように，地域経済政策には何よりもまず人々の生き方を支える価値観や文化などの理念・哲学が必要であり，そのためには自らの地域特性を大事にして独自の価値を見出す努力を続け，相互信頼に裏付けられた実践で試行錯誤することが求められるが，その評価軸は真の民主主義すなわち地方自治の発展に寄与できるかどうかにある（第6章）。

地域経済政策はその地域の主軸産業が何であるのかによってその組み立ては違ってくる。農山漁村の経済振興を図るためには，地域の産業全体の中で大きな比重を占めている農業の振興をめざす努力を避けて通ることはできない。その際に必要なことは，農業生産を担う人々が生活を支えるための農業所得を

確保できるという客観的な条件を満たすことであり，同時にそれを前提としつつも，農業経営に対する各種の国家的政策を活用することの正当性を農業者が了解し，その信念と自信に支えられた意欲と責任感をもって産業活動を担うという主体的な条件が満たされることである。20世紀後半からの農業政策は，①生産支援政策，②価格政策，③直接支払いという3段階を経て今日に至っているが，市場メカニズムの反作用とともに，地域経済発展にどのような意義を持っているのかも検証されなければならない（第7章）。

製造業の労働生産性は農業のそれよりも高く，しかも収穫逓増型の集積経済を持つために，高度経済成長期には地方自治体は国の産業立地政策を活用して大企業の工場誘致に積極的に取り組んできた。しかし大企業はグローバル競争のもとで製造拠点の世界的最適配置に向けたスクラップ・アンド・ビルドを常に行っており，これは国内における工場も例外ではなく，多額の補助金を投入したにもかかわらず撤退する事例が多く出ている。そのため地域経済政策は大企業誘致を目指した産業立地型から地域密着の中小企業育成型に転換することが求められる。しかし地方自治体はその育成や発展のために熱心だったとは言えず，こうした方針を大きく転換し地域の中小企業を育成しない限り，また起業が進まない限り，地域経済の再生は不可能である（第8章）。

国際的なバリューチェーンとの関係で製造業の立地配置が変動するように，国内における商業空間も大型スーパーやコンビニエンスといったチェーンストアによる多店舗立地やインターネット無店舗販売といった業態の変化によって影響を受けている。住宅地の郊外化と連動する商業空間のロードサイド化は，特に地方都市の中心市街地に空洞化をもたらし，ライフラインなどの生活インフラの整備や維持のためのコスト負担が国家・自治体財政運営に重くのしかかっている。地方都市再生のためには歩いて暮らせるコンパクトな都市構造への転換が求められており，それに向けてまちづくり三法の改正が行われたが，そこでは住宅政策とともに商業・サービス機能をはじめとする生活全体にかかわる都市機能の再配置による活性化が地域経済政策の重要な要となっている（第9章）。

これまでの地域産業政策は基本的には産業部門，すなわち中央省庁の産業政策としての補助事業を地域や自治体がどのように有効に活用していくのかに

あった。また観光振興もこうした産業政策の一部として付加的に位置づけられてきたために，著名な観光資源をもつ地域以外では地域経済政策として大きな関心がもたれてこなかった。しかし観光を産業という業種視点ではなく，地域という業態視点から見ることによって，その地域に根付いた歴史や文化，昔からある自然や景観が観光資源として発掘されてきた。つまり新しい何かを作り出さなくても，その地域にもともとある資源を活用すればよく，社会経験が少ない若者，女性，シニアと様々な年齢層が活躍でき，また常勤でもパートタイムでも雇用されるという雇用効果のみならず，地域産業の見直しなど産業連関効果も大きいことから，地域経済政策としても注目を浴びている（第10章）。

　日本の観光政策は歴史的には明治初期における開国後の日本を外国へアピールするとともに，訪日した外国人の斡旋を目的としており，国立公園法の制定もその一環であった。他方国内旅行を促進するために有名社寺と都市圏を結ぶ鉄道の敷設が進められた。20世紀後半の高度経済成長期にはさらに観光旅行の条件整備のために観光基本法の制定や施策をとりまとめた『観光白書』の作成を開始した。現在の自治体の観光地域政策は，財政難のなかで地域資源を活用する観光まちづくりに重点を置いているが，高速交通体系網の整備の促進やインターネットの進展はパック旅行を低廉化し，北海道や沖縄が東京や京阪神の近距離観光地と同時競争する状況とを生み出している。今後の観光地域政策にはインバウンド受入対応や農業景観・農村空間の再評価が必要であり，そのためには持続可能な地域づくりとの密接な連携が必要となる（第11章）。

　すでに述べたように，地域経済政策の展開には自治体等からの財政措置を欠かすことはできない。財政難のもとで新投資を行うためにはその歳出の効率性や効果性が測定され，加えてPFI等の民間活力の導入といった公民連携が重要になる。そのため近年では自治体財政分析については単に従前からの官庁会計方式としての単式簿記・現金主義による分析だけでなく，企業会計方式としての複式簿記・発生主義による分析も進められており，本章では栃木県を事例として，官庁会計方式による決算書類を企業会計方式から組み換え直し，投資案の評価方法に一石を投じている。事例的には全国的に注目を浴びている宇都宮市のLRT整備計画について精査し，開業後5年以内の単年度

収支の黒字化と開業後 15 年以内の繰欠解消ないし債務の償還とが採決合否の目安となるので，採算に乗るとは言い難い。しかし費用便益分析では 30 年間累計の現在価値は同期間における総費用の 1.2 倍であり，投資に値するという結果を得ている（第 12 章）。

　会計的視点は個別事業が地域経済政策にとってどの程度有効であるのかの会計情報を提供するが，産業連関分析は地域経済政策のマクロ的経済情報を提供することができる。ただし産業レベルでの取引の集計値をもとに確かめるといった役割にとどまるという限界性を忘れてはならない。産業連関的視点から地域経済政策を考える際には，その地域にどのような企業が立地しているのか，立地している企業はどのような産業に属するのか，立地している企業の売り上げや利潤はどうなっているのか，立地している企業間の取引は盛んなのか，立地している企業間の取引は複数の産業にわたるような取引になっているのか，といった点に関する現状把握を行うことが，まず必要となる（第 13 章）。

　さらに近年，地理情報システムやオープンデータが普及してきており，地域経済政策づくりは新たな局面に入っている。地理情報システムは地理的な位置に関する情報を持ったデータを扱い，地理情報を総合的に管理したり，加工したり，視覚的に表示したり，高度な分析や迅速な判断を行うことができるようになった。例えば，独居高齢者の分布を示すレイヤーと避難所の位置を示すレイヤーを重ね合わせることで，避難所へのアクセスが不便な人，すなわち災害時要支援者の人数を洗い出すことができるようになる。人の位置情報に関するデータは地域経済の観点に限定したとしても，買い物行動の把握や商店街の通行量の把握など，現実の商圏の判定や買い物難民の実態を把握することができる。経済産業省が提供する RESAS は，「ビッグデータを活用した地域経済の見える化システム」を，経済分野に限らず様々なデータを搭載することで，地方自治体が「地方版総合戦略」の立案等をする際に役立てることを目的としている（第 14 章）。

　GIS 普及のきっかけを作った阪神淡路大震災は，同時にボランティア活動の本格的な拡大をもたらし特定非営利活動促進法（NPO 法）の制定のきっかけともなったが，これは NPO／NGO などを中心とした「非営利革命」が世界各地で進んでいる背景には利潤動機に基づく市場原理と政府の計画原理のいず

れもが行き詰っているとの認識が広がったことにある。

　地方自治体ではいま，トップダウン型のNPM導入とNPOなどボトムアップ型の市民自治とが並行して進んでいるものの，2つの流れは中央集権システムから地方分権に向かうので，公共サービスのあり方を見直す点では一致している。しかし行政のダウンサイジングを目指したNPMが導入されると，それまでのNPO支援策は民間委託などアウトソーシングに傾いてしまう。公共の担い手としてのNPOには，なお活動資金確保や運営効率化やコスト削減などに大きな問題が残されているものの，これまでの「公共＝官」の世界から「公」と「共」を分離して「共＝市民やNPO」とし，「公」「共」「私」の連携による，問題解決型の「パートナーシップ」へ転換が求められる（第15章）。

　地域経済政策を進めていこうとする時に問題となるのは，ヒト・モノ・カネ・チエなどの諸資源が地域に蓄積されてきていないことにある。とりわけ新しい公共の担い手としての人材をどのように確保あるいは育成していくのかが，実は地域経済政策の展開の要となっている。「公」としての国・自治体は法律制定や財政支出はできるが，それを具体的に動かしていくのは「共」としての地域である。企業や個人としての「私」を超えた「共」の担い手をどのように育成していくのか，その育成の仕組みとしての「学びの共同体」に注目することは重要である。現段階では「教室にいる一人ひとりの生徒の学ぶ権利を保障し，学びの可能性を開く」という哲学・ビジョンの下で学校・大学教育のなかで取り組まれている。これを地域経済政策学は「地域にいる一人ひとりが住民の学ぶ権利を保障し，学びの可能性を開く」と読み替え，この哲学・ビジョンの下で地域の産官学民が連携して地域に豊かさを実現していくことが大切である（第16章）。

　帝京大学経済学部地域経済学科は東日本大震災と福島第一原子力発電所事故が発生した2011年3月の翌月に東京大都市圏の周辺部にあたる栃木県宇都宮市に設立された。地域経済学科の設立の目的は，経済のグローバル化や人口の少子高齢化という困難を抱える地方都市や農山漁村にあっても，地域経済社会活性化の道は必ずあることを確信し，その道を力強く切り拓いていくことのできるアイデンティティを構築する「地域の理論」と科学的・専門的知

見に基づく「政策の理論」とを学びつつ，さまざまなステークホルダーとの現場における「地域協働」を通じて社会実装していくことのできる「自分流」の人材を養成することにおいている。まだ短い期間ではあるものの，卒業生を栃木県及びその隣県の民間企業や官公庁さらには地域づくり協力隊に送り出している。

こうした教育研究実績（山川，2017）を踏まえて，2016年4月には帝京大学経済学研究科（本体は八王子キャンパス）は3つ目にあたる地域経済政策学専攻（修士課程）を届出設置した。この地域経済政策学専攻では，①グローカル視点からまちづくりを学ぶ，②徹底した少人数教育，③経験と実績をもつ教員が教育研究を担当する，④社会人院生を積極的に受け入れる，という4つの特徴を掲げ，特に立地場所の栃木県を強く意識して，中山間地域・農業振興モデル，地方都市再生モデル，観光振興モデル，産業集積モデルという4つの履修モデルを置き，地域経済社会における地域づくりや地域問題をダイレクトに把握しつつ，経済分析・企業会計・地理情報・社会調査などの技法を通じて客観的に分析し，地域政策の企画や地域の産業創出や雇用創出などを担うことのできる高度に専門的な人材を育成することとしている。

『地域経済政策学入門』の執筆者はすべて地域経済学科・地域経済政策学専攻を担う専任教員であるが，本書の各章は大学院専攻1年生向け必修科目である「地域経済政策学入門」（オムニバス）において担当した講義内容をベースに執筆されたものである。各教員は地域経済学科赴任以前においては地域学とほとんど接点を持たない教育研究あるいは実務・業務に携わっており，その専門的知見を地域経済政策学にどのように生かしていくのかという課題意識のもとで執筆されたものであり，その「多様性」と統一性がうまく生かされているかどうかが，本書の評価視点となろう。

本書が出版にたどり着くことができたのは，帝京大学理事長学長・冲永佳史先生からの「帝京大学創立50周年記念事業」助成と地域経済学科共通経費補助とによるところが大きく，深く感謝したい。また浅井康次教授には各教員の原稿について丁寧にチェックしていただいただけでなく，さらに索引等の作成にも全面的な協力をいただいた。もちろん各章の内容及び表現については，それぞれ執筆者に責があるが，本全体の構成や調整に不十分な点については，

編集責任者としての学科長にあることを明記しておきたい。最後に,出版事情の厳しい折,出版を快く引き受けていただいた八朔社の片倉和夫社長にも御礼を申し上げたい。

2017 年 2 月

宇都宮市豊郷台のキャンパスにて
山 川 充 夫

〈参考文献〉
ジェイン・ジェイコブズ著,中村達也訳(2012)『発展する地域 衰退する地域——地域が自立するための経済学』筑摩書房。
世界銀行編著,田村勝省訳(2008)『世界開発報告 2009——変わりつつある世界経済地理』一灯社。
デヴィッド・ハーヴェイ著,渡辺治監訳(2007)『新自由主義——その歴史的展開と現在』作品社。
日本学術会議(2016)『地域学のこれまでとこれから』地域研究委員会地域学分科会主催シンポジウム要旨集。
文部科学省(2013)『国立大学改革プラン』。
山川充夫(2017)「地域経済学科創設 6 年を迎えて」『帝京経済学』第 50 巻第 1 号。

目　次

はじめに

第1章　地域経済政策学への道 …………………………………… 1
Ⅰ　経済のグローバル化と地域経済循環　1
Ⅱ　地域経済をどのようにとらえるか　3
Ⅲ　地域（経済）政策とは何か　10
Ⅳ　地域経済政策学が提起する視点　14

第2章　フランスにおける地域経済政策の誕生
　　　　　——「単一にして不可分な共和国」における「国家」と「地域」の関係—— …… 22
Ⅰ　はじめに　22
Ⅱ　本章における「地域」概念とその成立要件　23
Ⅲ　「単一にして不可分の共和国」の形成と地域アイデンティティの抑圧
　　（19世紀前半以前）　29
Ⅳ　産業革命の進展と地域間格差の拡大（19世紀後半）　32
Ⅴ　フランスにおける「地域主義」の興隆と「地域経済政策」の誕生
　　（19世紀末〜20世紀前半）　36
Ⅵ　おわりに代えて　45

第3章　「都会」と「田舎」の歴史 ………………………………… 49
はじめに　49
Ⅰ　江戸時代の農村　49
Ⅱ　明治以降の都市と農村　57
Ⅲ　東京一極集中　63

第4章　社会関係資本と地域経済政策 …………………………… 67
Ⅰ　地域経済政策と「社会」への視点　67
Ⅱ　社会構造と社会関係資本　69

Ⅲ　社会関係資本の所在と地域社会　74
　　Ⅳ　関わりあう社会の力　80

第5章　公共政策と地域経済政策　……………………………　83
　はじめに　83
　　Ⅰ　「公共政策」の定義　83
　　Ⅱ　公共政策に対する規律　87
　　Ⅲ　法令用語等　98

第6章　地方創生への道
　　　　　──「一村一品運動」「ふるさと創生」そして「地方創生」へ──　………　103
　はじめに　103
　　Ⅰ　地域3政策の理念・目標・背景の差異　104
　　Ⅱ　地域3政策における国の関与のあり方の差異
　　　　──全国総合開発計画との関係を含めて　113
　　Ⅲ　地方創生の事業評価（主体・方法）の意義と課題　119
　おわりに　122

第7章　農業政策の推移と現段階──直接支払いの意義と限界を中心に──…　124
　　Ⅰ　問題の所在と本稿の課題　124
　　Ⅱ　農業政策の諸段階・諸類型　126
　　Ⅲ　直接支払いの導入・定着過程──アメリカ・EUの場合　131
　　Ⅳ　価格政策の代替物としての直接支払いの問題点　135
　おわりに　139

第8章　地域経済に果たす中小企業・ベンチャー企業の役割　………　142
　　Ⅰ　中小企業，ベンチャーとはどのような企業か　142
　　Ⅱ　日本の中小企業　144
　　Ⅲ　中小企業の育成に向けて　153

第9章　地方都市再生と商業まちづくり　……………………　162
　　Ⅰ　まちづくりの公共性　162

Ⅱ　地方都市再生と改正まちづくり三法　166

　　Ⅲ　集約型都市構造への転換と改正まちづくり三法　169

　　Ⅳ　商業まちづくりへの取組み　173

　　Ⅴ　おわりに ―地方都市中心市街地再生の視点　176

第10章　地域経済と観光産業 …………………………………… 180

　　Ⅰ　高まる観光産業への期待　180

　　Ⅱ　観光産業の範囲と特徴　182

　　Ⅲ　旅行業・宿泊業・運輸業　185

　　Ⅳ　地域から生まれた観光産業　192

第11章　観光地域振興と地域経済政策 …………………………… 201

　　Ⅰ　観光地域政策の意義と目的　201

　　Ⅱ　観光地域に関する政策の変遷　204

　　Ⅲ　現在の観光地域政策の特徴と今後の展望　209

　　Ⅳ　農村地域の観光政策　210

　　Ⅴ　農村地域の観光振興政策 ―埼玉県秩父市大滝地区　217

第12章　企業会計と地域経済政策 ………………………………… 220

　　Ⅰ　民間活力の導入　220

　　Ⅱ　地方公会計の改革　222

　　Ⅲ　管理会計の視点　229

第13章　産業連関分析と地域経済政策 …………………………… 238

　　Ⅰ　はじめに　238

　　Ⅱ　産業連関表とは　240

　　Ⅲ　関連する統計表　242

　　Ⅳ　都道府県産業連関表　245

　　Ⅴ　結果の概要　246

　　Ⅵ　結果の解釈　248

　　Ⅶ　まとめ　251

第 14 章　地理情報と地域経済政策 …………………………………… 255

　Ⅰ　地理情報の活用の広がり　255

　Ⅱ　地理情報システム　256

　Ⅲ　オープンデータの普及と地理情報の活用　261

　Ⅳ　地域経済政策に関わる地理情報——製造業の集積の広がりを計測する　264

　Ⅴ　地域経済政策に関わる地理情報——オープンデータの利用と地域経済政策　268

　Ⅵ　地理情報を活用していくための視点と今後の展望 …………………… 271

第 15 章　NPO と地域経済政策 …………………………………… 274

　はじめに　274

　Ⅰ　NPO の現状　275

　Ⅱ　世界的な非営利革命　278

　Ⅲ　日本の非営利革命　283

　Ⅳ　自治体改革と NPO　287

第 16 章　地域経済政策と人材養成教育 …………………………… 293

　はじめに　293

　Ⅰ　地域政策の動向　294

　Ⅱ　生徒が自ら知識を獲得する授業　297

　Ⅲ　協同学習が地域人材養成にとって持つ意味　308

　おわりに　309

索　引

第1章　地域経済政策学への道

I　経済のグローバル化と地域経済循環

1　経済のグローカル化と本章の課題

　21世紀に入り，デジタル技術の革新とインターネットの発展や携帯電話の普及（世界銀行，2016），国内外航空の低廉化や高速道路の延伸，EU（ヨーロッパ共同体）やASEAN（東南アジア諸国連合）やNAFTA（北米自由貿易協定）など関税や非関税障壁を低下させる国家間の結びつきの前進は，ヒト・モノ・カネ・チエといった生産要素の国際的移動にかかわる取引費用を低下させた。これは一方でサプライチェーンの整備によるグローバル基準における市場圏の形成を進め，他方でローカルレベルにおける集積経済の進展による財・サービス・情報の生産加工の局地化を促してきた（山川，2003）。

　こうしたグローカル化は，国境を前提とする国際経済学と国境を前提としない地域経済学とが，新経済地理学（藤田，2010；世界銀行，2009）あるいは空間経済学（藤田他，2000）として統合されるという動きを見せている。しかし現実には貿易政策，金融政策，為替政策，経済政策，地域政策など国家の果たす役割がなお大きく，多国籍企業は資本調達，原材料調達，労働力確保において国際的な価値体系の違いを，戦略的にコスト格差として活用し剰余価値を生産している（岩井，1992）。こうしたグローバリゼーションは生産要素が国境を超えないことを前提とするD.リカードの比較優位論（リカアドオ，1952）や雁行形態論（清田，2016）を脅かし，国内で比較劣位に位置づけられていた地方圏において産業の空洞化や生産放棄に拍車がかかり，絶対劣位に転落することで人口喪失が進み，ローカル経済は崩壊の危機に直面している（青野他編，2015；鹿嶋，2016）。

　しかしグローバリゼーションは一面的ではない。つまり国内的には比較劣位

と位置づけられている地方圏であっても，国際的な新たな交通空間体系に位置づけられれば，諸経済的機能が集積し，その経済波及として発展する可能性はある（津守，1997；中野，2014）。もちろんそれはヒト・モノ・カネ・チエにかかわる集積機能を戦略的に再配置あるいは誘致する必要がある。確かに多国籍企業を基軸とするグローバルな価値連鎖に組み込まれているニューヨーク・ロンドン・東京などの世界都市は優位性をもっている（サッセン，2008）。しかしその世界都市ですら多国籍企業をいかに誘致するのか，そのために国家は何ができるのかが常に問われ（スコット，2004），その都市環境の整備の競争に絶えず追われている（コトラー，2015）。

本章では，世界がかつて直面したことのないグローバリゼーションと少子超高齢化が進む日本において，地域づくりや地域再生を進めていくことのできる地域経済政策はいかにあるべきかについて，これまでの先学の知に拠りながら模索したい。以下においては，まず地域経済発展の構造を移出産業とそれを支える地域産業とに分けたうえで両者の関係性を把握する。ただし地域経済は具体的な場所あるいは土地において展開しており，自然条件と人間活動の歴史的所産としての「地域」にかかわる固有価値の見出しは，その地域経済の再生や発展にとって重要であり，それによって国民経済あるいはグローバル経済との関係で「自立的」あるいは「対抗的」あるいは「内発的」意義を明確にできると考えられる。こうした意義の探求は経済政策一般に対する地域経済政策の相対的に独自な展開を経済学的に根拠づけることになり，グローバリゼーションのもとでの地域経済政策はどのように転換していくべきなのか，あるいは再構築していくべきなのかが問い求められることになる。

2　経済の地域循環構造

経済の地域内循環の基本は移出向産業（以下，移出産業）と地域市場向産業（地域産業）との2つを軸にして説明することができる。移出産業は域内外の関連産業から財・サービスを調達し，付加価値をつけて生産財・サービスを域外に出荷し，その対価を域外から受け取る。生産された付加価値は労働者所得（給与等），企業所得（利潤等），税金などに分解される。労働者が域外から通勤していたり，域外の家族に送金したり，本社が域外に立地していたり，税徴

収機関が域外に立地していたりすると，所得や税源は域外に流出する。その逆の場合は，所得や税源が域内に流入する。もとより労働者・経営者はその生活を維持するために少なくとも衣食住にかかわる財サービスを購入しなければならない。

　これらは最終需要として取り扱われるが，最終個人消費のみならず年金などの公共支出，経営者による民間投資もその中には計算される。さらに最終需要には域内からの需要にとどまらず，域外からの民間直接投資や中央政府等からの補助金支出，旅行等の人の動きなどに伴う所得流入もある。こうした最終需要への財・サービスの供給は域内外の産業から行われる。そのうち域内需要に対応できる地域産業は，移出産業と同様に域内外から中間財サービスを購入し，雇用を通じて付加価値が生産される。そしてここで発生した付加価値は基本的には地元向市場産業の財・サービスを購入するものとして計算処理されるのである（岡田，2005）。

　このように地域経済分析は，これまではどちらかといえば移出産業を基軸産業として捉え，地域産業を非基軸産業と捉えることが多いが，例えば地域産業の総生産比率は神奈川県では1990年の42％から2000年の49％にまで拡大しており（中村剛治郎，2008），また金沢市では域内最終需要向産業の生産額割合が，1980年37％から2000年には42％に拡大している（佐無田，2008）ので，域内消費向けの財・サービスの生産の側からの地域経済の形成や再生が語られなければならない（コリン，1999）。

II　地域経済をどのようにとらえるか

1　経済の地域性はどこからくるのか

　地域産業を語るにあたって，まず必要なことは「地域」をどのようにとらえるかにある（朝野他編，1988）。地域についての最も簡略的な定義は「土地の区

---

(1)　朝野他（1988）では，1980年代までの「地域」概念に関して，経済地理学における地域構造論を基軸にして，経済史学，地方財政学，地域主義，地域社会学，国土計画，都市計画，中心地理論などの関連分野，及び西ドイツ，イギリス，フランス，東南アジアにおける地域計画ないしは地域開発としての「地域」概念がレビューされている。

域，区画された土地」(新村編，1971) というものである。次に「地域」を学問対象としている地理学は，ギリシャ時代以降，長い学問的蓄積をもっており，その特徴は自然的基盤としての大地の上に展開する人間集団の生活様式とその展開の多様性を規定する原理や機構を探ることにある (フェーブル，1922)。地理学における人間集団の生活様式は，その場所における「自然環境」と「人間活動」との「相互作用」の結果として形成されると理解するのである (ブラーシュ，1970)。

自然環境と人間集団の生態学的関係や歴史的なプロセスに関心を持ってきた人文地理学の観点から，木内信蔵 (1968) は地域の本質を次のように語っている。「地表面は種々な場所的関係からなり立っている。一個の人の周りをみた場合，家族，近隣，勤務先，日用品の購入，選挙などあらゆる関係が放射して他の人々との間をつないでいる。人間とは人々をつなぐ間柄を言う。これらの複雑な関係のなかから，土地，位置，距離等の束縛性をもつ場所的関係を選び出し，それらのもつ基本的な関係の範囲によって地域を定めることができる」(82–83頁) と。

それでは自然環境を経済学はどのようにとらえてきたのであろうか。それは価値の源泉としての労働と自然との関係であり，古典派経済学は価値生産における労働における分業の深化が価値増殖の源泉であることを追究したものであるが (アダム・スミス，2007)，それだけでは説明しきれない生産性の場所的な違いを自然的な差異に求めていた。その自然的な差異は差額 (豊度) 地代によって説明されることになる (マルクス，1962)。ただしそこでは「人間が生産の自然的諸条件を正確に認識し，自然的生産過程を意識的に制御するときにのみ，自然生産物の価値と生産物量は大きくなりうる」(イムラー，1993；532–533頁) という視点を忘れてはならない。

産業革命を通じて資本主義経済体制が確立すると，次第に諸資源はグローバルに調達されるようになり，労働生産性が自然生産性の軛を断ち切って離陸するようになる。生態系あるいは物質・エネルギー・水循環系が生産要素に分断され，諸資源として認識され，大量生産・大量流通・大量消費・大量廃棄という持続不可能な生産様式として再構成されてきた。資本主義市場経済は単に自然基盤を分節化しただけでなく，人間集団も自然的基盤から切り離さ

れ,人間集団自体も解体され,原子的な労働力として市場経済のるつぼに放り込まれたのである。こうした資本主義的生産様式は,搾取と収奪を通じて貧富の階層間および地域間格差を拡大しているだけでなく(マルクス,1962),環境汚染や地球温暖化によって人類の存立基盤そのものを揺るがしている(宮本,2007)。

　地域経済政策学にとって重要なことは,「風景」(木岡,2007)や「景観」といった可視的で地域住民のアイデンティティをもたらす場所や土地そのものに「固有価値」を見出すという視点を明確にすることである。池上淳(2003)はラスキンについて「土地を評価するに当たって,地域の多様性を前提としつつ,一方では,科学的認識を基礎として,固有価値を活かす食料や物質的な力に注目し,他方では多様な生命の共存の空間として美を演出する知的な力に注目し」(61-62頁),「固有価値は,人間の生命と生活を支えうる自然の性質(例えば小麦は栄養になる,とか,花束は人間のセンスやハートに活力を与えるとか,土地は耕せて,景観をもつ,とかの)を基礎とし,この自然の性質を活かして生命と生活を発達させうる財やサービスを生産し,供給する力量と,その成果こそが固有価値である」と述べている(228頁)。

2　自立的な経済圏としての地域経済

　経済学は地域経済の空間単位をどのように設定しているのか。マクロ経済学の観点からすると「『地域』(Region)とは国民経済内部を地理的に分割し定義された自立的な経済圏であり,『地域経済学』(regional economics)とはこれら自立的な経済圏の互いに関連し合った成長・発展を分析する学問である」(福地編,1974;2頁)ということになる。ここで地域経済政策学が関心をもつのは「自立的な経済圏」の内容であるが,しかし福地の関心は自立的な経済圏の「互いに関連しあった成長・発展」の方にあり,「自立的な経済圏」がいかにあるべきかにとどまっている。「自立的な経済圏」は政府統計においては域内民経済計算の集計地域単位として設定されており,それは「国民」経済計算や「都道府県民」経済計算,「市区町村民」経済計算によって,当該年度の生産〜分配〜支出の相互連関が域内経済循環として取りまとめられている。しかしそれは集計単位としての「地域経済」であり,範疇としての「地域経済」はそ

の「自立的な経済圏」の内容が問題とされる。

矢田俊文（2015）は国民経済の地域構造論において「地域経済論における二つの視角」を論じ，「個々の地域経済の論理と，それと相対的に独自に展開される国民経済の論理に基づいてつくられる地域構造の両者を統一することが，依然として重要な課題となっている」(80頁)。「要するに，地域分業・地域循環・重層的な地域編成といった地域構造を日本資本主義の論理のなかで具体的に解明し，これを現実的な基盤としながら地域住民の立場に立った再編成の方向を提起しない限り／現実的な有効性を発揮しえない」(86頁)。国民経済の地域構造論における地域経済（圏）は産業配置の従属変数であり，その地域経済循環は国民経済（むしろ世界経済）のもとで展開される産業配置によって構築されることになり，限りなく低い水準の相対性のもとで地域経済が存在することになる。

ここでのポイントは経済組織ないしは社会秩序の空間的配列をどのようにとらえるべきかにある。それは「国民経済の地域的構成部分といっても，たんなる行政地域や，一定の指標にもとづいて任意に設定された経済地域の経済が，そのまま地域経済を意味するわけではない」(川島哲郎，1979；862頁)からである。「地域経済という場合，つねにその地域内部におけるある程度の経済上の機能的統一が前提されるからである。つまり生産・流通にかんする核をもち，ある範囲の経済の地域的循環が独立して行なわれる場合に，はじめて地域経済が成立しうる。この意味で地域経済という場合の地域は，地理学上でいう結節地域（nodal region，分極地域，統一地域，機能地域）に該当する」(前掲，862－863頁)。

3　対抗概念としての地域経済

では地域とはどのようにとらえればよいのであろうか。それは「一般的には土地，水利用などで共同作業を必要とする数家族以上が居住する地理的範囲，または雇用・被雇用関係の成立している社会集団が居住する地理的範囲であり，一国経済の成立する地理的範囲より小さい範囲である」(地域問題研究会編，1983；14頁)。ここには３つの異なった地理的範囲が登場している。第１は「土地，水利用などで共同作業を必要とする数家族以上が居住する地理的範

囲」である。これは水田耕作などを主要産業とする伝統的な農村集落を描いているものであり，その地理的範囲は農業的ハード面での社会資本やソフト面での社会的関係資本によって規定されている。第2は「雇用・被雇用関係の成立している社会集団が居住する地理的範囲」であり，その地理的範囲は職住分離によって生ずる通勤圏や都心と郊外とによって構成される都市圏として把握される。第3の「一国経済の成立する地理的範囲より小さい範囲」についてはもう少しその重層性ないしは階層性を述べる必要がある。

中村剛治郎（1979）は地方行財政機能という観点から都道府県という地理的範囲の重要性を強調している。すなわち大阪経済の実態から「府県レベルで想定することの重要性を感じつつある，6つの地域性をめぐる矛盾の相互連関した展開範囲，主体としての住民運動レベルでの高揚，現代経済における公共部門の意義の増大と府県自治体の役割がその根拠である」(40頁)と。大都市圏の場合には埼玉都民や千葉都民といった「住民」が存在することから，通勤や通学などにより都府県を超えた広域的な地理的範囲をもつ「地域」をも設定することが可能である。さらに地理的範囲を広げると，東北地方とか関東地方とかという広域ブロックの地方圏が「地域」として登場してくるが，「地方」は「中央」と位置的に対立関係をもつのに対し，「地域」は「国家」と対抗的な概念として取り上げられる。

「地域」が「国家」と対抗的な概念であるとすると，その地理的範囲は国民経済の枠内にとどまる必要はなくなる。宮本憲一（1979）は「地域」を次のように概念化している。「この概念には，大きくわけて2つの使用法がある。ひとつは特定国家のなかの一地域をさすものである。この場合，特定の都市あるいは農村をさす場合もあるが，それらを包含した比較的広域な区画をさす場合が多い。もうひとつの使用方法は，性格の共通する諸国家を総合して，世界を分割する名称である。／いずれの場合も，共通して，国家と対置し，

---

(2) 「高度に発達した現代の生産力は，自然環境・基礎的地域資源・生活環境・生産環境・産業構造・管理システム（自治）との関連において，一定の地理的範囲で均衡性・共同性・総合性を確保するように計画的に管理される必要を高めているため，この計画的管理に失敗すれば6つの局面をめぐってさまざまな地域問題が生じることになる。」(37頁)。

それでは総括できぬ概念である点に特徴がある。／この点では，地域と地方という概念は異なる。地方とは中央あるいは大都市を前提にして，それ以外の地域をさすのだが，地域は大都市をふくむ独自概念である」(626頁)と。

　対抗的な主張をさらに鮮明にしているのが森田俊男 (1976) である。森田は沖縄問題を契機として「国民教育」に対立する概念として「地域教育」を掲げた。すなわち地域とは，「そこで民衆の生活と仕事が営まれ，そこで生活が守られ，繁栄していく」ものとして，その地縁的な民衆の「集団」としておさえている。しかも地域は，「住民」としての「民衆」の，生活要求，仕事と文化への要求の「自発性と内発性」において「尊重されるべきもの」であり，それはかけがいのないもの，価値とされる。国家による「地方」化・「抽象」化政策に対抗していく拠点として，また国民のための教育，文化を創りだす拠点，源泉として「地域」があり，人民の連帯をとりかえしていく，自覚的なたたかいや創造がある場として「地域」概念を掲げた。このことは同時に必然的かつ構造的に日本とは何か，国家あるいは民族とは何かを問いかける契機にもなる。

　吉田伸之 (2015) はこれをさらにヘゲモニー (主導権) 論にまで昇華させる。「現代社会が当面している市民の生活世界＝〈地域〉再生という課題について／重要な前提は，伝統社会を根に持つ地域支配構造の変革，民主化という問題である。／すでにグローバル資本主義によって，解体され，個別化され，分散化されたかつての地域／を，生産や労働のみならず，消費を包摂する広義の生活や文化，また非商品世界レベルにおける市民の多様な共同性＝社会的結合の交叉する場として，高次の位相で〈地域〉として蘇生させ，想像することができるかが問われ」(60頁) る。その場合「国家支配の変革のみではなく，あわせて地域支配構造／の残滓を一掃し，市民の〈地域〉を創出することが変革の重要な内容となるであろう。この場合，市民自身がヘゲモニー主体となる，民主化された地域の再生・創造と，その持続を担保する戦略とシステムの構築がポイントとなろう」(60-61頁) と。

4　地域を発展させる原動力としての人間集団

　これら対抗概念としての「地域」が成立するには，独自の原動力が必要である。その原動力を発掘してきているのが内発的発展論である。内発的発展

論を初めて提唱したのは鶴見和子(1999)である。鶴見は内発的発展論を支配的パラダイムに対する「対抗モデル」の1つとして位置づける。どういう点で違っているのか言えば，近代化論は単系発展モデルであるが，内発的発展は複数モデルであるという点である。近代化論は国家，全体社会を単位として考えているが，内発的発展は私たちが暮らしている具体的な地域という小さい単位の場から，地球的規模の大問題をとく手掛かりを探していこうという試みであるとする。近代化と違うもう一つの大事な点は，近代化の最も大事な指標が経済成長であるのに対し，内発的発展論が人間の成長(human development)を究極の目標としている点である。要するに，内発的発展は「それぞれの地域の生態系に適合し，地域の住民の生活の基本的必要と地域の文化の伝統に根ざして，地域の住民の協力によって，発展の方向と道筋を創りだしていくという創造的な事業」(32頁)なのである。それぞれの人が持って生まれた可能性を十分に発揮できるような条件を創っていくという，人間の成長に重きを置いているのである。

どのように地域を認識し，再構築してくのか，上野登(1972)は伝統的地誌学や和辻哲郎の風土論を批判して，「地誌学は／生産力の発展に対応して変化していく人為的環境の姿を，地域的人間集団の主体的実践的活動を基本視点として具体的・現実的に研究する科学」(158頁)でなければならないと主張する。そこでの地域的人間集団は「地域住民」であるが，それは「土着的エネルギーを秘めた」主体であり，直接民主主義で行動する主体である。それは「生存という深い次元にかかわった形態」(166頁)をとり，チッソ水俣などの公害闘争を支えてきている。公害反対の住民運動は当初は局地的な抵抗運動という形態をとるが，これを「契機として環境問題一般の意識が高くなり，地域における生産と生活のあり方を問う住民に変化し」(166頁)てきたのであり，こうした人為的環境の変化と地域的人間集団の主体的成長とを具体的に分析し，一般的に理論化していくことを批判的地誌学の課題としている。

では「地域住民」が「地域的人間集団」であるためには，どのようなことが必要とされるのであろうか。柳原邦光(2011)は「地域学」におけるキーワードは「つながり」であるという。そして地域学の課題は「人は『人として安心して幸福に生きていく』ために，何らかの関係(例えば，人と人との結びつき，支え

あう関係)とそのための場(例えば,地域)を必要としている。このような『関係』と『場』に必要な諸条件とそれを実現する方法とを考えるのが『地域学』の役割である」(3頁)。同書は3.11東日本大震災の直後に出版されており,その復旧復興にあたっては「絆」がクローズアップされていた。新自由主義的グローバル化によって解体され,要素化された人間集団や地域社会をどのように再生していくのかあるいは再構築していくのか,その契機を地域学で提唱しようとしている。

　地元学を提唱する結城登美雄(2009)は,東北を中心に600カ所の小さな村を訪ね,その土地を懸命に生きてきた人びとから学んだ「よい地域」であるための要件を次の7つにまとめている。「①よい仕事の場をつくること。②よい居住環境を整えること。③よい文化をつくり共有すること。④よい学びの場をつくること。⑤よい仲間がいること。⑥よい自然と風土を大切にすること。⑦よい行政があること。」(19頁)。「以上のテーマを懸命に積み上げ,自分の村をよくしようと努力してきた。」(19頁)。「主体なき地域再生などありえない。相変わらずの画一的行政施策の押しつけではなく,地域の願いや悩み,それぞれの生き方を見すえ,地域の人びとに寄り添う行政でありたい。地元学的地域再生への思いである」(23頁)と。

Ⅲ　地域(経済)政策とは何か

1　成長政策と福祉政策

　辻(1986)によれば,「1930年代にその歴史的一歩を踏み出した地域政策が本格的展開をとげるのは,むろん第二次世界大戦後,より厳密には1960年代に入ってからのことである。それは,完全雇用政策に代表される福祉政策が,世界大恐慌を決定的契機として先進資本主義経済に定着し,経済成長の成果のうえに地域格差の是正に一定の資源をふりむけることができるようになる一方,その成長過程で格差が顕著になっていったからである」(280頁)。そして地域政策がとられる理由として社会的理由,政治的理由,経済的理由の3つを上げている。「社会的理由とは,地域間不平等に直面する人々自身の生活の改善がその人々にとって必要であること,政治的理由とは,不平等が地域間の政

治的対立，ひいては国家の分裂を招きかねないこと，より現実的には政権の確保・維持のためであり，経済的理由とは，失業者，不完全就業者などの労働力をはじめとする諸資源の有効利用を図ること，インフレーションの回避の一助となることなどである」(281頁)⁽³⁾。

ただし「地域政策と呼ばれているもののすべてが福祉政策的であるわけではない。明らかにそれとは逆の性格の地域政策，つまり成長政策的，産業政策的な地域政策が展開されてきている。／成長政策的地域政策と福祉政策的地域政策との間で異なるのは，概して産業振興地域が，前者では経済成長への寄与度が高い地域とか成長力に富む産業部門が立地展開を希望する地域とかであるのに対して，後者では多くの有望産業にとって投資収益性が劣る地域である点である」(284頁)。「福祉，成長のどちらに傾斜するものであれ，地域政策はその目的と価値において，あくまでも相対的なものである」(286頁)。

さて，日本おける地域政策は基本的に地域開発政策であった。1960年代の国民所得倍増計画を工業立地面で支えた太平洋ベルト地帯構想との関連において，実際に鉄鋼業が東京湾・伊勢湾・大阪湾などに立地していくのは，A. ヴェーバーの最小輸送費地点理論によっていた。主要原材料を東南アジア・オーストラリア・インドなどの海外に求め，主要消費地を国内大都市圏とアメリカ合衆国に求め，その加工地点として東京湾・伊勢湾・大阪湾の臨海埋立地に工業立地論的解を求めたのである。その具体化でA. ヴェーバーと異なるのは，総費用計算に地代と用水費が組み込まれていた点である。もちろん輸送手段の改善や輸送体系の整備は社会資本論の範疇に入るが，企業誘致を進めていくことは地域経済活動を活発化させることにつながるので，交通環境整備を含めた社会資本整備は地域経済と密接にかかわる政策課題である（山川，1992, 1993）。

地域経済（産業）政策は，その経済の発展段階によって異なる。日本の地域経済政策は，1950～80年代までは基本的に企業誘致を軸とする産業立地政策であり，1990年代に産業集積政策への転換がはかられ，今日に至っている。

---

(3) 辻(1986)における「インフレーションの回避」は高度経済成長期の課題であり，現在では「デフレーションの脱却」と読み替える必要がある。

すなわち20世紀における経済産業省の地域経済政策は国土総合開発法（1950年制定，2005年国土形成計画法に改正）に基づく全国総合開発計画にみられるように「地域間の均衡ある発展」を目的としながらも，臨海部における素材型重化学工業を誘致するための新産業都市建設や工業整備特別地域の整備や，内陸部における加工組立型工業を誘致するためのテクノポリス建設や地方拠点の整備が行われ，地域間の不均衡発展につながった（松原編，2013）。

　1990年代の円高は日本企業の労働集約的部門を賃金水準の低い東南アジアや中国に移転させることになり，このことが国内の地方圏における産業の空洞化を引き起こした。大都市圏における東京都大田区や大阪府東大阪市のような下町中小企業地域は，競争的集積経済による高い技術・技能水準を維持していたり，大企業の研究開発部門や試作部門との取引関係が地理的近接性などによって保持されていたことから，産業の空洞化は比較的軽微であった。こうした経験から地域経済政策は大都市圏のみならず地方圏における産業集積地の活性化へと転換してきた。21世紀に入ると産業集積政策はマイケル・ポーターが主唱する産業クラスター計画に軸足を移し，①既存産業の地域定着化・R&Dの強化と既存集積の高度化，②次世代産業の立地促進・新産業集積の形成，③集積間ネットワークと広域連携という方向に向かうことになった（松原編，2014）。

2　再構築としての地域経済政策

　地域経済政策の出発点は移出産業の育成による産業集積力の強化にある。産業集積力はどのように強化されるのか，その累積性がポイントになる。ジェイコブズ（1969）は穀物収穫や皮革剥ぎ取り等の手段として有用である黒曜石の交易の中心となっていた集落が，次第に交易サービスの交易の中心にもなり，さらに関連商品や関連機能が累積することによって市場が成立し，やがて市場を管理する組織ができることによって都市としての形態が整えられる。都市の発展は社会的分業の深化でもあり，社会的分業の深化は新しい仕事の創出である。これらの分業化された仕事は分業間でのきちんとした連携がないと自立できない。デトロイトにおいては「最初の輸出品の小麦粉は，造船所に助けられ，間もなく造船所がその生産物を輸出するようになった。しばらくして造

船所はエンジン・メーカーに助けられ，間もなくエンジン・メーカーがその製品を輸出するようになった」(147頁)という乗数効果を内包する反復体系が形成されていた。

　都市が成長するか衰退するかは生産面における反復体系だけでなく，都市生活者を豊かに支える街としての多様性の程度によって影響を受ける。ジェイコブズ (2010) は都市の街区や地区が多様性をもつための条件を4つ掲げる。第一条件は「混合一次利用の必要性」である。これは利用者や利用時間の多様性が街区に賑わいをもたらし，それが街区の二次的利用を醸成することにつながるとしている。第二は「小さな街区の必要性」であり，これは街路や角を曲がる機会が頻繁となり，複雑な網の目を可能にし，これが賑わいをもたらすからである。第三の条件は「古い建物の必要性」であり，これにより異なったテナント支払い能力に応じた多様な業種・業態の店舗の入居が可能となり，また古い建物の経済価値は時間が作りだすからである。第四は「密集の必要性」である。これは集積の経済でもあるが，しかし過密になると建物や街区の多様性が失われるので，注意が必要である (宮崎他, 2011)。

　都市の魅力や住みやすさは才能ある人材を引きつける。リチャード・フロリダ (2008) は，ポスト工業化時代における経済成長をけん引する産業部門をクリエイティブ経済と名付け，これを担うクリエイティブ・クラスが集まる都市には高い水準の3つのT，すなわちテクノロジー Technology，タレント Talent (才能)，トレランス Tolerance (寛容性) をもつコミュニティが存在するとしている。クリエイティブな階層の中核は，科学，エンジニアリング，建築，デザイン，教育，芸術，音楽，娯楽にかかわる人々であり，その報酬は定型的な仕事の対価ではなく，何かを作り上げることから得ており，組織時代を規定していた同質性，順応性，適応性ではなく，個性，自己表現，差異に対する開放的な態度によって特性づけられる多様なライフスタイルをもっている。

Ⅳ 地域経済政策学が提起する視点

1 経済の地域政策から地域の経済政策へ視点

では地域経済政策はどのようなパラダイムに転換する必要があるのであろうか。戸所隆(2000)は「時代の変化と新しい地域発展のパラダイム」のなかで「経済の論理」から「地域の論理」への転換を求めている。それは「国際化情報化とそれに伴うさまざまな異質なものの交流の活発化の中にあっても，自らを見失わないだけのアイデンティティが必要なのである。／さまざまな地域システムや社会システムを，没個性的で画一的な経済の論理・資本の論理から，個性豊かでそれぞれの顔を持った地域の論理，文化の論理に転換していかなければならない」(13頁)。そして「地域アイデンティティが求められる現代こそ／地理的慣性と歴史的慣性を生かした地域の論理を経済の論理に優先させることが必要であり」(15頁)，自律的政策立案時代の地域政策課題の1つとなると述べる。こうした地域の論理に対応する自律的政策立案への時代的な転換は，地域政策での多様性・多面性をどのように理解するかにかかわっている。

小野達也(2008)は「地域政策が重要になってくるのは，社会経済状況の急激な構造的変化と近年の財政事情のゆえばかりではない。日本国憲法が想定する本来の地方自治の実現に向かうような変化が同時に進行している」(25頁)との認識のもと，政策づくり(行政法)の視点から，「地域政策とは，公共性を有する地域の課題に対応するための目的・目標を実現するための手段として，各種の資源を組み合わせて実行しようとする活動のまとまりであり，案の段階からその実施を通じて地域に効果を及ぼすまでの過程を含む」(23-24頁)と述べ，その立案・実施主体として「国・自治体政府(都道府県・市町村)といった公共部門に加えて，今後はNPO，市民グループ，民間企業などの役割が増大することは間違いない」(26頁)と展望している。

経済効率優先という価値構造のもとで国土再編を推し進めてきたのが，「全国総合開発計画」である。これをどのように転換するのか。桑子(2002)は「価値構造の研究は，地球環境の有限性という事実や，科学の発展といった経験的事実にもとづいた価値の研究だということである。言い換えれば，価値構

造は人類の置かれた経験的な条件，すなわち，地球という空間的条件と自然及び人類の歴史という時間的条件に拘束された価値の考察である」(25頁)と述べ，「倫理的な価値」の視点による解明を呼びかけている。「再生を含むような空間の再編は，人間の行為の中でもっとも重要なもののひとつである。それは，ある意味で，人びとの思想，信条を変えることよりも根源的である。いったん再編した空間の構造は，そこで生を営む人間や他の生物の生存のかたちを規制しつづけるからである」(桑子，2005：225頁)。

この抽象的な「協働」をどのように具体化，すなわち市民，専門家，行政が連携するプロジェクトとしての設計，運営，進行をどうしていくのか。桑子(2016)は「個性あるまちは，そのまちをふるさととする人びとの手づくり感を実感できるものでなければならない。そのようなまちづくりができるならば，地域の人びとは，生まれ，また生活するふるさとに生きることの誇りを取り戻す。そこに生きる喜びがおのずと表情に現れる。そのような人々との出会いこそ，そのまちを旅する人に感動を生むのである」(2頁)と。

桑子は「ふるさと見分け・ふるさと磨きの方法として，①空間のトライアングル（地域空間の独自性を見出すための方法），②選択のトライアングル（人の生き方と選択を考えるための方法），③価値のトライアングル（わがまちの再生の理想を掲げて実現するための方法），④合意形成のトライアングル（市民，専門家，行政が連携して，具体的に行動するための方法）に分けたうえで，これら4つのトライアングルを踏まえて，プロジェクト・チームが参加型のまちづくりプロジェクトを現実に実行する方法としての「社会的合意形成のプロジェクトマネジメント」を提唱する(5頁)。これは多様な意見をもつ多様な人びとを相手に話し合いを適切に進行することであり，高度な社会的技術である。

見極めるべきは「地域の独自性」であるが，それは「山見分け，川見分け，海見分け」といった空間の骨格を知ることであり，記憶・記録として継承されている空間の履歴を掘り起こすことであり，人びとの関心と懸念をふるさとの風景との関係で語ることであり，対立する意見の理由どうしの関係を構造化して理解すること（コンフリクト・アセスメント）が「わがまちの再生」の道を切り開くことになるのである。

2　経済循環の地域化への取組み

　では地域経済政策はどのような観点から再構築されるべきであろうか。中村尚 (1998) は社会科学の視点から物質の流れを地域化する対象について，土地所有 (水利権を含む)，労働力，信用，天然資源・地域産業・地場産業とその市場，交通・通信・医療・行政システム (制度インフラ) の集中と分散，の5つを挙げているが，それは循環性の永続，多様性の展開および関係性の創出という視点からである。

　土地所有の地域化とは所有よりも利用を優先し地域住民による共同管理の可能性を生み出すことであり，労働力の地域化とは地域づくりに向けたボランティア活動の活発化である。信用の地域化とは地域内信用事業による地域の資金還流の強化であり，信頼関係にもとづく多様な地域通貨の流通の促進である。地域産業等とその市場の地域化とは水・エネルギー・物質の生産・加工・消費にかかわる地域内循環の強化と廃棄物の地域内処理とその再利用の促進であるが，特にそれら企業行動の意思決定権をもつ本社がどれだけ地域内にあるのかが問われる。

　残念ながら中村においては5番目の制度インフラにかかわる地域化についての説明は行政システムの地域化に限定されている。行財政機構の地域化については，自治体に直接かかわらない委託事務の国家への返上や地域間の経済格差を調整する方法を国家による租税再配分から自治体の経済力に応じた分担金拠出への転換が必要であると述べている。そしてこうした行財政機構はそのベースに資本主義的市場システムでも社会主義的計画システムでもない第3の「連帯」(西川，2007) や「友愛」(野原，2011) にもとづく協議システムを必要としている。この協議システムは地域を主体とする直接民主主義を要求するものであり，市民協働 (山川，2010) の考え方を徹底するものである。

　経済循環の地域化を進める一つの重要な鍵は資金循環の地域化にある。確かに農協・信組・信金・第二地銀・地銀などの地域金融機関は地域経済における資金循環を担ってはいるものの，地域における預金に対する貸付の割合 (預貸率) が低下しており，特に地方圏における預貸率の低下と大都市圏における預貸率の上昇，すなわち預貯金という金融資産の地方圏から大都市圏への流出が止まっていない状況にある (堀江，2015)。こうした資金の地域や地方か

らの流出に対応するための政策のヒントはアメリカの「ペナルティをもって，銀行に対してコミュニティ開発金融を促す」(小関，2010) 地域再投資法にあり，日本でも地方自治体が中小企業地域経済振興基本条例という形で制度化する動きが強まっている（岡田他，2010）。

　法律や条例は「公」が主体となる取組みであるが，「共」が主体となる取組みとしては地域通貨がある。「地域通貨は今日行われているものを含めて，歴史を振り返ってみれば，正貨が流通から引き上げられ経済活動のブレーキとなる経済状況のなかで採用された補完通貨の一部」（森野，148頁）であり，それは「特定の地域で特定の人間たちの間で使用されるところに地域通貨の特色がある」が，「そこには分散型の経済構造や自立的な地域経済の確立への願いが感じられ」，実際には「地域社会に信頼のネットワークを形成していくことが何よりも大事ではないかという意識が出てきているといってよい」(149頁) のである。世界的には，カナダにおける LETS (Local exchange trading system) やアメリカにおけるタイムダラー，スイスにおける WIR 銀行などがあり，日本でもエコマネー（加藤，2001）としての「クリン」（北海道栗山町）や「おうみ」（滋賀県草津市）やアトム通貨などがある。

　なかでもアトム通貨は，2004年に東京都の早稲田・高田馬場で商店街が虫プロと連携を取ることで生まれ，人と人との関わりから自然と生まれる「ありがとうの気持ち」を応援することを目的に，「未来の子どもたちのために」をテーマとして，「環境」「地域」「国際」「教育」の推進を理念に活動している。2015年度には早稲田・高田馬場支部の他に札幌，新座，和光，八重山，春日井，女川の6カ所に支部が立ち上がっている。早稲田・高田馬場支部の場合，飲食・物販・サービス業など約170店舗が加盟し，発行数は91.5万「馬力」(= 915万円相当) に達しており，「学生×地域＝∞（ヒトマチ）」プロジェクトを進めている（アトム通貨本部，2016）。

　経済循環の地域化を「私」の次元で進めようとする取組みが「スモールマート革命」（シューマン，2006）である。シューマンは地域外に本社がある大規模小売店である「ウォルマートのような安売り店では10〜25%の確率で過剰請求をし，このような間違いは3対1の割合で消費者に不利になっている」(25頁) ことを指摘し，「もしも私があの275ドルを／地元資本の店で使ったとしたら，も

っと多くの私のお金が地元経済のなかで回り，地域の収入や富や雇用を増やすことができたかもしれない。私の個人的な利益は結局，錯覚だったと証明されたのだが，それはご近所の損失でもあったのだ。」(27頁)と述べ，「最も経済的に貢献度の高い企業は『地元オーナーシップ・輸(移)入代替主義(LOIS：Local Ownership and Import Substitution)』に基づいてビジネスを展開する会社である。」(7頁)と主張している。そして持続可能な地域経済活性化への挑戦として，経済活動の地元化に向けた処方箋(チェックリスト)を消費者，投資家，起業家，政策担当者，コミュニティを構築する人々に提示している。

また藤山浩(2015)は，島根県内の中山間地域のある地域146世帯の家計調査結果や島根県益田圏域における産業連関表を用いて，域外に流出している所得取戻しの戦略を提案している。それは域内需要額が大きく，域内調達率が低い部門に焦点を当て，例えば食料品では地方スーパーにおける米や野菜の地産地消，エネルギー源では灯油等購入から薪炭化による地産地消，行政の事務用品調達の地元化，廃校対象となっている地元高校の存続による学費・下宿費等流出の取戻しなどが提案されている。

（山川　充夫）

〈参考文献〉
青野壽彦・合田昭二編著(2015)『工業の地方分散と地域経済社会——奥能登織布業の展開』古今書院。
朝野洋一・寺阪昭信・北村嘉行編著(1988)『地域の概念と地域構造』大明堂。
アダム・スミス著，山岡洋一訳(2007)『国富論——国の豊かさの本質と原因についての研究』上・下，日本経済新聞社。
アトム通貨本部(2015)『2015年度（第12期）アトム通貨報告書』(http://atom-community.jp/atom-report_2015.pdf.pdf)。
アラン・J. スコット編著，坂本秀和訳(2004)『グローバル・シティ・リージョン——グローバル都市地域への理論と政策ダイヤモンド社』古今書院。
池上惇(2003)『文化と固有価値の経済学』岩波書店。
岩井克人(1992)『ヴェニスの商人の資本論』ちくま学芸文庫。
上野登(1972)『地誌学の原点』大明堂。
ヴィダル・ドゥ・ラ・ブラーシュ著，飯塚浩二訳(1970)『人文地理学原理（改訳）』上・下，岩波書店。
岡田知弘(2005)『地域づくりの経済学入門——地域内再投資力論』自治体研究社。
岡田知弘・高野祐次・渡辺純夫・西尾栄一・川西洋史(2010)『中小企業振興条例で地域をつくる——地域内再投資力と自治体政策』自治体研究社。
小野達也(2008)「地域の『政策』とは何か」藤井正・光多長温・小野達也・家中茂編著

『地域政策入門——未来に向けた地域づくり』ミネルヴァ書房。
カール・マルクス著，マルクス＝レーニン主義研究所編（1962）『資本論』大月書店。
鹿嶋洋（2016）『産業地域の形成・再編と大企業——日本電気機械工業の立地変動と産業集積』原書房。
加藤敏春（2001）『エコマネーの新世紀——"進化"する21世紀の経済と社会』勁草書房。
川島哲郎（1979）「地域経済」大阪市立大学経済研究所『経済学辞典（第2版）』岩波書店。
木内信蔵（1968）『地域概論——その理論と応用』東京大学出版会。
木岡伸夫（2007）『風景の論理——沈黙から語りへ』世界思想社。
清田耕造（2016）『日本の比較優位——国際貿易の変遷と源泉』慶應義塾大学出版会。
桑子敏雄編（2002）『環境と国土の価値構造』東信堂。
桑子敏雄（2005）『風景のなかの環境哲学』東京大学出版会。
桑子敏雄（2016）『わがまち再生プロジェクト』KADOKAWA。
小関隆志（2010）「英米のコミュニティ開発金融政策と，日本に与える示唆」国土審議会政策部会国土政策検討委員会，新しい公共検討グループ　第3回（http://www.mlit.go.jp/common/000127526.pdf）。
コリン・C.ウイリアムズ著，梅沢昌太郎監訳（1999）『消費者サービスと地元経済開発——イギリス経済再生の実証』白桃書房。
サスキア・サッセン著，伊豫谷登士翁監訳，大井由紀・高橋華生子訳（2008）『グローバル・シティ——ニューヨーク・ロンドン・東京から世界を読む』筑摩書房。
佐無田光（2008）「地方都市の内発的発展」中村剛治郎編『基本ケースで学ぶ地域経済学』有斐閣。
新村出編（1971）『広辞苑（第二版）』岩波書店。
ジェイン・ジェイコブズ著，中江利忠・加賀谷洋一訳（2011）『都市の原理　新装版』鹿島出版会。
ジェイン・ジェイコブズ著，山形浩生訳（2010）『アメリカ大都市の死と生』鹿島出版会。
世界銀行編著，田村勝省訳（2016）『世界開発報告2016——デジタル化がもたらす恩恵』一灯舎。
世界銀行編著，田村勝省訳（2009）『世界開発報告2009——変わりつつある世界経済地理』一灯舎。
地域問題研究会編（1983）『地域の社会・経済構造——北海道余市町の研究』大明堂。
辻悟一（1986）「地域政策」川島哲郎編『経済地理学』朝倉書店。
津守貴之（1997）『東アジア物流体制と日本経済——港湾機能の再配置と地方圏「国際化」』御茶の水書房。
鶴見和子（1999）『コレクション鶴見和子曼荼羅　IX　環の巻——内発的発展論によるパラダイム転換』藤原書店。
戸所隆（2000）『地域政策学入門』古今書院。
内閣府（2016）『県民経済計算』（http://www.esri.cao.go.jp/jp/sna/sonota/kenmin/kenmin_top.html）。
中野宏幸（2014）『交通インフラ経営のグローバル競争戦略——国際競争力強化に向けた国家戦略の視座』日本評論社。
中村剛治郎（1979）「現代日本の地域開発をめぐる理論と政策」儀我壮一郎・深井純一・三村浩史編『国土・都市・農村と地域開発』自治体研究社。

中村剛治郎（2008）「工業地帯・大都市圏・国土の構造」中村剛治郎編『基本ケースで学ぶ地域経済学』有斐閣。
中村尚司（1998）『地域自立の経済学（第2版）』日本評論社。
西川潤・生活経済政策研究所編著（2007）『連帯経済——グローバリゼーションへの対案』明石書店。
野原敏雄（2011）『友愛と現代社会——持続可能な社会の基底を求めて』風媒社。
ハンス・イムラー著，栗山純訳（1993）『経済学は自然をどうとらえてきたか』農文協。
福地崇生編（1974）『地域経済学』有斐閣。
フィリップ・コトラー，ミルトン・コトラー著，竹村正明監訳（2015）『コトラー世界都市間競争——マーケティングの未来』碩学舎。
藤田昌久（2010）「空間経済学の発展：チューネンからクルーグマンまでの二世紀」池田新介・大垣昌夫・柴田章久・田渕隆俊・前多康男・宮尾龍蔵編『現代経済学の潮流2010』東洋経済新報社。
藤田昌久，ポール・クルーグマン，アンソニー・J. ベナブルズ著，小出博之訳（2000）『空間経済学——都市・地域・国際貿易の新しい分析』東洋経済新報社。
藤山浩（2015）『田園回帰1％戦略——地元に人と仕事を取り戻す』農文協。
堀江康熙（2015）『日本の地域金融機関経営——営業地盤変化への対応』勁草書房。
マイケル・シューマン著，毛受敏浩訳（2013）『スモールマート革命——持続可能な地域経済活性化への挑戦』明石書店。
松原宏（2013）「現代立地論の課題」松原宏編著『現代の立地論』古今書院。
松原宏（2014）「地域経済政策の軌跡と展望」松原宏編著『地域経済論入門』古今書院。
宮崎洋司・多摩川英則（2011）『都市の本質とゆくえ—— J. ジェイコブズと考える』鹿島出版会。
宮本憲一（1979）「地域」経済学辞典編集委員会編『大月経済学辞典』大月書店。
宮本憲一（2007）『環境経済学　新版』岩波書店。
森田俊男（1976）『森田俊男教育論集第2巻　地域の理論——人格形成にとっての意義』民衆社。
森野栄一（2004）「自立経済と甦る貨幣改革論の視点」丸山真人・内田隆三編『〈資本〉から人間の経済へ——20世紀を考える（Ⅲ）』新世社。
矢田俊文（2015）『地域構造論（上）理論編』原書房。
柳原邦光（2011）「地域を生きるために」柳原邦光・光多長温・家中茂・仲野誠編著『地域学入門——〈つながり〉をとりもどす』ミネルヴァ書房。
山川充夫（1992）「地域開発・社会資本整備と地域構造」石井素介編『産業経済地理　日本』朝倉書店。
山川充夫・柳井雅也編（1993）『企業空間とネットワーク』大明堂。
山川充夫（2003）「生産要素の差別的移動性と地域経済システム」下平尾勲編著『現代の金融と地域経済』新評論。
山川充夫（2010）「協働型まちづくりの展開——福島市を事例として」『地域経済学研究』第21号。
結城登美雄（2009）『地元学からの出発——この土地を生きた人びとの声に耳を傾ける』農文協。
吉田伸之（2015）『地域史の方法と実践』校倉書房。

リカアドオ著,小泉信三訳(1952)『経済学及び課税の原理』上,岩波書店。
リチャード・フロリダ著,井口典夫訳(2008)『クリエイティブ資本論——新たな経済階級の台頭』ダイヤモンド社。
リュシアン・フェーヴル著,飯塚浩二・田辺裕訳(1971・1972)『大地と人類の進化——歴史への地理学的序論』上・下,岩波書店。

第2章　フランスにおける地域経済政策の誕生
――「単一にして不可分な共和国」における「国家」と「地域」の関係――

I　はじめに

　本章の課題は，フランスを事例として取り上げ，同国において地域経済政策が構想・実施される上で，国家と地域の関係がどのように認識されていたかを明らかにすることである。

　ここでフランスを取り上げる理由は，フランスは元来，多様な自然条件と地域文化を有する国でありながら，歴史的に中央集権的な傾向が強く，特にフランス革命以降，「単一にして不可分な共和国」という国是の下，地域の独自性を否定するような政策を実施してきた国だからである。古くはルイ14世，二人のナポレオン，そしてド・ゴールに代表されるフランスのカリスマ的なリーダーたちは，その政体の違いに関わらず，いずれもフランス国民としてのアイデンティティ，すなわち「ナショナリズム」の強化に努めてきた。しかし，それは言い換えれば，フランス人が生来的に持っていた，人種・民族・宗教・気候風土などに起因するアイデンティティを，国家が人工的に作り上げた「国民」としてのアイデンティティに従属させるよう彼らに要求することでもあったため，「地域」に起因するアイデンティティもまた，国家による抑圧の対象とされてきたのである。

　本章では，そのような「国民国家」フランスにおいて，しだいに「地域」の重要性が認識され，それが20世紀初頭に「地域経済政策」に発展するまでの過程を，国家と地域が住民（より具体的には経済活動に関わるステークホルダー）の間に確立しようとした「アイデンティティ」の対立と和解（もしくは妥協）の過程として描写することを目指す。

　したがってここでは，歴史的事実の説明だけでなく，それを分析するための方法論が重要となる。そこで本論に入る前に，本章における「地域」概念の

定義と,「国家」と「地域」の関係を分析・記述するための視角を提示したい。そして引き続き,絶対王政期(17世紀)から戦間期(1930年代)に至る時期における「国家」と「地域」の関係に着目しつつ,フランスに地域経済政策が誕生するまでの過程を明らかにする。

II 本章における「地域」概念とその成立要件

1 「地域」概念の特質──多義性,重層性,恣意性

「地域」とは何か。この質問に答えるのは難しい。なぜなら,この言葉は非常に多くの意味を持っているからである。

「地域」という言葉は,例えば『広辞苑』では「区切られた土地。土地の区域」としか説明されていない。我々はこの言葉を,漠然とした空間を表現するために用いるほか,より具体的には,一国の中に存在する大小さまざまな地方自治体(都道府県,市町村)を示すものとして,そして複数の都道府県を束ねた領域(「〜地方」)を示すものとして,さらには複数の国家を包含する領域(アジア,ヨーロッパ,アフリカ,EU,ASEAN,etc.)を示すものとして用いている。慣用的に,「国家」だけは「地域」と区別して使用されることが多いが,『広辞苑』のシンプルな定義にしたがえば,これもまた「地域」の一種ということになる。したがって,我々は同一の地域を,「国民国家(nation state)」の名称のほか,一国の内部に存在する地域すなわち「サブネーション(subnation)」の名称,周辺国と合わせた地域すなわち「スープラネーション(supranation)」の名称で表現することが可能であり,また,その場所が,クルドやバスクなど,複数の国家にまたがって位置する地域,すなわち「トランスネーション(transnation)」の場合もあるだろう。このように,「地域」という概念は多義的かつ重層的であるため,少なくとも学術的な議論をする際には,自らが認識する「地域」の定義を明らかにする必要がある。定松文は「地域」を「研究者が諸要素の関係や活動によって統一体を見出した社会的空間」と定義しているが,[1]

---

(1) 定松文(2007)「グローバル化する社会における主体としての「地域」」宮島喬・若松邦弘・小森宏美編『地域のヨーロッパ──多層化・再編・再生』人文書院,30頁。同様の指摘は,伊藤定良・割田聖史(2008)「国民国家と地域を見る視角」伊藤定良・平田

これは、「地域」の概念が多義的かつ重層的であるだけでなく、それを定義する者——これは研究者だけに限らず、その地域を支配・統治する者にも当てはまる——の恣意性に依存していることを含意したものである。

したがって本章においても「地域」を「恣意的に」定義しておく必要があるが、その際に考慮しなければならないのが「地域」の成立要件である。

2 「地域」の成立要件

「地域」の成立要件とは、「地域」は何から構成され、誰がそれを作るのかということであるが、これについては、「地域」の一種としての「国民国家」の成立要件を確認することである程度明らかになるだろう。

国民国家の定義に関しては、19世紀ドイツの法学者イェリネック（Georg Jellinek）による「国家の三要素」が有名である。彼によれば、国家は「領域」「主権」「国民」の3つの要素から構成されている。これに対し、木畑洋一は国民国家を、①国境線に区切られた一定の「領域」からなる、②「主権」を備えた国家で、③その中に住む「人々」が「国民的アイデンティティ」を共有している国家と定義している。したがってここでは、イェリネックが「国民」とした部分と木畑が「国民的アイデンティティ」とした部分を同一のものと考えたうえで、国家も地域の一種と考えれば、地域の成立要件を「領域」「主権」「アイデンティティ」の3つと考えることが可能である。

他方、伊藤武は国民国家の成立要件を「領域性」という概念を用いて説明している。伊藤は国家の「領域性」を、①領域の範囲を示す「境界」、②その範囲に及ぶ「権威」、③そこに帰属する国民の「アイデンティティ」の「三位一体」であると定義している。ここでは、「境界」は他国からの独立を表明するために引かれるそれを意味するだけでなく、国家（もしくは主権者としての国王）

雅博編著『近代ヨーロッパを読み解く——帝国・国民国家・地域』ミネルヴァ書房、10頁にも見られる。
(2) 木畑洋一（1994）「世界史の構造と国民国家」歴史学研究会編『国民国家を問う』青木書店、5頁、および、伊藤定良・割田聖史（2008）3頁。
(3) 伊藤武（2007）「「領域性」概念の再検討——近代国民国家の変容と連邦主義的改革の中で」宮島喬・若松邦弘・小森宏美編『地域のヨーロッパ 多層化・再編・再生』人文書院、47-48頁。

が国内の様々な地域や公的私的主体（領主，貴族，職業団体など）に対し自律的権力を付与するための「対内的」なそれをも意味する。そして「権威」とは国家が領域内の様々な主体に対して，法的・行政的権力を行使するための「根拠」を意味する。最後の「アイデンティティ」は，実際には多様な背景を持つ人々が，一つの国民として自己同一化する（もしくはされる）ことを意味するものであり，国民国家であればそれは「ナショナリズム」ということになる。[(4)]

以上の議論を踏まえ，本章では，「地域」の成立要件を以下の通り定義する。すなわち，

> 「地域」とは，その独立性を示す「境界」によって区切られた領域内の住民に法的・行政的な効力を及ぼすことができる「権威」と，住民を自己同一化することが可能な「アイデンティティ」を要件として成立する社会的空間である。

ここで示された「境界」「権威」「アイデンティティ」という成立要件は，国家を含むあらゆるレベルの地域，すなわちサブネーション，スープラネーション，トランスネーションにも適用可能である。実際，現在のヨーロッパで具体例を示すならば，サブネーションのレベルでは，イギリスにおけるスコットランド，フランスにおけるコルシカ，イタリアにおけるシチリアなどの地域では住民の間にナショナリズムよりも強力な地域アイデンティティが確立されており，スープラネーションのレベルでは，欧州連合（EU）が加盟国のナショナリズムを超えた「EU市民」アイデンティティに基づいて複数の国民国家を含む地域を構成し，トランスネーションのレベルでは，北アイルランド，バスク，アルザスなど，国境によって分断された地域が同一のアイデンティティを強固に保持し，それがしばしば国民国家との間に緊張関係を引き起こすこととなる。

上記の例から明らかな通り，国家に限らず，その内外どちらのレベルの領域においても，「境界」「権威」「アイデンティティ」の3つがそろえば「地域」を構成できることになり，さらに同一の領域に複数の「地域」が重層的に成立す

---

(4) (3)に同じ。

ることも——それらが共存できているかどうかは別として——可能である。[5]

3 地域アイデンティティの形成概念——「行政的地域」と「文化的地域」

　次に検討しなければならないのは，「境界」「権威」「アイデンティティ」からなる地域の成立要件が，どのような行為主体によって，そしてどのような方法によって形成されるのかという問題である。

　ここではその問題を，「行政的地域」と「文化的地域」という，同一の社会的空間に存在しながら，それぞれ異なる「境界」「権威」「アイデンティティ」を有する二つの概念上の「地域」を用いて検討するが，ここでは紙幅の関係上，主に「アイデンティティ」に関わる部分を中心に検討する。

　地域のアイデンティティを形成する要素として最初に挙げられるのは，国家，地方自治体などの行政組織である（厳密には立法・司法機関も含む）。行政組織は，国民国家であれサブネーションであれ，その「地域」を表す固有の名称を持つがゆえに，住民のアイデンティティ形成に大きな影響を及ぼす。さらに，行政組織は住民の財産と安全を保障するためにさまざまな政策（社会福祉，教育，外交，軍事，etc.）を実施することが使命であるため，それが成功していれば，その行政組織が住民のアイデンティティ形成に大きな役割を果たすことになる。そして，住民の間にアイデンティティを形成させることに成功した行政組織の首長は「権威」を持つことができ，その行政組織の「境界」は正当化され，「地域」が成立することになる。本章では，このように行政組織を通じて形成される概念上の地域を「行政的地域」と定義する。

　その一方で，地域のアイデンティティを形成する要素は他にも存在する。そ

---

(5)　地域の重層性に着目して地域経済問題を論じた研究として，本書で引用したものも含め，以下の文献を挙げておく。宮島喬・若松邦弘・小森宏美編（2007）『地域のヨーロッパ　多層化・再編・再生』人文書院。伊藤定良・平田雅博編著（2008）『近代ヨーロッパを読み解く——帝国・国民国家・地域』ミネルヴァ書房。若森章孝・八木紀一郎・清水耕一・長尾伸一編著（2007）『EU経済統合の地域的次元——クロスボーダー・コーペレーションの最前線』ミネルヴァ書房。小林浩二・大関泰宏編著（2012）『拡大EUとニューリージョン』原書房。朝倉弘教・内田日出海著（2003）『ヨーロッパ経済　過去からの照射』（改訂版）勁草書房。フーベルト・キーゼヴェター著，高橋秀行・桜井健吾訳（2006）『ドイツ産業革命——成長原動力としての地域』晃洋書房。篠塚信義・石坂昭雄・高橋秀行編著（2003）『地域工業化の比較史的研究』北海道大学図書刊行会。

れは,言語,宗教,民族,地形,経済活動など,住民の日常生活に密接に関わりながら,長い時間をかけてその住民を同質化してきた種々の要素,すなわち「文化」である。人類は何世代にも亘って同じ場所に住み,同じ言葉を話し,同じ神を信仰し,同じ自然条件の下で働き,同じ食料を口にすることで共通の生活様式や価値観,すなわちアイデンティティを形成してきた。このアイデンティティを「文化」と呼ぶのであれば,文化は地域アイデンティティそのものということになるだろう。本章では,このように文化を通じて形成された概念上の地域を「文化的地域」と定義する。[6]

4 同一地域におけるアイデンティティの重層性と対立――3つの構図

したがって,「地域」は「行政的地域」と「文化的地域」という,それぞれ異なる「アイデンティティ」(および「境界」と「権威」)を有する2種類の概念上の地域によって重層的に構成されていると理解されるが,問題は,「行政的地域」と「文化的地域」のそれぞれが,さらに複数の「アイデンティティ」を有する行為主体によって構成され,それら全てが対立と調和(もしくは妥協)を繰り返すことで,「地域」の独自性が形成されているということである。

ここでは,次節以降の議論の理解を深めるため,同一地域に存在する複数のアイデンティティがどのような構図で対立(もしくは共存)するのかを確認しておきたい。

①「行政的地域」アイデンティティの対立:国家と地方自治体

まず,「行政的地域」においては,これまで度々指摘してきたとおり,同一の空間に,サブネーション(地方自治体),国民国家,スープラネーション(超国家組織)が重層的に存在し,それぞれが住民の「アイデンティティ」を獲得しようと様々な活動を行っている。これらの行政組織は基本的に排他的ではなく,調和的に共存することが前提とされるが,しばしば個別の政策レベル,例えば,日本でいえば米軍基地問題や原発をめぐる問題などにおいては,国家のアイデンティティと地方自治体のアイデンティティのどちらを優先すべきかという対立

---

[6] 「行政的地域」,「文化的地域」の定義については,定松文(2007)30-36頁から大きな示唆を得た。なお,本章における「行政的地域」「文化的地域」は同論文では「行政区画としての地域」「異議申し立てをする地域」という言葉で表現されている。

が生じる可能性がある。そしてこれらの重層的な行政組織の中に合法・非合法のトランスネーション組織（政党，「亡命政府」，テロ組織，etc.）が加わると，地域のアイデンティティをめぐる「行政的地域」間の対立はより混沌としたものになる。

②「文化的地域」アイデンティティの対立：異文化の衝突

他方，「文化」におけるアイデンティティもまた，必ずしも排他的ではないが，すべてが調和的に共存できるわけでもない。例えば，宗教におけるアイデンティティは，いくつかの宗教（例えばキリスト教やイスラム教）においては排他的なものであり，それがしばしば戦争やテロを含む深刻な事態を引き起こす。また，言語に関しては，とりわけアジア・アフリカなど植民地化を経験した地域においては，宗主国の言語の公用語化が宗主国と植民地の間に深刻なアイデンティティの対立を生み出す一方で，それまで異なる地域言語を使用していたために分断されていた複数の地域が公用語の存在によって共通の文化アイデンティティを形成するに至った事例も存在する（例えばインドやアフリカ諸国など）。さらに，経済活動を文化の一つと捉えるならば，グローバリゼーションへの対応の違いもアイデンティティの対立と理解することが可能である。なぜなら，農業にせよ，工業にせよ，グローバリゼーションの受容は，それまで長い時間をかけて形成してきた様々な職業慣行という文化的アイデンティティを放棄し，「グローバル・スタンダード」という新しいアイデンティティを受け入れることに他ならないからである。

③「行政的地域」アイデンティティと「文化的地域」アイデンティティの対立

そして第三の構図が，「行政的地域」と「文化的地域」のアイデンティティ上の対立である。上記2種類の対立が理論や思想，言論上の対立に留まる可能性があるのに対し，この構図は，法的措置や実力行使など物理的な行為をしばしば伴うものであり，具体的には，上記2種類の対立の延長線上もしくは結果として発生することが多い。例えば，沖縄における米軍基地建設をめぐる政府と沖縄県の対立は，第一には「行政的地域」間のアイデンティティの対立であるが，その延長線上に，基地建設とそのための土地収用という「行政的地域」による行為がもたらす，環境破壊や地域コミュニティ解体などの「文化的地域」に対する抑圧，そしてそれに対する地域住民とその支持者たち，すなわち「文

化的地域」アイデンティティ側からの抗議運動，という第二の対立の構図が見られ，むしろ後者のほうが深刻な問題として認識されることになるのである。

これら3つの対立の構図を意識しつつ，次節以降においてフランスにおける地域経済政策をめぐる国家と地域の関係を明らかにする。

III 「単一にして不可分の共和国」の形成と地域アイデンティティの抑圧(19世紀前半以前)

1 旧体制における国家と地域の関係

前節で論じた「行政的地域」と「文化的地域」による種々の対立は，フランスでは「国民国家」とサブネーションとしての諸地域——ここには「行政的地域」と「文化的地域」の両方が含まれる——との対立関係として描くことができるが，その対立の起源は，「国民国家」の理念が憲法によって確立する契機となったフランス革命よりもさらに古く，17世紀の絶対王政期にまでさかのぼる。

現在のフランスを構成する領土は，10世紀以降パリを本拠地とした歴代王朝が，武力制圧や姻戚関係によって周辺の封建領主たちを支配下に置くことで，17世紀の絶対王政期に確立したものである(7)。したがって，フランスは1789年の大革命によって国民国家が成立するはるか前から，様々な地形，気候，宗教，言語などに彩られた複数の「文化的地域」を単一の「行政的地域」が支配する構造を備えることになったのである。

17世紀フランスの「行政的地域」，すなわちルイ14世治下の絶対王政は，国王＝中央の「権威」をその「境界」内に徹底させるため，国内を複数の「州(province)」に分割し——旧体制末期で36州(8)——，それぞれに知事(intendant)を配置し，「国王の信任官」として行政を担当させた。この制度により，フランスは国民国家アイデンティティがサブネーションのそれに優越する社会の

---

(7) 伊藤るり(1993)「単一国家の「地域問題」」原輝史・宮島喬編『フランスの社会——変革を問われる文化の伝統』早稲田大学出版部，56頁。

(8) 遠藤輝明(1992)「フランス・レジョナリスムの歴史的位相——人と地域と国家をめぐる相関の変遷」遠藤輝明編『地域と国家——フランス・レジョナリスムの研究』日本経済評論社，6頁。

建設を目指すことになったが，当時の州は，中世以来の自律的な封建領主の「境界」を基準として定められていたため，⁽⁹⁾「文化的地域」が作り出す地域アイデンティティは破壊を免れることとなった。その結果フランスでは，中央集権化が進行する一方で，各地域の文化的多様性，すなわち「地域性」が言語も含め比較的維持されることとなったが，それは同時に，その地域に伝統的に形成されてきた様々な「封建的特権」を享受する人々や団体（貴族，地主，聖職者，ギルド，特許貿易会社，王立マニュファクチュール，etc.）と，それに由来する社会的・経済的不平等をも温存させることを意味した。そしてこの「地域性」こそが，フランス社会に不満を蓄積させ，フランス革命を引き起こす原因となったのである。

2　フランス革命による国民国家アイデンティティの確立と「文化的地域」の解体

1789年7月14日，パリ市民によるバスティーユ監獄襲撃に国内各地の農民が呼応する形でフランス革命が開始すると，国民議会は直ちに「封建的特権の廃止」と「人権宣言」を発表し，旧体制下で「封建的特権」を享受してきた人々や組織・制度を一掃した。そのうえで政府は，人種・民族・宗教による区別のない，抽象的かつ均質な「フランス国民 (nation français)」から構成される「単一にして不可分な共和国 (une république indivisible)」の建設を目指すことになった。

この目的の下，様々な法律・制度が急速に策定されることとなったが，これはまさしく，革命によって誕生した国民国家という新たな「行政的地域」が，サブネーションの「境界」を再構成し，そこに新たな「権威」と「アイデンティティ」を確立することによって，彼らが旧体制下の残滓であるとみなした「文化的地域」，すなわち地域アイデンティティの解体を目指す試みであった。

まず，政府は1790年，旧体制の「行政的地域」であった「州」を廃止し，新たに83の「県 (département)」を設置した。国民議会の選挙区としての意味も持つことになる，この新たな「行政的地域」は，市民の平等と国民国家

---

(9)　(8)に同じ，17頁。

への帰属を強調する意図から、国土をほぼ等面積に分割することで「境界」が定められたものであり、そこでは旧体制下の州が有していた「文化的地域」としての特性は排除され、県から選出される議員も、地域のアイデンティティではなく、フランス国民全体のそれを代表すべきものとされた。後に「領土革命 (révolution territoriale)」と呼ばれることになるこの制度の起草者トゥレ (Jacques-Guillaume Thouret) の言葉を借りれば、県の制定は「国民を団結させるための分割」を意味し、その目指すところは、「プロヴァンス人、ノルマンディー人……などではなく、フランス人だけがいるフランス」の創造であった。⁽¹⁰⁾

その後、1800年、ナポレオン1世 (Napoléon 1er) によって「県知事 (préfet)」制度が導入され、国家によって任命された知事が配属されるようになると、県は州が有していた「行政的地域」としての自律性も喪失し、国家の政策を住民に周知させ、地域を国家の「一般利益 (intérêts généraux)」に調和させるための出先機関となった。すると、創設当初は議会や政府の要人の中から任命され、大ナポレオンが「小型の皇帝たち (empereurs au petit pied)」と呼んだ——つまりある程度の裁量権が容認された——知事たちは、次第にグランゼコール出身のエリート官僚の中から国務省内での研修を経て選ばれるようになり、国民国家アイデンティティを地域へ伝達する「手段」としての機能が強化されたのである。⁽¹¹⁾

他方、経済面に関しては、旧体制下の封建的特権を一掃するというフランス革命の理念を実現するために、1791年、ギルドの廃止と営業の自由を定めたアラルド法 (Décret d'Allarde)、団結（特に労働組合結成）と労働争議の禁止を定めたル・シャプリエ法 (Loi Le Chapelier) がそれぞれ制定された。これらの法律は一義的には、経営者であれ被雇用者であれ、経済活動に関わる者が等しく「個人」の立場で自由な市場競争に参加することを可能にする（もしくは強制する）ものであったが、前述の通り、ここで廃止ないし禁止された様々な団体や制度が旧体制下において「地域」を地盤として形成されたものであること⁽¹²⁾

---

(10) 遠藤輝明 (1992) 17-19頁。
(11) (10) に同じ、25-26頁。
(12) アラルド法、ル・シャプリエ法についての詳細は、原輝史 (1986)『フランス資本主義——成立と展開』日本経済評論社、11-13頁参照。

を想起すれば，この二つの法律の制定が，フランス各地の「地域」アイデンティティの破壊を経済面から推し進めることを意味したと考えることが可能である。

さらに革命後の歴代フランス政府は，政体の目まぐるしい変化にも関わらず，一貫してフランス語を唯一の公用語とし，その普及を図る言語政策を進めると共に，旧体制下で地域公用語として通用していた地域言語（オイユ語，オック語，バスク語，アルザス語など）の排除を進めた。この言語政策は教育政策によって強化されることとなり，1793年，共和国全域において学校教育をフランス語だけで行うとする法律が成立し，フランス語が通用しない地域の学校にもフランス語教師が配属されると，フランス語が「革命思想」と「文明」という国民国家アイデンティティを伝える言語となる一方，各地の地域言語は「反革命」と「野蛮」の象徴とされ，生徒が教室で使用すると懲罰の対象となったのである。[14] 言語は文化やアイデンティティの根幹をなすものである以上，この強権的なフランス語化政策は，国内における既存の「文化的地域」アイデンティティを解体し，住民を国民国家が準備した新たな「文化的地域」のアイデンティティ（民主主義，政教分離，フランス語）へ統合する役割を担ったのである。

Ⅳ 産業革命の進展と地域間格差の拡大（19世紀後半）

1 19世紀フランス経済の発展と「文化的地域」

このように，行政・経済・文化において国民国家アイデンティティが強制され，地域アイデンティティが抑圧される状況の中，フランスの地域経済はどのようにその実態を変化させたのであろうか。

革命期に制定された反独占・反団結法，すなわちアラルド法とル・シャプリエ法は，ナポレオン期に制定された民法や商法と併せて，あらゆるフランス国民が自由市場経済での競争に参加できる機会をもたらしたが，それにも関わらず19世紀のフランス経済は総じて「農民的性格」，「中小企業主体」，「緩慢

---

(13) 伊藤るり(1993) 58-61頁。
(14) (13)に同じ。

性」などのネガティブな言葉で表現される状態にあった。しかしながら，これらフランス経済の後進性を示す特徴とされるものは，あくまでも「国民経済」を基準にして考えた場合の評価であり，「地域経済」に着目するならば別の評価が可能となるだろう。すなわちそれは，19世紀前半，国内各地の商工業者たちが地域特有の需要に応じ，周辺地域で調達可能な資源（資本，原材料，労働力）を利用して生産・販売活動に従事することにより，自律的かつ多様性に富んだ地域経済がフランス各地に形成されようとしていた，というポジティブな評価である。

　フランスにおいては，チーズやワインに代表される食品産業が地域独自の地理的条件や食習慣など「文化的地域」のアイデンティティを構成する要素に大きく依存することは容易に想像できるが，同じ傾向はその他の産業にも見られた。例えば，繊維産業においては，都市部の大規模捺染業者が設立した大工場で高級綿布を生産したアルザス地方と，農村部の職人が中心となって大衆向け綿布を生産するノルマンディー地方が共存する時期が長く続いたほか[15]，南部のラングドックでは，近隣で生産される羊毛のほか，スペインからも羊毛を輸入して毛織物が生産され，マルセイユを経由してレヴァント（近東）諸国まで輸出されていた[16]。製鉄業においては，豊富な石炭資源を利用した最新技術を用いて大規模生産を可能にする製鉄業者が東部地域に出現する一方で，その他の地域では，需要の状況（石材建築が主流だった当時，鉄の需要は釘や鉄板，道具・機械の原材料などに限定されていた）や，原料調達の状況（石炭が産出されない地域では木炭を利用せざるを得なかった）を考慮し，小規模経営を維持する製鉄業者も広く残存した[17]。そして，これらの地域では，都市部よりも農村部で人口が増加したり，いわゆる「地元の名士」の中心が地主から商工業者に移るなど[18]，経済活動およびそれに従事する人々が，「文化的地域」のアイデ

---

(15) 原輝史（1993）「フランス経済の生成と発展」原輝史編『フランスの経済──転機に立つ混合経済体制』早稲田大学出版部，15-16頁。
(16) 石原照敏（2001）『地域政策と観光開発──フランスとEUの事例研究』大明堂，87-88頁。
(17) 原輝史（1986）39-44頁。
(18) 遠藤輝明（1992）29-31頁。

ンティティ形成に大きな役割を果たす状況が見られた。したがって，19世紀前半，すなわち産業革命の初期においては，フランス経済は「行政的地域」ではなく「文化的地域」を拠り所として成立し，発展していたと言うべきなのである。

2　産業革命の加速と地域間格差の拡大

しかし，この「文化的地域」を拠り所として進行したフランス産業革命は，19世紀後半，第二帝政の成立と共に大きく様変わりすることになる。すなわちそれは，ナポレオン3世（Napolón Ⅲ）を頂点とする中央集権的な行政組織が主導した政策の結果生じた経済圏の拡大と，それに伴う地域間経済格差の顕在化である。

1852年にクーデターを実施した後，国民投票による信任を経て皇帝に即位したナポレオン3世は，中央行政において議会を無力化し，地方行政において国家の「出先機関」としての県知事の権限をさらに拡大させることで独裁体制を確立する一方で，国民の支持を維持するための政策を実施し続けた。青年期にサン＝シモン主義の影響を受け，産業の発展による国力の増強と国民生活の向上を目指した彼は，同じくサン＝シモン主義の影響を受けた学者や実業家たちをブレーンとして招集し，数々のインフラ整備や産業振興策を実施した。その中でも代表的なものが，パリから放射状に全国に伸びる鉄道網の整備，「パリ改造」と呼ばれる大規模再開発による首都の近代化，そして万国博覧会の開催によるフランス産業（とりわけ奢侈品産業）の世界的アピールなどであり，これらの政策が呼び水となってフランスにおける産業革命を大きく進展させることになったのである。[19]

しかし，第二帝政下の経済成長は，国内の各地域のヒト・モノ・カネ・情報をパリに引き寄せることで実現したものであったことから，これ以降のフランスでは，「中央」に位置し，種々の商工業が複合的に発展したパリと，[20]「周辺」

---

(19)　第二帝政，フランス産業革命，そしてサン＝シモン主義の三者の関係については，鹿島茂（1992）『絶景，パリ万国博覧会——サン・シモンの鉄の夢』河出書房新社，に詳しい。
(20)　石原照敏（2001）95頁。

である地方の間に政治・経済・社会・文化その他あらゆる面において存在していた格差が顕在化し，さらにそれが拡大する契機ともなったのである。

　とりわけ，鉄道業の発展は，それまで県の枠内に収まり，自律的だったフランス国内の地域経済構造に大きな変化をもたらすことになった。第二帝政成立以前，1840年代に建設された鉄道網は，これら自律的な経済圏の中心地を結ぶことを目的に形成されたものに過ぎなかったが，第二帝政成立後，これらの地域をパリに結び付ける路線が発達すると，各地域の経済がパリを介して連結され，統一的な国内市場もしくは複数の県にまたがる経済圏が形成されることとなった。これにより，各地域の商工業者や金融業者がサブネーションの枠組みを超えて市場競争に参加することを可能にする一方で，ナポレオン3世の意向により国家の「出先機関」としての権限を拡大した県知事たちが，各地域の利害や実態よりも国民国家の利益を優先する政策を実施するようになり，中央と地方の間，そして地域間の経済格差が住民たちに自覚されることになったのである。具体的に言えば，相対的に緻密な鉄道網が形成された北部・東部で経済成長が加速する一方，スペイン国境に近い南西部（とりわけバスク地方）や北西部にあたるブルターニュ地方は工業化から取り残された地域となった。また，工業化が進んだ地域においても，全国規模の競争にさらされることによって伝統的な生産手段に頼ってきた職人たちが淘汰され，都市部では大規模工場の賃労働者が増加し，農村部では職人の「脱工業化」すなわち農業や漁業への復帰が見られるようになったのである。

　このような第二帝政期の状況を，「行政的地域」と「文化的地域」の間，もしくはそれぞれの地域の行為主体の間にアイデンティティ獲得の争いとして分析するならば，それは，クーデターと国民投票によって全権を掌握したナポレオン3世という「行政的地域」と，フランス産業革命の象徴である鉄道網の整備，パリ改造，万国博覧会によって「19世紀の首都」（ベンヤミン）となったパリが放つ「文化的地域」としての圧倒的なアイデンティティが，それ以外のサブネーション地域から行政面と文化面の双方で地域アイデンティティを，「単

---

(21)　遠藤輝明（1992）25-26頁。
(22)　(21)に同じ，32-33頁。

一にして不可分なフランス」という国民国家アイデンティティに従属させたことを意味する。しかしその際，より重大な問題として認識されたのは，国家と地域の従属関係よりも，地域間の経済格差であった。そしてその格差を是正しようとする意識が，サブネーションの側からの国家に対する新たな異議申し立てを準備することとなったのである。

V フランスにおける「地域主義」の興隆と「地域経済政策」の誕生（19世紀末〜20世紀前半）

1 フランスにおける「地域主義」の興隆

19世紀半ば，「単一にして不可分な共和国」の確立を目指す国民国家によって伝統的な「文化的地域」アイデンティティを喪失したフランス国内の地域住民たち，とりわけ知識人たちは，国内外で流行していたロマン主義と，その政治的表現である中東欧の民族主義に刺激され，地方自治の拡充，地域経済の発展，そして地域文化の復権の必要性を強く意識し，様々な立場から具体的な行動を起こすことになった。これらはフランスにおいて「地域主義（régionalisme）」と総称されるようになる。

19世紀フランスの地域主義を代表する運動としてよく知られるのは，言語に代表される地域文化の復権を目指すそれである。その嚆矢となったのが，1854年，南仏プロヴァンスで活動していたミストラル（Frédéric Mistral）ら7人の詩人が中心メンバーとなって結成した文芸団体「フェリブリージュ（Le Félibrige）」である。この団体は，南仏の地域言語であるオック語圏の文化・風俗と言語の保護を目的とし，地域言語による文学作品の創作・出版，文法書や辞典の編纂などを通じて地域文化全体の蘇生とその社会的承認を目指した。そしてこの運動の影響はブルターニュやバスクなど国民国家アイデンティティとの軋轢が大きい地域にも波及し，1870年には地域言語の公的承認を求める嘆願文が国民議会に提出されるに至った[23]。「フェリブリージュ」自体は政治的

---

[23] 伊藤るり（1993）60–61頁。

活動を嫌ったとされているが,[24] 第三共和政期に入ると地域主義は単なる文化・文芸運動の枠組みを超え,フランスにおけるサブネーション側から国家に対する異議申し立ての有力な手段となっていくのである。

他方,地方自治に関する地域主義の嚆矢は,1865 年に発表された「ナンシー綱領 (Programme de Nancy)」である。この綱領を作成した「ナンシー委員会 (Comité de Nancy)」はフランス北東部ムルト県の地方名望家,産業家,法律家,元県知事など 19 名から構成され,その基本的な主張は,①議会の自主運営をはじめとするコミューン (commune) の権限強化,②実際の生活範囲に合わせるための郡 (arrondissement) の廃止と小郡 (canton) の設置,③広域経済圏形成のための県連合の形成,の 3 つに要約された。これらの主張はいずれも,フランスにおける最小単位の地方自治体であるコミューン (市町村) の自律性を高め,そこに居住する人々の生活実態に即した地域社会の再編を目指すという意味において,国民国家アイデンティティに依拠した中央集権制度に対し是正を要求するものであった。したがってナンシー綱領の内容は直ちに中央政界を巻き込んで大いに議論されることとなったが,1870 年の第二帝政崩壊から翌年のパリ・コミューン成立,そして第三共和政成立に至る政治的変動を契機として地方自治の重要性が理解されるようになると,ナンシー綱領で示された要求は 1884 年の「コミューン組織法」として立法化されることとなった。[25] 同法の成立は,フランスにおける地域政策の出発点の一つとして評価できる一方で,同法の下においても県知事が国民国家アイデンティティの立場から地方行政に介入するというフランス革命以来の原則は維持され,また,「フェリブリージュ」運動から広がった言語や文化に根差した地域主義に対する配慮もなされていなかったため,[26] より包括的な地域主義の実現を目指す提言が期待されることとなったのである。

---

(24) 福留邦浩 (2009)「「フェリブリージュ」運動の形成とその理念——地域言語復興活動に内在する政治理念〈フェデラリスム〉をめぐって」『立命館国際研究』22 巻 2 号,立命館大学国際関係学会,249 頁。
(25) 遠藤輝明 (1992) 37-39 頁。
(26) むしろ第三共和政は言語・習慣を異にする「地方」をフランス国家に統合する文化政策を徹底化し,1920 年代にはフランスの地域言語は生活言語としての活力を失うことになる。伊藤るり (1993) 61-62 頁,参照。

2 地域主義の深化・統合と地域経済政策の誕生

「コミューン組織法」が成立した1884年以降のフランスにおける地域主義を本章における「地域」概念を用いて説明するならば，そこには「フェリブリージュ」運動によって興隆した地域文化の再評価を通じて，国民国家アイデンティティによって抑圧された「文化的地域」アイデンティティの再興を目指す潮流と，「ナンシー綱領」が目指した地方自治の強化を通じ，国民国家が規定した「行政的地域」すなわち県とは異なる，住民の地域アイデンティティに即した「行政的地域」の再編を目指す潮流の2つが存在していた。そして，この2つの潮流は，1900年，「フランス地域主義連盟（Fédération Régionaliste Française：FRF）」の結成により，新たな「行政的地域」としての「地域圏（région）」の制定という共通目標に統合することとなるが，その背景にあるのは，産業革命によって顕在化した地域間の経済的格差を是正すべきであるという意識であった。

前述の通り，フランス革命以降の歴代政府は「不可分にして単一の共和国」の理念の下，旧体制下の「州」に替えて「県」を設置し，そこに派遣された知事を通じて地域行政と地域経済を監督してきた。この新たに設置された県の内部では，地方自治と地方文化に関しては早くから「行政的地域」と「文化的地域」の間にアイデンティティの齟齬が見られたものの，経済に関しては，フランス経済の後進性ゆえに県レベルで農・工・商業のバランスが取れた自律的経済圏を形成することができたため，偶然にも「行政的地域」と「文化的地域」のアイデンティティが一致した状態がしばらく続くこととなった。しかし，第二帝政期，国家主導による高度経済成長が実現した結果，それまで県内に収まっていた経済圏の規模が拡大し，全国規模もしくは複数の県を含む規模に至った結果，経済に関する諸問題（地域間格差の拡大，農村部から都市部への人口移動，労使間対立，etc.）を県のレベルでは解決できない状況が生じ，ここに「行政的地域」と「文化的地域」の齟齬が生じることとなったのである。なお，このような，経済発展に伴って経済圏が行政上の地域と一致しなくなる現象は，20世紀初頭，フランスを代表する地理学者ド・ラ・ブラーシュ（Vi-

第 2 章　フランスにおける地域経済政策の誕生　39

dal de la Blache）によって「経済地域」という概念で説明されることになる。⁽²⁷⁾

　他方，社会学者コント（Auguste Comte）によって発達した実証的研究手法によって，経済や社会の実態を様々な数量的データやインタビューに基づく証言などによって説明できるようになると，現行の県制度が経済・社会問題の解決には不適切であり，より広域な行政単位の設置を求める意見が説得力を持って主張されるようになった。

　とりわけ，社会改革運動家として著名なル・プレー（Frédéric Le Play）は，1864 年に出版した『フランスの社会改革 La réforme sociale en France』において，県制度の画一性と硬直性を批判したうえで，県の下位に属するコミューン（市町村）を都市と農村に分け，都市部のコミューンに対しては県の管理から切り離し，大幅な自由と権限を認めてその自律性を促進させる一方，農村部のコミューンに対しては，現在与えられている権限を小郡に移譲し，その管理下に入れることで，単独のコミューンでは解決困難な問題を広域的かつ集合的に解決できるようにしようと考えた。そして彼は，このように多様化した行政組織（ここには県も含まれる）を束ねる上位組織として 13 の「州」を設置し，それらにこれまで国家が掌握してきた司法，高等教育，警察，課税，公共事業に関する権限を与え，「県と国家の間に一つの境界を作り出す感情と利害の共同体」を作り出そうと考えたのである。[28]

　ル・プレー自身は，ここで示した「州」は決して旧制度のそれ（18 州）の単なる復活ではなく，現状におけるフランスの諸地域の同質性を考慮したうえで構成したものであると記しているが，[29] 本章の「地域」概念に基づいて解釈するならば，彼が目指した「行政的地域」は，「利害」すなわち地域の政治権力と経済的利益だけでなく，「感情」すなわち地域の文化・思想を重視した共同体である以上，「文化的地域」アイデンティティへの接近を意味していることは

---

(27)　廣田功（1992）「第一次大戦間期フランスのレジョナリスム——クレマンテルと経済地域」遠藤輝明編『地域と国家——フランス・レジョナリスムの研究』日本経済評論社，234頁。
(28)　廣田明（1992）「フランス・レジョナリスムの成立——ル・プレェ学派における家族，労働，地域」遠藤輝明編『地域と国家——フランス・レジョナリスムの研究』日本経済評論社，65-67頁。
(29)　(28)に同じ，67-68頁。

間違いないであろう。したがってそこでは経済上の地域性だけでなく言語や宗教，風俗の地域性への配慮がなされることとなり，この点に，先行していた文化・文芸運動としての地域主義が呼応・同調する余地が生まれたのである。

このようなル・プレーの提言に続いて，多くの論者たちが19世紀半ばの時点で80余り設置されていた県を15〜30程度の「州」もしくは「経済圏」に再編するという，いわば「第二次領土革命」ともいうべき構想を発表し，その是非が盛んに議論されることとなった。そしてそのような状況の下，1900年に「フランス地域主義連盟」(FRF) が結成され，「地域圏」構想の推進母体となると，その書記長であるシャルル＝ブラン (Jean Charles-Brun) は「地域圏」を地域の創意性が政治・経済・文化の諸領域において発揮される場と位置づけ[30]，複数の県を包含する「地域」に着目した農村振興と国土開発を主要な柱とする経済政策を提唱した。そこではまず，人口流出が進む農村における「大地への復帰」，すなわち帰農を促進するために小土地所有保護，農業組合の発展，農村工業の保護などが提案される一方，第二帝政期の鉄道網整備に象徴される中央集権型の国土開発とは異なる，地域経済を振興し，地域間の経済格差を是正する手段としての国土開発が重視され，植林，観光業の発展，インフラ整備，地方銀行の発展などの政策が提案された[31]。

また，同じくFRFのメンバーであったエネシー (Jean Hennessy) は，「地域圏」構想に職業代表制を組み合わせた制度の確立を主張した。彼によれば，19世紀末以来のヨーロッパ諸国間の経済競争にフランスが勝ち残るためには，国内諸地域の物的・人的資源の開発を基盤とした国力の増強が必要であり，そのために地域住民自身が地域開発の意思決定をできるようにするための「経済的地域議会」と，地域の資本を地域主導で活用するための地域金融機関の発展が必要であるとされた[32]。

このような「地域圏」の制定を前提とした経済政策の提案をもって，文化・文芸運動として開始した地域主義は，政治活動を必要とする「経済的地域主義」へと発展し，その可否を行政組織，すなわち「行政的地域」が検討すべ

---

(30) 遠藤輝明 (1992) 44頁。
(31) 廣田功 (1992) 235-236頁。
(32) (31) に同じ，237-238頁。

き領域へと到達したことになる。しかしながら，経済政策を伴う「地域圏」構想は，19世紀末から20世紀初頭にかけてFRFに所属する何人かの代議士によって法制化が目指されたものの，いずれも実現には至らなかった。なぜなら，フランスでは20世紀に入ってもなお，フランス革命が掲げた「単一にして不可分な共和国」の理想が根強いため，地域アイデンティティ基づく政策は「分離主義（particularisme）」，すなわち国民国家アイデンティティを破壊するものとみなされ，排除され続けていたからである。

3　地域経済政策の実現──クレマンテルの「経済地域」構想

しかし，これほどまでに「不可分性」を信奉してきたフランスの国民国家アイデンティティも，第一次世界大戦を境に変化し，地域の重要性を認識する兆しが訪れることになる。

1914年に勃発した第一次世界大戦は，4年間の長きに亘って兵士が前線に送り込まれ，様々な新兵器（戦車，機関銃，毒ガス，潜水艦，etc.）による大量破壊が繰り返された結果，ヨーロッパ各国に深刻な労働力不足を迫ることとなり，それが経済の合理化と組織化を促進することとなった。

とりわけ戦場となったフランスにおいては，北部および東部の工業地域がドイツ軍に占領され，もう一つの重要な工業地域である首都パリも占領の可能性が取りざたされるという異常事態の中で，工業化が十分進んでいなかった地域の生産力拡大，すなわち工業地域の分散化と，地域内部で自律的かつ合理的に物資の調達・配分を行うための仕組み作りが急務となった結果，それまで構想や提言の段階にとどまっていた「地域経済政策」が現実味をもって議論されるようになったのである。実際，エネシーが提案した「地域経済議会」構想は，その意図を忠実に反映したとは言えないものの，1915年，陸軍省の管轄下に「経済活動諮問委員会（Comité consultatif d'action économique）」が設立され，軍需生産の合理的な配分による地域経済の発展を目指すという形で現実のも

---

(33)　遠藤輝明（1992）42頁。
(34)　第一次世界大戦がフランス経済に与えた影響については，玉田美治（2006）『フランス資本主義──戦間期の研究』桜井書店，161-169頁を参照。

のとなった。
(35)

　このような状況の下，フランスにおける地域経済政策を大幅に進展させたのが，FRFのメンバーであり，20世紀初頭から戦間期にかけて大臣職を歴任し，主に経済分野の政治・行政改革に手腕を発揮した政治家，クレマンテル（Étienne Clémentel）であった。第一次戦時中に商務大臣を務め，戦時経済への対応の中でフランス経済の「相対的遅れ」を痛感した彼は，軍需生産という急務に応えるだけでなく，戦後復興とその後の経済発展，さらには国際経済への対応を見据えた経済政策構想の実現を目指すこととなる。

　商務大臣就任以来，フランス経済の実態を把握するために大規模な調査を実施したクレマンテルは，フランス経済の遅れの原因が，経営者の個人的体質，経済関連省庁の連携不足，そして国家と産業の関係の未発達，の3点にあると考え，行政と経済界の双方を組織化し，両者の連携の下，両者の信頼と同意を前提とした国家による経済介入を実施することこそが，フランスの遅れを克服し，大戦後も継続することが予測される周辺諸国との「経済戦争」への備えになると考えたのである。
(36)

　クレマンテルと彼の協力者たち，すなわちクレマンテル派の経済組織化構想は以下の3つの柱から構成されていた。すなわち，第一の柱は，これまで副次的な役割しか与えられてこなかった商務省を「国民経済省（Ministère de l'Économie Nationale：MEN）」に改組し，国民経済の調査・分析，経済政策の策定，経済関連省庁の調整機関としての役割を与えることである。第二の柱は，これまで個人主義的傾向が強く，国家に対する反発も強かった経営者を「フランス生産総同盟（Confédération Générale de la Production Française：CGPF）」の下に全国的に組織化し，経営者の意見の集約化と，国家との意見交換の促進を可能にすることである。そして第三の柱が，このような国家と経済界の組織化を実現する具体的な「舞台」としての，新たな行政組織

---

(35)　廣田功（1992）238-239頁。
(36)　廣田功（1994）『現代フランスの史的形成──両大戦間期の経済と社会』東京大学出版会，45-46, 89頁。
(37)　(36)に同じ，88-90頁。
(38)　(36)に同じ，97-108頁。

である「経済地域 (régions économiques)」の創設である。

　FRFに所属し，19世紀末以降の地域主義に関する議論の変容，すなわち地域経済政策に対する関心の高まりを目撃してきたクレマンテルは，大戦の勃発によって急務となった工業部門の地方分散と地域経済の自律化という突発的な課題の実現を，FRFが中心となって議論してきた恒久的な地域経済政策の実施に結び付ける契機であると認識し，地域経済の組織化を目指すこととなった。1917年，商務省内に特別委員会を設置したクレマンテルは，すでに19世紀後半，ル・プレーらによって「地域圏」として提唱され，ド・ラ・ブラーシュが「経済地域」と命名した新たな地域概念を現実の行政組織として制定することを目指したが，その際，即座に実施可能な現実的方法として，すでにフランス各地に設立されていた商業会議所 (Chambre de Commerce：CC) を県の枠組みを超えて統合・組織化することで「経済地域」を形成し，国家による経済政策を，この「経済地域」を単位として組織化された商業会議所を通じて経営者に周知・実行させることを目指した。このような方法でフランス全土を16の「経済地域」に再編成する原案を策定したクレマンテルは，1917年8月，全国149の商業会議所にその賛否を求めたところ，明白に反対を表明したのはパリやボルドーなど4会議所にとどまったため，賛成多数と判断し，1918年3月のナンシー地域制定を皮切りに，順次「経済地域」の制定を進め，終戦後の1919年4月までに，当初の予定より一つ多い17地域を制定した。この瞬間をもって，ル・プレー以来，地域主義に関わる多くの論者が提唱してきた「地域圏」構想は現実のものとなったのである。[39]

　このようにして「経済地域」構想を実現させたクレマンテルにとって，国民国家と地域の関係はどのように位置づけられていたのだろうか。この点について本章における地域概念を用いて確認していきたい。

　まず，クレマンテルが，「経済地域」の行為主体を，県や市町村などの行政組織ではなく，民間団体である商業会議所の組織化に求めたことから，彼が「文化的地域」の行為主体である民間企業や経営者たちの活力に期待していたことは確かである。実際，クレマンテルは，自身の政策を構想している段階で

---

(39) (36)に同じ，90-92頁。

すでに，マルセイユ商業会議所などいくつかの会議所が，単なる地域間格差是正ではなく，生産を最大化することを目的とした会議所の組織化を提言・実行していた事実を知り，自身の政策に自信を持つことになった。[40]

しかし，その一方で，クレマンテルがこのような地域の自発的な活力，すなわち地域アイデンティティが国民国家アイデンティティよりも優れていると認識していたわけではない。なぜなら，彼の「経済地域」政策は，確かに各地域の商業会議所をその行為主体としているものの，政策そのものを決定するのはあくまでも国民国家の行政機構であり，商業会議所は国家に対して経済の実態を伝達し，その情報に基づいて国家が決定した方針や政策を経営者たちに伝達・実行させる機関として位置づけられているにすぎないからである。[41] 中央政界に長く関わり，いくつもの大臣職を歴任したクレマンテルにとって，フランス企業の活力は利用可能なものではあるが国家にとって代われるほど完璧なものではなく，国家による指導や調整なしには，フランス経済を第二帝政以前の停滞した状態に逆戻りさせる危険を孕むものですらあった。

このようなクレマンテルの認識を踏まえると，彼の「経済地域」構想は，地域主義を標榜しながら，国家を頂点とする中央集権体制，すなわち国家主義（étatisme）を実現しようとするものだったのであろうか。その答えは否である。なぜなら，前述の通り，クレマンテルがここで想定している「国家」は，地域主義者たちが批判した旧来の国家組織ではなく，彼が自身の経済組織化構想の中で示した「国民経済省」に代表される，綿密な調査と分析に基づいて実態を把握し，それを政策に反映させることができる新しい国家組織だからである。したがって，クレマンテルは国家の機能や権威を無条件に盲信する国家万能主義者では決してなく，むしろ，地域と民間企業の活力を最大化できるような国家組織の在り方を追究し，政策提言を行うという意味での地域主義者であったと理解すべきである。

以上の考察を踏まえ，クレマンテルの「経済地域」構想における国民国家アイデンティティと地域アイデンティティの関係は次のように説明することができ

---

(40) (36)に同じ，91-92頁。
(41) (36)に同じ，94頁。

るだろう。すなわち，クレマンテルは，「経済地域」という「行政的地域」と「文化的地域」が一致した社会的空間の中で，経済政策という形で示される国民国家のアイデンティティと，それを実施する商業会議所の地域アイデンティティを相互補完的な上下関係として統合し，最終的に地域経済と国民経済の双方を発展させることができるような経済・社会システムを作ろうとしたのである。

VI　おわりに代えて

1　「経済地域」構想の結末と教訓

　このようにして，国家と地域の新しい関係を示したクレマンテルの「経済地域」構想は，一部の地域では交通網の整備，信用機関の発展，地場産業の振興などの形で成果を残したものの，フランス全体としては十分な成果を残すことはできなかった。その主たる理由は，この制度が国家による経済介入につながり，自由な経済活動を阻害されることを恐れた商業会議所側の消極的な対応にあったと考えられているが[42]，このような結末が示唆することを本章の地域概念を用いて説明することで，本章の課題に対する結論としたい。

　まず指摘できるのが，フランス革命以降の歴代政府がその確立に腐心した国民国家アイデンティティはフランス国民に確実に浸透しており，地域主義の興隆をもってしても地域アイデンティティをフランス人に根付かせることはできなかったということである。もっともこの様な状況は，第一次大戦という特殊な状況が平時以上に国民のナショナリズムを高揚させたことに影響された結果かもしれず，また，すでに革命前から中央集権的な国家行政組織が完成していたフランスにおいて，国民国家アイデンティティもまた，既にひとつの「文化」としてフランス人に受け入れられていたと言うべきかもしれない。もしそうであるならば，フランスにおける国家と地域の関係は「文化」の領域——具体的には思想・哲学の領域——で語られるべきものであり，フランスの地域主義が20世紀初頭の段階で文化・文芸運動から経済政策提言に主軸を移したのは時期尚早であった。

---

(42)　(36) に同じ，95頁。

そしてもう一つ指摘すべきことは，フランス人にとって，国民国家アイデンティティを信奉することと実在する国家組織を支持することは同一ではない，ということである。クレマンテルの「経済地域」構想が各地域の商業会議所に受け入れられなかった背景にあったのは，クレマンテルの構想そのもの，すなわち国民国家アイデンティティに基づいた地域経済政策に対する商業会議所の不信感というよりもむしろ，現行の国家組織，すなわち「行政的地域」の行為主体に対する不信感であった。前述の通り，クレマンテルの「経済地域」構想は，商務省を「国民経済省」に改組するという構想と併せて実施されるべきものであったが，この国家組織改革が実行に移されることはなかったため，クレマンテルの真意が商業会議所側に知られることは恐らくなかっただろう。したがって，クレマンテル構想が提示した国民国家アイデンティティと地域アイデンティティの相互補完関係も理解されることはなかったのである。

2　クレマンテル後のフランスにおける地域経済政策の展開

クレマンテルが第一次大戦後に「経済地域」構想で示した国民国家と地域の相互補完関係の意義がフランス国民に理解され，実際の政策に反映することになるのは，第二次世界大戦後のことである。クレマンテルが示した国家と地域，もしくは行政と民間企業の相互補完的な関係は，第二次大戦後，国家とその他の種々のステークホルダーによる調整を重視する経済思想である「ディリジスム（dirigisme）」として結実することになり，地域経済政策も国民経済発展のための調整手段という観点から策定されることとなった。そして，19世紀後半以来多くの地域主義者が提案し，戦間期にクレマンテルの下で実現された「地域圏」構想は，1955年に改めて行政上の地域区分として認定され，1972年には地方自治体としての地位が付与されることとなったのである。[44]

しかし，1970年代以降，EU統合が進展し，国民国家の重要性が相対的

---

(43)　(36)に同じ，90頁。
(44)　戦後フランスにおける地域圏制定の概要については，石原照敏（2001）161–182頁を参照。なお，フランスの経済圏は，行財政改革の一環として，2016年に22から13まで大幅に統廃合された。この点に関しては，在日フランス大使館のHP（http://www.ambafrance-jp.org/-Japonais-）に最新情報が掲載されている。

に後退すると，それまで国家アイデンティティに従属する形で策定されてきたフランスの地域経済政策もまた，EU の重要な理念である「補完性原理」に従い，地域アイデンティティを前面に押し出す形で策定されるようになり，「単一にして不可分の共和国」という国民国家アイデンティティと地域実態との乖離が顕在化するようになった。

この乖離を解消するため，1982 年，地方分権を大幅に認める法改正が実施され，フランスの地域経済政策は各自治体の自律的な判断によって実施することが可能となった。さらに 2003 年，地方自治体の地位を保証するための憲法改正が実施され，フランスの単一性を規定した憲法第 1 条の末尾に新たな一文が挿入されることとなった。[45]

　　「フランスは単一にして不可分の，非宗教的で，民主的で，社会的な共和国である。フランスは，出自，人種，宗教の区別なく，すべての市民の法の下の平等を保障する。フランスはすべての信条を尊重する。フランスの組織は地方分権的である」。

かくして，19 世紀後半に地域主義が主張した地域アイデンティティは，憲法を通じて国民国家アイデンティティの一部に組み込まれ，相互補完関係を確立するに至ったのである。

（乗川　聡）

〈参考文献〉
石原照敏（2001）『地域政策と観光開発——フランスと EU の事例研究』大明堂．
伊藤定良・割田聖史（2008）「国民国家と地域を見る視角」伊藤定良・平田雅博編著『近代ヨーロッパを読み解く——帝国・国民国家・地域』ミネルヴァ書房，1-24 頁．
伊藤武（2007）「「領域性」概念の再検討——近代国民国家の変容と連邦主義的改革の中で」宮島喬・若松邦弘・小森宏美編『地域のヨーロッパ——多層化・再編・再生』人文書院，44-66 頁．
伊藤るり（1993）「単一国家の「地域問題」」原輝史・宮島喬編『フランスの社会——変革を問われる文化の伝統』早稲田大学出版部，55-76 頁．

---

(45) 2003 年の憲法改正に至るまでの地方自治に関する問題は，中野裕二（2007）「フランス社会の変容——地方分権改革，地域民主主義・近隣民主主義立法の意味するもの」宮島喬・若松邦弘・小森宏美編『地域のヨーロッパ——多層化・再編・再生』人文書院，69-92 頁を参照．

遠藤輝明 (1992)「フランス・レジョナリスムの歴史的位相――人と地域と国家をめぐる相関の変遷」遠藤輝明編『地域と国家――フランス・レジョナリスムの研究』日本経済評論社, 1-48頁。

鹿島茂 (1992)『絶景, パリ万国博覧会――サン・シモンの鉄の夢』河出書房新社。

定松文 (2007)「グローバル化する社会における主体としての「地域」」宮島喬・若松邦弘・小森宏美編『地域のヨーロッパ――多層化・再編・再生』人文書院, 25-43頁。

玉田美治 (2006)『フランス資本主義――戦間期の研究』桜井書店。

中野裕二 (2007)「フランス社会の変容――地方分権改革, 地域民主主義・近隣民主主義立法の意味するもの」宮島喬・若松邦弘・小森宏美編『地域のヨーロッパ　多層化・再編・再生』人文書院, 69-92頁。

原輝史 (1986)『フランス資本主義――成立と展開』日本経済評論社。

原輝史 (1993)「フランス経済の生成と発展」原輝史編『フランスの経済　転機に立つ混合経済体制』早稲田大学出版部, 13-18頁。

廣田明 (1992)「フランス・レジョナリスムの成立――ル・プレェ学派における家族, 労働, 地域」遠藤輝明編『地域と国家――フランス・レジョナリスムの研究』日本経済評論社, 49-102頁。

廣田功 (1992)「第一次大戦間期フランスのレジョナリスム――クレマンテルと経済地域」遠藤輝明編『地域と国家――フランス・レジョナリスムの研究』日本経済評論社, 229-272頁。

廣田功 (1994)『現代フランスの史的形成――両大戦間期の経済と社会』東京大学出版会。

福留邦浩 (2009)「「フェリブリージュ」運動の形成とその理念――地域言語復興活動に内在する政治理念〈フェデラリスム〉をめぐって」『立命館国際研究』22巻2号, 立命館大学国際関係学会, 243-276頁。

第3章 「都会」と「田舎」の歴史

はじめに

「都会」と「田舎」という区分がよく行われる。「都会」とは垢抜けた雰囲気を漂わせ，「田舎」は泥臭いニュアンスを含む言葉として使われてきた。近代化途上にあった時代には，この対比は強烈であった。「都会」の極みは憧れの東京であり，その先にはパリやロンドンがあった。他方，田舎とは貧しく因習にとらわれ，そこから抜け出したい，関わりたくないというイメージを伴っていた。「都会人」と「田舎者」との間には，超えがたい溝があった。今日でも依然としてこうした対比はあるが，かつてとは意味合いが大きく変わっている。その変遷を振り返ってみたい。

I　江戸時代の農村

最初に，現代日本の基盤を形作った江戸時代の様相を概観しておこう。明治初期の日本の人口は3,600万人で，その八割以上が農民だったと考えられる。江戸時代後半の都市人口は400万人台で，人口の13.4％と推定されている[1]。江戸時代というと何より江戸の暮らしぶりに目が行くし，この一大政治都市に全国の武士が集まったことは，日本全体に有機的なまとまりを作る上で大きな意味を持った。しかし，江戸や大坂といった都市は，田舎である農村社会に浮かぶ一握りの塊に過ぎなかった。

ところで，江戸時代の人口については，「1600年の人口は，1,200万人プラスマイナス200万人で，それが，1700年には3,000万人くらい，十八世紀は停

---

[1] 鬼頭宏（2000）200-202頁。

滞し，十九世紀になってからまた増大して維新期の3,500万人へと推移したと考え」られる。つまり，江戸幕府ができてから100年の間に人口は2.5倍に急増したが，その後の260年間は，ほぼ横ばいであった。関ヶ原の戦いがあった頃の日本人は，現在の十分の一程度しかいなかったが，わずか100年で3,000万人となっている。こうした激増の理由は，戦乱の時代が終わり強大な権限を持った幕府や藩ができ，大規模な土木事業が推し進められたためであった。大河川の堤防の整備や用水路の掘削などによって田畑の面積が拡がり，人口の増加を支えたわけである。興味深いのは，こうした開発が勢いを失うと共に，人口が増えなくなった点である。この時期の人口は決して停滞していたわけではなく，「平常年にはごく僅かに増大していた人口が，災害年に激減して，ノコギリ屋根状で推移」した。「また，地域ごとに見ると，東日本は減少，中央日本は停滞（ただし北陸は増大），西日本は増大，という傾向が明か」だという。このように細かく見れば様々な変動を抱えながらも，江戸時代前期とは対照的に，全体として人口が増えなくなった点は注目に値する。海外への移民などを考えずに，日本国内で完結する社会を維持できたからである。これは後に述べるように，明治以降の日本とは対照的な状況であった。

　現在の岐阜県にあった西城村の宗門改帳と，福島県にあった仁井田村・下守屋村の人別改を分析した浜野潔は，人口抑制が機能した理由として，前者では都市への人口流出，後者では間引きが大きかったという。当時の都市は出生率が低く，農村から人口を飲み込むことで，初めて成り立っていた。こうした状態を速水融は「都市蟻地獄」と呼んでいる。

　武士を含めたすべての階層で人口増加を抑えた仕組みとして，この他に家制度に注目しておきたい。戦後日本では封建的風土の象徴として非難されるようになったが，家制度は江戸時代後半の均衡社会を維持する上で，重要な役割を果たしたと考えられる。家制度とは，長男が親の財産をすべて相続し，他の子どもは親と長男に従属して生活するしか無いという仕組みである。この点について，1863年（文久3）に生れ，農林大臣や商工大臣を歴任した町田忠治は，

---

(2) 速水融（1997）78頁。
(3) 大石慎三郎（1997）。
(4) 速水（1997）85-86頁。

1935年（昭和10）に大阪で開かれた秋田県人会の席上で，次のように述べている。

> 秋田藩士として生れた私として一言申し上げますが，こゝにをられます本多君や金崎君も秋田の藩士であります。両君も御存じの筈でありますが，長男たるものは必らず家を継ぐものであり，又文武何れの道に進むとも進まるゝまゝの特権があつたものであります。私はその二男坊［実際は三男］であつたのですから，所謂浪人（二男三男坊）組であつたわけなのです。この所謂浪人の二男坊三男坊は昔下士郎と言はれたものであります。（笑声）本多君や金崎君も私を下士郎と言はれたであらうと思ひますが，（笑声）家柄は秋田藩として維新まで相当の職だつたのです。
>
> とは云へ，秋田藩の下士郎が時代の変遷に依り，国務を与る責任を荷ひ老躯をひつさげて感ずることは唯忠誠あるのみであります。[5]

長男で無かったために，秋田藩士の間で屈辱的な扱いを受けた町田は，明治以降の発展のために，国務大臣の座にまでたどり着いたことを，感慨深く振り返っている。このように二男三男を押さえ込み，長男のみに特権をあたえる仕組みは，長男以外には息苦しかっただろうが，社会の規模を変えることなく安定的に持続させるという点で，大きな意味を持った。過剰な人口のはけ口を新大陸などに求め，大量の移民を送り出した当時のヨーロッパとは異なる道を，江戸期日本は歩んでいた。

このように安定した農村社会が続いていく中で，日本には他のアジア諸国にはみられない独自の国のあり方が形作られた。当時の西欧人はアジアにやってきて，一握りの特権層の下に，大多数の貧しい庶民があえぐ抑圧的な体制を目撃していた。ところが，そうしたアジア諸国を通り抜けて日本にまで来ると，同じアジアの国でありながら，他とは全く異質な世界があることに気づく。肉食をしなかったためか小柄で貧弱な体つきながら，勤勉で誠実，清潔で思いやりに満ちた人々が膨大な中間層を形作る国である。渡辺京二の『逝きし世の

---

(5) 町田忠治伝記研究会（1996）297頁。

面影』は，こうした西欧人の目に映った，近代化が始まる前の江戸・明治初期日本の文明のありようを，透徹に描いた必読の名著である。詳しくはこの書に譲るが，日本に強く惹かれた西欧人の一人，イギリスの旅行家イザベラ・バードが描いた農村風景を紹介しておこう。1877年（明治11）に，バードは外国人が来たことのない東北の裏街道を通って，新潟・山形・秋田などを訪れている。その道筋で，彼女は二つの対照的な「日本の農村」に出会っている。最初にバードは，新潟を目指して日光から山間部に入った。そこで目撃した山村は次のような有様であった。

> 私は見たままの真実を書いている。もし私の書いていることが東海道や中山道，琵琶湖や箱根などについて書く旅行者の記述と違っていても，どちらかが不正確ということにはならない。［略］男たちは何も着ていないと言ってもよいだろう。女たちはほとんど短い下スカートを腰のまわりにしっかり結びつけているか，あるいは青い木綿のズボンをはいている。それは脚にぴったりしたもので，上部はだぶだぶである。青い木綿の着物を腰まで開けっぴろげて帯に端折り，青い木綿の手拭いを頭のまわりに結んでいる。着ている着物からは，男か女か分からない。顔も，剃った眉毛とお歯黒がなければ見分けがつかないであろう。短い下スカートは本当に野蛮に見える。女が裸の赤ん坊を抱いたり背負ったりして，外国人をぽかんと眺めながら立っていると，私はとても「文明化した」日本にいるとは思えない。[6]

このように，外国人が少なからず訪れている日本の主要部とは隔絶した貧しい日本が，山奥にはあった。それは，バードの通訳を務めた伊藤という十八歳の若者にとっても衝撃的であった。

> 五時になると伊藤がやってきて，どうか出発してくれと私に頼んだ。「ちっとも眠れませんでした。何千何万という蚤がいるものですから！」と泣き

---

(6) イザベラ・バード（2000）141頁。

第 3 章 「都会」と「田舎」の歴史　53

言をならべた。彼は別のコースで内陸を通り津軽海峡へ行ったことがあるが，こんなところが日本にあるとは思わなかった，と言い，この村のことや女の人たちの服装のことを横浜の人たちに話しても信じてはくれぬだろう，と言った。「こんな場所を外国人に見せるのは恥ずかしい」とも言った⁽⁷⁾。

　当時の日本人も，日本の隅々までの情報を持っていたわけではなく，ここに紹介された貧しい人々も，自分たち以外の生活のありようについて，詳しくは知らなかっただろう。今日とは比較にならない程格差が拡がっていたが，その実情が広く知られていたわけでもなかった。ところが，バードは新潟市に入ると，その伝統的な町作りの素晴らしさだけではなく，その周辺に拡がる農村に感嘆する。

　　農業を営む村が長く続いていて，築地，笠柳，真野，真理などは清潔な部落であった。農家は道路から見えないように竹の垣根をしてあるところが多かった。全体として楽しげな地方であり，人々は着物をほとんど身につけていないが，貧乏そうにも見えなかったし，非常に不潔な感じもしなかった。土はとても軽くて，砂地であった。［略］しかし，丘陵と丘陵との間の低地は菜園のように肥料を充分に施して耕作してあって，えんどうのように這わせたきゅうり，水瓜，南瓜，里芋，甘藷，とうもろこし，茶，鬼百合，大豆，玉葱など，すばらしい作物をつくっていた⁽⁸⁾。

しかし，そこから山間部に入ると，再び貧しい生活が見られるようになる。

　　今や私たちは大きな山岳地帯の中に入っている。［略］谷間はどこも段々畑の水田である。村落のあるのは谷間で，これほど孤立している地方を見たことがない。ひどい道路のために，日本の他の地方から隔絶されているのである。家屋はとても貧弱であり，男子の夏の服装はまろ（ふんど

---

(7)　同前，147頁。
(8)　同前，200頁。

し）だけである。女子の服装は，ズボンをはき，胸をひろげたシャツを着ている。昨夜黒沢に着いてみると，その服装もズボンだけに縮小していた。車馬の交通はほとんどない。［略］店は見たところぎりぎりの必需品しか置いていない。米よりも黍や蕎麦に，日本のどこにもある大根を加えたのが主食となっている。［略］冷たい雨風が破れ障子をばたばたと動かし，すっと入ってくる風が畳の上に灰を吹き散らす。やがて夜になると，家はぴったりと密閉されてしまう。［略］私は，好奇心から，沼の部落を歩きまわり，すべての日本の家屋の入り口にかけてある名札を伊藤に訳させた。そして，家に住む人の名前と数，性別を調べたところが，二十四軒の家に三百七人も住んでいたのである。［略］農民たちは暗くなってから外に出ることを好まない。幽霊や，あらゆる種類の魔物をこわがるのである。［略］子どもたちは，しらくも頭に疥癬で，眼は赤く腫れている。どの女も背に赤ん坊を負い，小さな子どもも，よろめきながら赤ん坊を背負っていた。女はだれでも木綿のズボンしかはいていなかった。［略］

　この地方の人々は数里先のことは何も知らない。［略］ここでは馬をほとんど飼っていない。商品の大半は，牛や人夫が運んでくる。男と同様に女も重い荷物を運ぶ。荷物を運ぶ人夫は，一人で約 50 ポンド［約 23 キロ］運ぶ。しかしここでは，山形から自分の荷物を運んでくる商人たちは，実際に 90 ポンド［約 41 キロ］から 140 ポンド［約 64 キロ］，あるいはそれ以上も運んでくる。この連中が，かわいそうに山の峠道を大弱りの格好で喘ぎながら登ってくるのを見ると，気持ちが悪くなるほどである。［略］彼らは家族のためにパンを得ようとまじめに人生を生きているのである。彼らは苦しみ，烈しい労働をしているけれども，まったく独立独歩の人間である。私はこのふしぎな地方で，一人も乞食に出会ったことはない。[9]

ここでは，ぎりぎりの貧しい生活をしているが，誰もが勤勉に働いている姿を見出している。そして，山々を越えて再び平野部である米沢に来ると，その光景にバードは感嘆する。

---

(9)　同前，203-210頁。

米沢平野は，南に繁栄する米沢の町があり，北には湯治客の多い温泉場の赤湯があり，まったくエデンの園である。「鍬で耕したというより鉛筆で描いたように」美しい。米，綿，とうもろこし，煙草，麻，藍，大豆，茄子，くるみ，水瓜，きゅうり，柿，杏，ざくろを豊富に栽培している。実り豊かに微笑する大地であり，アジアのアルカデヤ（桃源郷）である。自力で栄えるこの豊沃な大地は，すべて，それを耕作している人々の所有するところのものである。彼らは，葡萄，いちじく，ざくろの木の下に住み，圧迫のない自由な暮らしをしている。これは圧政に苦しむアジアでは珍しい現象である。それでもやはり大黒が主神となっており，物質的利益が彼らの唯一の願いの対象となっている。美しさ，勤勉，安楽さに満ちた魅惑的な地域である[10]。

キリスト教ではなく大黒様が信仰されている点だけは評価が低くなるが，それ以外は手放しの称賛である。このように平野部の農村と山間部の農村で，バードから見て大きな差があった。しかし，その根柢に共通する特徴も見出していた。その点を次のように書いている。

　私たちが通過したり傍を通った村々は，［略］耕作の様式については，少しの相違点も見られない。吉田は豊かに繁栄して見えるが，沼は貧弱でみじめな姿の部落であった。しかし，山腹を削って作った沼のわずかな田畑も，日当たりのよい広々した米沢平野と同じように，すばらしくきれいに整頓してあり，全くよく耕作されており，風土に適した作物を豊富に産出する。これはどこでも同じである。草ぼうぼうの「なまけ者の畑」は，日本には存在しない[11]。

場所によって農村の貧富の差はたしかに大きいが，それは豊かな地域の農

---

(10)　同前，218頁。
(11)　同前，218-219頁。

民が勤勉で，貧しい農民が怠惰なためではない。彼等はどこでもひとしく勤勉である。ただ，それぞれが耕作する田畑に恵まれているかどうかが，貧富の差をもたらすとバードは見た。バードの眼には，搾取を受けることなく，努力の成果を自らのものにでき，おそらくそうであるが故に勤勉に働く日本の農民の姿が映っていた。そして，一日の労働を終えた後の家庭生活を，次のように描く。

　　ここ［秋田県白沢］でも今夜も，他の幾千もの村々の場合と同じく，人々は仕事から帰宅し，食事をとり，煙草を吸い，子どもを見て楽しみ，背に負って歩きまわったり，子どもたちが遊ぶのを見ていたり，藁で蓑を編んだりしている。彼らは，一般にどこでも，このように巧みに環境に適応し，金のかからぬ小さな工夫をして晩を過ごす。〈残念ながら〉わが英国民は，おそらく他のどの国民よりも，このようなことをやっていない。酒屋に人が集まっていることはない。いかに家は貧しくとも，彼らは，自分の家庭生活を楽しむ。少なくとも子どもが彼らをひきつけている。英国の労働者階級の家庭では，往々にして口論があったり言うことをきかなかったりして，家庭は騒々しい場所となってしまうことが多いのだが，ここでは，そういう光景は見られない。日本では，親の言うことをおとなしくきくのが当然のこととして，赤ん坊のときから教えこまれている。［略］多くの点において，特に表面に現われているものにおいては，日本人は英国人よりも大にすぐれている。しかし他の多くの点では，日本人は英国人よりもはるかに劣っている。このていねいで勤勉で文明化した国民の中に全く溶けこんで生活していると，その風俗習慣を，英国民のように何世紀にもわたってキリスト教に培われた国民の風俗習慣と比較してみることは，日本人に対して大いに不当な扱いをしたことになるということを忘れるようになる。この国民と比較しても常に英国民が劣らぬように〈残念ながら実際にはそうではない！〉，英国民がますますキリスト教化されんことを神に祈る（傍点引用者）。

---

(12)　同前，296-298頁。

牧師の娘として育った厳格なキリスト教徒であるバードにとって，キリスト教を信仰していないというだけで，日本国民はイギリス国民とは比べものにならない程劣った「風俗習慣」の中にいるはずだった。ところが，子どもと共に温和な家庭生活を過ごす，明治初めの田舎の暮らしは，近代化のただ中にある同時代イギリスの労働者が送る生活よりも，遙かに優れたものに見えてきていた。その困惑がここに語られている。

以上のバードの観察から，250年あまりの平和な江戸時代をへて，日本人の大部分が属する農村には，格差が無いわけではないが，英国人から見ても充実し幸福な生活が拡がっていたといえる。

Ⅱ　明治以降の都市と農村

明治維新以降の急速な近代化は，こうした江戸時代に形作られた農村社会に支えられていた。明治初めに 3,600 万人程度であった日本の人口は，50 年後には 5,600 万人，70 年後には約 2 倍の 7,200 万人，110 年後には約 3 倍の 1 億 2,000 万人となっている。有史以来の日本の人口は，一定の割合で増え続けたのではなく，100 年あまりの間に 3 倍近くに急増した時期を 2 回経ている。1 回目は江戸時代前半であり，2 回目は明治から昭和にかけてであった。

1 回目は，既に述べたように大土木事業に支えられた耕地の拡大に支えられ，2 回目は対外貿易の本格化を基盤とする近代産業の発展によるものである。人口の面から見れば，第 1 次産業（農林水産業）に対して，第 2 次産業（鉱工業）や第 3 次産業（商業サービス業）の人口が増えたことを意味する。次頁表 3-1 は，国勢調査が始まった 1920 年（大正 9）から最近に至るまでの第 1 次産業就業人口と就業者総数に占める割合をまとめたものである。

人口の増加と共に第 1 次産業就業人口の割合は低下している。1920 年（大正 9）から 1940（昭和 15）までの 20 年間をみると 10％近く減少している。ところが，1950 年（昭和 25）には逆に 4％程度増加する。割合だけではなく，実数でも 300 万人あまり増えている。近代日本では，常に農村から都市へ人口が流出し続けていたが，敗戦前後は逆に焼け野原となった都市から農村へ還

流する例外的な時期であった。

表 3-1 第 1 次産業就業人口と就業者総数に対する割合及び総人口[13]

	1920 年 (大正 9)	1930 年 (昭和 5)	1940 年 (昭和 15)	1950 年 (昭和 25)	1960 年 (昭和 35)	1980 年 (昭和 55)	2015 年 (平成 27)
人　口	1,467 万	1,471 万	1,439 万	1,748 万	1,439 万	610 万	240 万
割　合	53.8%	49.7%	44.3%	48.5%	32.7%	10.9%	3.8%
総人口	5,596 万	6,445 万	7,193 万	8,412 万	9,430 万	1 億 1,706 万	1 億 2,710 万

　この時期を除いて，1920 年から 1960 年（昭和 35）までの 40 年間の第 1 次産業就業人口は，1400 万人台で安定している。ここから次のような見通しを立てられる。農村では江戸時代と同じように，長男が親の財産を丸ごと相続して農業を続けた。この数に大きな変化は起きていない。他方，農家の二男三男は都市部へ移動して，明治以降に起こった近代産業や都市居住者に生活物資を供給する在来産業の担い手となった。彼らは都市部で家庭を築き，一代限りで終るのが普通であった江戸時代とは異なり，人口を増加させる要因となった。近代日本の人口増加は，都市部へ移動した二男三男が支えていた。

　こうして長男が受け継いだ伝統的農村と，二男三男が作り上げた近代産業とそれを支える在来産業から，近代日本は成り立っていた。しかし，両者の間には深刻な矛盾が生じるようになる。所得格差の拡大である。とりわけ昭和期に入ると，不況のしわ寄せのために，農村が疲弊しているという認識が急速に広まり，大きな政治問題となった。

　図 3-1 に見るように，昭和初期には人口で約半分を占める農林水産業が，所得では二割に満たない。これに比べて，第二・三次産業では人口比以上の収入を得られていた。この当時の都市と農村との対比を，祖父江孝男は次のように回想している。

　　　私の父親が［東京の］下町で内科・小児科の医院を経営していたからな

---

(13)　矢野恒太記念会（2013）35, 80-82 頁，総務省統計局。

第3章 「都会」と「田舎」の歴史　59

図 3-1　産業別の有業人口と国民所得[14]

有業人口	1次産業	2次産業	3次産業	年	1次産業	2次産業	3次産業	国民所得
2,726万人	52.8	23.0	24.2	大正9年	30.2	29.1	40.7	137億円
2,811万人	50.0	22.5	27.5	大正14年	28.2	27.1	44.7	156億円
2,962万人	49.5	20.8	29.8	昭和5年	17.6	31.6	50.8	131億円
3,121万人	46.3	21.8	31.9	昭和10年	18.1	36.6	45.3	164億円
3,250万人	44.7	25.3	30.0	昭和15年	18.8	47.4	33.8	356億円
3,329万人	53.4	22.3	24.3	昭和22年	35.4	28.5	36.0	1.0兆円
3,563万人	48.3	21.9	29.8	昭和25年	26.0	31.8	42.3	3.4兆円
3,926万人	41.0	23.5	35.5	昭和30年	23.1	28.6	48.3	7.1兆円
4,372万人	32.6	29.2	38.2	昭和35年	14.9	36.3	48.9	12.8兆円
4,763万人	24.6	32.0	43.4	昭和40年	11.2	35.8	53.0	25.7兆円
5,211万人	19.4	34.0	46.6	昭和45年	8.6	43.0	48.4	51.2兆円
5,302万人	13.9	34.0	52.1	昭和50年	6.6	35.8	57.5	125.2兆円
5,581万人	11.0	33.5	55.5	昭和55年	3.6	38.2	58.2	246.7兆円

注：有業人口は国勢調査，国民所得は大川一司他『国民所得』および経済企画庁推計による。

のだが，私の家には往診用に当時としては珍しい自家用の自動車があり，時たま日曜日に家族一同，この車で関東各地をドライブすることがあったのだった。それがちょうど昭和10年前後で，当時の私は小学校の低学年であったのだが，今でも目に焼きついて忘れられないのは，まっしぐらに走る田舎道の両側に並ぶ，崩れかけた草ぶき屋根の暗い暗い農家の姿である。縁側に並ぶ障子はどれもこれも，ビリビリに破れ，黒く煤けた紙が垂れ下がっていた。[略] 子供心に胸をつかれる思いだった。

　道を聞いたり，一休みしたりしようと思って車を止めると，とたんに車めがけてバラバラと八方から駈け集まって来るのは，泥だらけの顔に汚れた和服の子供たちで，誰もがハナをたらしていたが，先頭はネンネコで背

---

[14]　中村隆英（1986）4頁。

中に赤ん坊を背負った12,3歳の女の子たちで，頭には手拭いをすっぽり巻いていた。こうして現れた子供たちは私たちを取り巻き，ただもう無言で眺めまわしているのだが，私の母は当時は東京でもまだ珍しかった洋服を着ていたものだから，それこそ1メートルくらいの距離からも文字通り頭の先から足の先までジロジロ，ジロジロ見つめられるのが常だった。

　思うにこの頃の村の子供たちにとってみれば，われわれ都会人は遠く離れた別世界からやって来た，顔かたちも服装も異なった，外国人のごとき存在だったのであろう。当時の都市と村落は全く異なった二つの別世界であったに違いない。(15)

　近代西欧文明の浸透しつつあった東京と，江戸時代以来の生活様式に大きな変化が無かった農村との対比が語られている。
　山がちの国土で零細な農業を続けても展望は開けない，国外に日本の農民が飛躍できるような場所を求めなければ，人口の急増による食料供給にも対応できず，日本は破局するだろう。このような見通しが，昭和初めの日本では十分な説得力を持っていた。例えば，昭和初めには次のような議論が登場している。

　　今日太平洋の彼岸，米国及カナダが我が移民を絶対に拒絶してゐることは，今更言ふに及ばず，彼の世界六大洲の一つたるオーストラリア大陸も亦日本移民を拒絶し，白人濠洲主義［移民を白人に限定，1973年まで続いた］を固執してゐるのだ。南米ブラジルには最近年々一万人内外移民してゐるが，この儘今後幾年続けられるかね。謂はゞブラジル耕地開拓傭兵だよ。御用がすめば，お払ひ箱さ，入国まかりならぬと，第二の米国たるのもさう遠い将来ではあるまい。
　　キリストの教へ，一視同仁［平等］主義も白人間のみの専売で，吾々異人種には通用の限りではないとおつしやる。［略］これでは我々日本人の浮かぶ瀬が未来永劫に来たるべき道理はない。［略］年々八十万も九十万も人口が増加して，この先どうする積りだ。共食ひ，諸倒れの外ないでは

---

(15)　祖父江孝男（1987）14-15頁．

ないか。[略]

　　今日の日本を救ひ将来の日本を開くべき唯一の活路は『極東大陸進出』の一事あるのみだ。満蒙及露領極東地方の一帯に亘る大陸に進出して，極東に於ける資源の活用と産業開拓とによる一大移民政策を展開し得て，始めて祖国を自滅の運命から救ふことが出来るのだ。[略]勿論，極東大陸（満蒙及露領極東地方）進出のことは今日に始まつた問題ではないさ。日清戦争に端を発し，日露戦争で其の緒についた問題には違ひない。斯くの如く問題は古いが，今日の実際は一向進展してゐないのだ。[略]今日のやうに日本人が海外発展の勇猛心を喪失し，内的階級闘争，同胞相食むことにのみ没頭してゐると，八方塞りどころか，自滅する外はないのだ。[16]

　明治以降，増加する人口対策の一つとして，海外移民が行われるようになった。江戸時代にはあり得なかったこのやり方は，西欧諸国家を模倣した結果といえる。ところが，西欧の移民受け入れ国だったアメリカでは，非白人である日本人移民の受け入れに反撥を強め，1924年（大正13）には事実上アメリカへの移民はできなくなる。欧米諸国と肩を並べて近代化の道を歩んできたと信じていた日本にとって，これはまことに衝撃的な経験であった。また，ベルサイユ会議で国際聯盟に人種平等の規約を制定しようとした日本の試みが拒否されたことも，忘れがたい経験であった。1946年（昭和21）に昭和天皇は，次のように回想されている。

　　第一次世界大戦後の講和会議に於て，我が国代表によって主張せられたる人種平等に関する日本国民の叫びは列国の容るる所とならず，黄白の差別観は世界の各地に残存し，かの加[カリフォルニア]州移民拒否の如き，又豪州の白豪主義の如きは，我に相当の発展力を有しながら，しかも国土狭小にして人口過剰と物資の不足とに悩む日本国民をして憤慨せしむるに充分なものであった。[17]

---

(16)　西野雄治（1930）16-27頁。
(17)　中尾裕次（2003）下巻472頁。

このため大正期中頃以降，日露戦役で日本の勢力圏となったと信じられた満蒙は，日本の発展にとって欠くことのできない地であるとの思いが強まっていく。結果から見れば，戦後日本がそうであったように，対外的な膨張をせずに経済発展をする道がなかったわけではない。しかし，二十世紀初頭に頂点を迎えた帝国主義的な発展という西欧大国の行動規範を，当時の日本は忠実に模倣していた。こうした志向は，世界大戦（第一次）の結果大きく変化したが，この空前の大戦も日本にとっては対岸の火事に過ぎず，アジアは依然として帝国主義の成果である植民地に覆われた地域であった。このため，大東亜戦争という悲劇を生むのだが，ここではこの問題にこれ以上立ち入る必要は無いだろう。

　戦後日本は，領土を日本列島に封じ込められるが，そこで誰にも予想出来なかった急激な経済発展を実現させた。昭和30年代以降に本格化する高度成長である。この時代には農業人口の激減という未曾有の経験をしている。再び表3-1をご覧いただきたい。昭和20年代までの日本では，就業人口の半数近くを第1次産業従事者が占め，1,400万人台という実数にも大きな変化はなかった。ところが，1960年（昭和35）以降に高度成長が本格化すると，急激に減少するようになる。つまり，江戸時代以来農村を支えてきた人々までが都会へ職を求めて出て行き，第1次産業は急激に縮小していった。これ以降日本は「都市国家」への道を歩み始める。

　現在の国土の利用と人口分布の状況は表3-2および図3-2の通りである。国土の70％近くは森林であり，耕作地は10％強，宅地は5％にとどまる。山がちの地勢のため，田畑や住宅に適した場所は限られている。こうした環境のために，人口が集中する都市は国土面積の3％に過ぎず，そこに人口の約70％が集中している。東京一極集中とよくいわれるが，もともと日本では三分の二の人間が大都市で生活を営んでいる。また，かつて見られたような都市と田舎との間での格差はほとんどない。自家用車が普及し，ほとんどの日本人は，コンビニ・スーパー・外食チェーン・大規模家電店などを日常的に利用している。テレビ放送によって標準語が浸透し，ネットの普及で日本語による情報を全国どこでも同時に入手できる。新幹線と飛行機の発達は，日本中をほぼ日帰り圏内

表 3-2　国土利用状況（2014 年・平成 26 年）[18]

森林*	農用地	宅地	水面・河川	道路	その他
66.3%	12.0%	4.7%	3.5%	3.6%	9.9%

＊ほとんどが山林

図 3-2　人口分布（過疎地域は 2014 年，人口集中地区は 2010 年のデータ）[19]

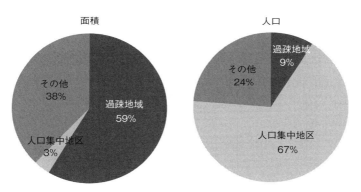

にした。生活の様式や水準で格差はほとんどない。都市と田舎との一体化がより進んだともいえるだろう。豊かな森林を持つ国土に形作られた快適な都市国家が，今日の日本である。こうした現在の日本社会の特質も，昨日今日できたのではなく，長年の日本人の営みの上に形作られていることに注意を向けたい。

Ⅲ　東京一極集中

　最後に，今後の都市と田舎との関係について，簡単に展望をしておきたい。今日では，東京一極集中という形で，この問題がしばしば論じられる。それに関連して，興味を惹かれる議論を二，三紹介したい。

---

(18)　国土交通省(2016) 39頁「過疎市町村の人口・面積」『数字でみる日本の 100 年』67頁。
(19)　国土交通省(2016) 39頁「過疎市町村の人口・面積」『数字でみる日本の 100 年』67頁。

公共政策論と都市社会工学を専門とする藤井聡は，国土強靱化論を主張する。これまで税金の無駄遣いとして批判されがちであった公共土木投資の推進を提唱し，新幹線や高速道路といった基盤整備こそが，日本が直面するさまざまな危機，つまり地方消滅，景気停滞，財政危機を打破する唯一の解決策だという内容である。

　例えば，現代の大都市つまり政令指定都市は，札幌という広大な北海道の中心都市を唯一の例外として，すべて新幹線が通る都市圏に位置している。明治初めに人口最多十五都市だった金沢，富山，熊本，鹿児島，和歌山，徳島，函館は，2010年（平成22）の時点で政令指定都市ではない。こうした差が生じたのは，新幹線の有無によるという。事実，熊本は2012年（平成24）に政令指定都市に認定されているが，これは2004年（平成16）以降に九州新幹線が整備されたことが大きく貢献したからである。そして，各地に伸びる新幹線ネットワークの中心に東京があることが，東京一極集中をもたらした。これを打破するには，全国に新幹線網を張り巡らせ，さらにリニア新幹線で東京・名古屋・大阪を一体化させることが必要である。国土強靱化と地方創生は，こうしてもたらされるだろう。高速道路網の整備も，同じように日本では不十分であり，こうしたインフラ整備によって，日本経済は活性化していくだろうと藤井は見る[20]。

　ただし，公共投資については，経済評論家の上念司がいわゆる箱物行政に警鐘を鳴らしている。つまり，政府からの補助金で立派な商業施設や宿泊施設などを作っても，採算が合わず莫大な維持費が負担となって，かえって地方発展の足かせになるという問題である。このように中央からの補助金に頼らなくても，地方が自らの創意工夫で儲けられる事業を生み出すことが大切であり，可能であるという[21]。

　また，一般に否定的に見られる一極集中について，東京の都市政策を研究するに市川宏雄は発想を逆転させる。「東京一極集中が日本を救う」というのが，彼の主張である。昭和30年代以降本格化した高度成長は，工業製品の

---

(20)　藤井には多くの著作があるが，例えば『「スーパー新幹線」が日本を救う』を参照のこと。
(21)　上念司（2015）第五章。

第 3 章　「都会」と「田舎」の歴史　65

生産を中心とする第 2 次産業の発展に支えられていた。それにともない，用地と働き手を求めて全国に工場が進出していった。ところが，近年の日本の産業は，サービスや情報などの第 3 次産業が中心となっている。第 3 次産業の特徴は，人々が直接接触する場が極めて重要になる。その効率的な環境を提供している東京は，日本経済を支える核心である。「日本は，人口規模世界一を誇り一極集中の進んだ東京という大都市を持っているからこそ，国際競争で欧米といい勝負ができている」という見方である。

　これらの議論で興味深いのは，地方分権を強調する論点が影を潜めているところである。以前に指摘したことがあるが，日本では欧米で唱えられるような地方分権をそのまま適用させることはできない。例えば，アメリカは 13 の州（states）が集まって結束（United）して建国されたのであって，出発点は州である。イギリスはイングランド，スコットランド，ウェールズ，（北）アイルランドという国が，イングランドを中心に統合された国である。ドイツも同じように，プロイセンが主導して小国を集めて作られた。どれも現在の国家よりも歴史を持つ単位が基盤にある。これに対して，日本はイザナキとイザナミという二柱の神によって作られた国である（ただし北海道と沖縄は入っていない）。そして，その御子である天照大神の子孫が天皇として，今日まで日本の最高権威であられ続けた。それは「事実」ではなく，「神話」に過ぎないという批判は重要ではない。こうした「神話」は，日本という国が形作られた物語として欠くことができないからだ。キリスト教徒が，天地創造に始まる聖書の物語を揺るがせないのと同じだろう。国民から圧倒的な支持を受ける天皇の御来歴は，このような物語で説明される。こうした歴史に支えられた「日本人」としての自意識は強くあるが，それに代えられるような精神的な拠り所を日本人は持っていない。

　日本の中で日本人同士を地域的に区分するものとしては，都道府県が大きい。道府県は明治中頃に現在の区分がほぼ確定し，都は東京府と東京市が統合されて 1943 年（昭和 18）に作られている。つまり，70 年から 100 年以上の歴史をもつ。しかし，これらの区画は，地方行政の単位として設置されたもので，日本国家を前提にしなければ存続できない。それ以前にあった武蔵国や下野国といった国も，古代日本が作った行政区分である。東西日本の文化比較がされるが，これも古代中世に栄えた文化圏と近世に興隆した文化圏の対比に起

源があり，日本を超えることはない。他国のように，国家を超える歴史を持つ地域を束ねてできていない点が，日本の特徴である。ただし，北海道と沖縄は例外的な地域である。特に大部分の沖縄県民にとっては，江戸時代以前の歴史は基本的に外国史であり，その意味で異色な存在である。

　このように，強い歴史的同一性の共有を基本としながら，田舎から都会への上昇志向によって近代日本が発展してきた。そして，そうした趨勢は，東京一極集中という形で今も続いている。しかし，生活様式や情報伝達などの点で都市化が進み，今日ほど日本が一体となった時代はないだろう。その日本そのものが，我々日本人にとってかけがえのない拠り所なのだから，どこで暮らそうとも東京を筆頭とする日本の発展を応援しながら，自分は自分なりの生活を誇りを持って営んでいくことが必要ではないか。東京（都会）と地方（田舎）とを対立的にとらえるのではなく，一つの有機的な組織体としてみる視点が大切だろう。

（山室　建徳）

〈参考文献〉
鬼頭宏（2000）『人口から読む日本の歴史』講談社学術文庫。
速水融（1997）『歴史人口学の世界』岩波セミナーブックス。
大石慎三郎（1977）『江戸時代』中公新書。
浜野潔（2011）『歴史人口学で読む江戸日本』吉川弘文館。
町田忠治伝記研究会編（1996）『町田忠治　史料編』櫻田会。
渡辺京二（2005）『逝きし世の面影』平凡社ライブラリー。
イザベラ・バード，高梨健吉訳（2000）『日本奥地紀行』平凡社ライブラリー。
矢野恒太記念会編（2013）『数字でみる日本の100年　改定第6版』同会，35，80-82頁。
総務省統計局（2016）『平成27年国勢調査抽出速報集計結果』。
中村隆英（1986）『昭和経済史』岩波セミナーブックス。
祖父江孝男編（1987）『日本人はどう変わったのか』NHKブックス。
西野雄治（1930）『次の極東戦争』。
中尾裕次編（2003）『昭和天皇発言記録集成』芙蓉書房。
国土交通省（2016）『土地利用白書』平成28年版。
全国過疎地域自立促進連盟「過疎市町村の人口・面積」（2014）同ホームページ。
藤井聡（2016）『「スーパー新幹線」が日本を救う』文春新書。
上念司（2015）『地方は消滅しない！』宝島社。
市川宏雄（2015）『東京一極集中が日本を救う』ディスカバー携書。
山室建徳（2003）「地方分権論は，国民にどう受けとめられているのか」宮崎正康＋地域研究会編『地方分権』山川出版社，213-237頁。

第4章　社会関係資本と地域経済政策

I　地域経済政策と「社会」への視点

　社会なぞこの世に存在しない。男がいて，女がいる。あるのは男と女が作る家族だけだ──こう宣言したのは，英国の首相を務めていたマーガレット・サッチャーであった。数多くの人々が集まり共に暮らしているこの世界を「社会」と呼ぶのは，洋の東西を問わず，一般に広まっている常識だといってよい。サッチャーはあえてそれを否定してみせたのである。

　いわゆる新自由主義の旗手であったサッチャーには，「社会」という概念そのものが，英国を蝕む諸悪の根源に見えたのであろう。サッチャー以前の英国は，福祉国家の道を歩んだことで，社会保障・社会政策の肥大化による反作用に苦しめられていた。このようななかで，「社会」的なるものは非効率で非合理なものの象徴と捉えられた。彼女にとって，社会保障や社会政策の土台をなす概念である「社会」，あるいは「社会」的なものを排除することは，英国病から回復するための処方箋なのであった。

　サッチャー政治の評価はさておくとして，今日では，新自由主義的な政治経済のあり方やそれを是とする考え方が，英国に限らず，さまざまな形で世界に

---

(1)　この発言は 1987 年に雑誌 *Woman's Own* のために行われたインタビューにおけるものである（Thatcher 1987）。社会問題の解決に政府が責任を持つべきだとする主張に対する反論のなかでの発言であった。

(2)　もちろんこの世の中を「社会」と呼ぶことが唯一の正解であるかどうかは議論の余地がある。そもそも「社会」"society" "société" という言葉は新しい。英語の "society" やフランス語の "société" は，16 世紀に使われはじめ 18 世紀になって一般化したものである。日本語の「社会」は，福地桜痴が 1875（明治 8）年に使用したのが初出とされる翻訳語で，世間に広まったのは明治中期以降のようである。それ以前の社会は「社会」という言葉を必要としていなかったことは注意しておきたい。

広まり影響力を強めつつあるように思われる。国や政府が人々の生活や人生に介入すること，政治が積極的に「社会」的なものを育んでいこうとすることを好まない風潮は，さまざまな局面に広範に根を下ろしているように思われる[3]。あらゆるものをグローバルな市場に画一的に編入し，さまざまなものを無理に同じ土俵に乗せて競わせようとする大きな潮流が，我々の日々の暮らしや，その舞台である地域・地元にまで届きつつあるようにも思われる。

　このような状況にある今だからこそ，地域経済政策について，あるいは地域について考えようとするにあたって，改めて「社会」に注目することには大きな意義があるといえるのではないだろうか。ひとつひとつの地域には，それぞれの個性がある。固有の事情や背景があり，解決すべき問題があり，目指すべき理想がある。地域の個性をよく理解し尊重することと，社会的背景にも十分な注意を払い地域を「社会」として捉えようとすることは，イコールではないにしても，深い次元からの親和性がある[4]。

　本章では，とくに「社会関係資本」をキーワードとしながら，地域を理解するための社会学的視点がどのようなものであるかを概説していくことにしたい。社会学的視点とは，あえてひとことで言うと，人と人の関係性のあり方が社会全体の仕組みやさまざまな事象に大きな影響を及ぼすと考えることである。そしてその人と人の関係性が，どのような構造からなっていて，どのような働きをしているかを調査し分析することが，社会学的研究の基本的なアプローチとなっている。まず社会構造の考え方から説明を進めていき，こうした視点をとる

---

(3)　フランスの社会学者R・カステルは，「社会喪失（désaffiliation）」という概念を用いて，多くの人々が今日の「社会」から締め出されているありさまを詳細に描き出している（Castel 2009）。

(4)　ただし「社会」への視点といっても多様なものがある。それらを大別するならば，いわゆる社会問題そのものに注目する視点と，諸事象の背景ないし基盤となる社会構造に注目する視点がある。前者は，生じている問題状況をよりよく理解することと，そうした問題状況が社会的なものだと位置づけた上で問題の解決へ至る道を探ることが中心となる。この視点は，社会政策や福祉政策といった領域や，生活者視点の政策づくりなどといった主題につながっていく。後者は，具体的な問題状況というよりも，政治や経済をはじめとする社会の諸部門の背景で，社会構造がインフォーマルに影響していると見なし，そのメカニズムを理解しようとすることが中心となる。本章での議論は，主に後者を念頭に置いて進めていく。

ことでどのような展望が開けるかを述べてみたい。

II 社会構造と社会関係資本

1 社会の構造をとらえる

　社会構造とは、社会の構成要素の間にある相互連関の規則正しいパターンのことである（濱島ほか編 1997）。ここでいう構成要素とは、厳密にいえば多元的なものが含まれてはくるが、さしあたり個人個人として良い。つまり簡単にいえば、社会構造とは人間関係の規則的なパターンのことだといえる。

　言うまでもなく現実の人間関係のあり方は極めて多様であり、軽々しい一般化を許すものではない。しかしそれでもなお、社会のさまざまな局面を広く観察し抽象化を重ねることで、社会構造、つまり、一定の社会に内在する基本原理を見出すことができる。中根千枝（1967）は次のように述べる。「この基本原理はつねに個人と個人、個人と集団、また個人からなる集団と集団の関係を基盤として求められる。この関係というものは、社会（あるいは文化）を構成する諸要素の中で最も変わりにくい部分であり、また経験的にもそうしたことが立証される」。

　ひとつの社会は基本的にひとつの社会構造を基礎として構成されている。そして、社会が異なれば社会構造も異なってくる。歴史や文化やその他の諸条件が違った社会では、社会構造も大きく異なるものとなりやすい。その逆もまた真である。

　人と人が関係を持つとき、まったくのゼロからお互いにどう関わりあうべきかを探り合うことは稀である。それぞれが自分と相手の地位や役割に照らし合わせて、または過去の経験に照らし合わせて、あるいはいわゆる「常識」に則ることで、自分がどのように振る舞うべきかを容易に判断することができる。また、相手がどのように振る舞うであろうかを、ある程度の確信をもって予想することもできる。私たちがコンビニのレジで何かを買おうとする時、店員とどうコミュニケーションをすべきか、いちいち悩む必要はない。私も店員もお互いにどう振る舞うべきなのを意識せずとも熟知しているからである。同じように、上司と話す時、同僚と話す時、顧客と話す時で、それぞれ異なる振る舞い方

を巧みに使い分けているであろう。組織同士の関係もこれらと変わらない。さまざまな関係性は高度に様式化されている。それが社会構造である。こうした様式を共有しあう範囲が、ひとつの社会ということができる。

　たとえば多くの日本人にとって、年長者に敬語を使うことは、自然で当たり前のことであろう。敬語を使い使われることは人間関係のあり方に深く関係する。人々に共有される敬語表現のルールがあることで、異なる年齢の人同士が円滑に会話できる。つまり人と人が結びつきやすくなるという効果がもたらされているのである。そこには年齢の大小を社会的地位の上下とみなす社会構造があり、敬語はこうした構造を明瞭にする装置として機能している。他方、日本語のような敬語の体系を持たない言語がある。それを使用する社会は無礼者の社会なのかといえば、もちろん否であるだろう。日本社会は年齢の大小を基準にした安定的な人間関係のパターンがあり、他の社会はまた違った人間関係のパターンがあるに過ぎない。(5)

　グローバル化が進む今日では、少なくとも先進諸国は表面的には非常によく似た社会になっているようにも見える。しかし、社会構造は非常に深い次元にあって変化しづらいため、さまざまな地域でそれぞれに培われた歴史や文化に根ざしたその多様性が、今日でもなお生き続けている面もある。それは、たやすくグローバル化の波に飲まれて画一化することなく、国ごとに、社会ごとに、あるいは地域ごとに根付いている多様性の基盤にもなっている。

　日常においては、社会構造それ自体が意識されるような機会はないに等しい。しかしそれは、あらゆる場面において潜在的な働きをしている。たとえば経済活動にしても、完全に合理的な個人が完全な市場で常に最適な取引をしているわけではない。商慣行であるとか、企業の組織風土であるとか、人と人の信用や情といった要素が多分に関わってくる。ほかのさまざまな分野でも同じである。世の中は人間関係のネットワークの上で動いている。つまり社会構造

---

(5)　ここでは日本語の敬語表現を例に挙げたが、日本語のなかにもさまざまな方言があり、それぞれに多様で豊かな表現の機微がある。また、TPOに応じて実際に使用される敬語表現のあり方は異なっており、人は自在に場面によって使い分けることができる。いうまでもないことであろうが、ひとつの国や文化圏すべてが常に均質な社会構造からなっているというわけではないのである。

2 社会的ネットワーク

人々は人間関係というつながりが作るネットワークの網の目の中に生きているが、その網の目にはさまざまな形態のものがある。人によって異なる形態のネットワークに取り囲まれている。また、一人の人間は同時に複数のネットワークに属しており、それらはいくつもの層をなして複雑に重なりあっている。(6)

数多くのつながりに取り囲まれている人がいれば、そうでない人もいる。少数ではあっても強いつながりを持っている人もいれば、弱いつながりを多量に取り結んでいる人もいる。もっぱら受け取る側となる関係性もあれば、逆に与える側となる関係性もあり、また、等しく与え合う関係性もある。このように、社会的ネットワークの構成要素である人のつながりには、量、強さ、方向性などを見出すことができる。

こうしたつながりが集積して社会的ネットワークができていくが、それには形がある。関係する人々すべてが相互に知り合いであるような密度が高いネットワーク。逆に密度が低く拡散したネットワーク。全体のなかに小さなかたまり（たとえば派閥のような小集団）が含まれているネットワーク。明確な中心を持つネットワークと、そうではなく分散したネットワークなど。ネットワークの形態を分析することで、社会構造の特徴を把握することができる。(7)

社会的ネットワークは主に4つの面で人々の活動の基盤となる（Lin 2001）。その第1は、情報が流れるルートとしてである。情報は誰にでも等しくアクセスできるようには存在していない。とくに価値のある情報に接するためには、その入手につながる機会や選択肢をもたらしてくれるような有力者とのつながりを持つ者が有利になる。つまりある種の社会的ネットワークは情報の流れを促

---

(6) こうしたネットワークを記述し、その性質や働きを解明する研究方法がある。社会的ネットワーク分析である。グラフ理論などに依拠して数理的に分析することが特徴である。本稿ではふみ込まないが、社会関係資本研究の基礎として重要な位置を占めている。社会的ネットワーク分析の概要を大づかみに知るには安田（1997）を参照するとよい。

(7) 本稿では日常語を利用して関係性やネットワークの特性について述べたが、それらはより厳密に定義された専門用語に置き換えることができる。実際の研究で使われる具体的な概念や分析手法について知りたい場合は、安田（2001）がよい入門となるであろう。

進し，また別の類の社会的ネットワークは逆に情報の流れを阻害するように働くのである。第2は，意思決定に対する影響力としてである。人は何らかの意思決定をする際に，自分が利用できるさまざまな社会的ネットワークを活用する。情報や助けを得たり，時には妨害されることもあるだろう。人はこのような環境を所与の条件として自分なりに最善の判断を下そうと試みていく。ネットワークの構造が意思決定を左右するのである。第3は，個人の信用証明としてである。私たちは良く知らない他者を評価しなければならないとき，その人が誰とつながっているのかを参考にして判断をする。どのような仲間がいるのか，どのような組織に属しているか，そしてどのような家柄なのかなど。社会的な信用を左右するのは，その人個人の能力や人柄や実績よりも，むしろその人を支える社会的ネットワークであるといっても過言ではない。第4は，サポート源としてである。情緒的なサポートから，物質的な面でのサポートまで，人は助けが必要なときに，周囲の社会的ネットワークにそれを求めることができる。

　このように，社会的ネットワークは人々にとっての資源となる。しかし，そうした資源として有効な働きをするネットワークもあれば，そうでないネットワークもある。その違いを生むものとして，ネットワークの形態と構造や，ネットワーク内での個人の位置の差異を挙げることができる。不正確を承知であえて単純にいえば，強いつながりで結ばれること，多くのつながりを持つこと，複数のネットワークの橋渡しをする役割を果たすことは，そこからより価値のあるものを得ることにつながると期待できる。[8]

3　社会関係資本

　人はいつでも常に社会的ネットワークという資源を利用しているわけではない。

---

(8)　本文中でも述べたとおり，この記述は過度に単純化しており不正確なものであることに注意されたい。たとえばつながりの強さについては，むしろ「弱い紐帯」が強みを発揮する局面があることも良く知られている。また，単純につながりの量が多ければ良いのではなく，場合によってはつながりの不在という「構造的間隙」が積極的な力を生み出すことも知られている。このような社会的ネットワーク分析の知見を理解するためには，重要論文の選集である野沢編（2006）などに目を通すことをお勧めしたい。

何らかのサポートを必要とするような状況が生じた時に、ネットワークを動員しようとするのである。つまり、いざという時に利用できるネットワークを普段からいかに構築できているかが大事になってくる。

さまざまな他者と良好なつながりを構築・維持し、信頼関係を積み上げていくことは、回りまわって自分にとっての資源になりうる。こうした資源からサポートを得られる受益者は自分だけではない。自分も他者にサポートを提供する役割を果たすことができる。また、自分がサポート提供側になる用意ができているようなつながり方であれば、その相手との関係性はより深まるだろう。社会的ネットワークは相互依存関係でもある。この互いに利する関係性が「信頼」や「規範」となって定着していくことで、より強い力が発揮される可能性が高まるのである。

さまざまな社会的サポートを提供してくれる人々やそのネットワークのことを、社会関係資本（social capital）と呼ぶ[9]。ここで資本という言葉を使うのは、元来の経済学的な意味からはやや外れる比喩的なものではあるが、蓄積することができること、累積的に自己強化されていくこと、それを元手にしてさまざまな活動を展開していけることなどにおいて、資本と表現するにふさわしいものだといえる。

では、良好な社会関係資本があることで、どのような効果が期待できるのだろうか。いくつか例を挙げてみると、組織や経済活動の効率の向上（Burt 1992）、QOLや健康の向上（近藤編 2007）、地域のコミュニティづくり（今村ほか 2010）、災害や危機に対するレジリエンスの向上（Aldrich 2012）などがある。要するに、社会関係資本が十分に蓄積されているような社会においては、経済活動から人々の健康、地域づくりまでに至る幅広い領域で、より高いパフォーマンスが発揮されやすいのである。

---

(9) ソーシャル・キャピタル、社会的関係資本、社会資本などと日本語での表記には揺らぎがあるが、ここでは社会関係資本としておく。社会関係資本については数多くの研究が行われており、さまざまな視点から論じられている。たとえばリン（Lin 2001）は個人単位で概念化し資本の循環や経済資本との連接を問題にする。パットナム（Putnam 2000）は地域や集団単位で概念化し市民社会のインフラストラクチャーの問題として議論をしている。簡便な入門書として稲葉（2011）を挙げておく。

III　社会関係資本の所在と地域社会

1　ふたつの社会空間

　社会構造や社会関係資本に着目することは，地域社会の姿を記述しその特徴を理解するために役立つだけでなく，より良い地域社会のあり方を考えていくためにも意味がある。一般的にいって，ある地域社会において良好な社会関係資本を蓄積していくことができれば，その地域にとって望ましいさまざまな効果が持続的に得られると期待できる。こうした関心からも，社会関係資本はどこに，どのように所在しているのかを理解しておくことは重要である。

　ここで社会空間という視点を導入したい。[10]すでに論じたように，社会構造は複雑かつ重層的なものであるが，浜（2007）にならって大別すると，以下のように「公共空間」と「親密空間」のふたつの社会空間に整序することができる。

　公共空間とは，一定の条件を満たせば誰でも自由に入れる空間のことである。結果として，お互いに見知らぬ人同士が一緒に居合わせる空間となる。親密空間とは，そこに入るための資格が厳しく制限されている空間のことである。結果として，お互いによく知っている人たちしかそこに入れない空間となる。公共空間の例を挙げると，道路，広場，公園，図書館，駅，電車の車内，ショッピングモール，カフェ，居酒屋などがあり，そこで展開される人々の活動やつながり自体も公共空間という概念で捉えることができる。[11]親密空間の例となるのは，家や家族，親族，ある種の組織や集団，親しい知人や友人の輪などがある。

---

(10)　ここでいう空間とは，物理的な空間であることを前提としないものであり，社会活動の行われるコンテクストを観念的に概念化したものである。ただし，物理的な空間と完全に無関係なわけでもないことにも注意されたい。

(11)　カフェや電車はほとんどの場合は有料であるし，営業時間も限られている。完全に「誰でも自由に入れる」というわけではない。しかし，営業時間内に，相対的に僅かで合理的な金額の代金や運賃を支払うという「一定の条件」さえ満たせば，知り合いであろうとなかろうと，老若男女誰であろうと，そこに入ることが許されるのが自明視されている。課せられる条件がこの程度であれば，公共空間とみなすことができる。

公共空間と親密空間は重なり合い浸透しあう部分も少なからずあるが，それぞれ異なる原理からなる人々の関係性が構築される場となっている。両者は相対的に独立した異なる社会構造上の層を形成している。

公共空間と親密空間の組み合わさり方は，社会の個性ないし特徴を作り出す。親密空間が優勢であり，何事も親密空間内のネットワークを介することで円滑に進めることができるような社会もある。公共空間が優勢であり，不特定多数の人々が自由に参入できる公平で開かれた場が求められるような社会もある。大雑把な一般論をいえば，前者は伝統的な社会に，後者は近代的な社会に特徴的であるといえるだろう。

ここで問いを提起したい。社会関係資本がより良く蓄積されるのは公共空間だろうか，それとも親密空間だろうか。あるいはいずれも違いはないだろうか。

2　親密空間における社会関係資本

まず言えるのは，今日までの歴史を振り返ってみるならば，典型的な社会関係資本が所在してきたのは，もっぱら親密空間においてであった。

一般的にいって，家族のつながりはとくに強力なサポート源となってきた。日常生活での細々とした相互協力はもちろん，育児や介護や看病のようなケアについては，家族間でのサポートによってなされることが多かった。また，親族や近隣や友人関係も，家族と同じように情緒面でのサポートを与え合うこともでき，また，手助けのような実用面でのサポートや，情報提供のように社会的ネットワークの輪を広げていくサポートなどに，大きな力を発揮してきた。

家族，親族，近隣，友人といったインフォーマルな関係からのサポートは，社会保障や福利厚生に代表される制度的なサポートとはまた別の，重要な役割を果たしてきた。また，とくに近代国家の形成以前においては，それは実質的に，社会保障の機能を一手に引き受ける存在でもあった。近代化以前の日本社会を大まかに特徴づけると，イエを中心としたムラ社会と捉えることができるが，それはイエやムラに社会関係資本が蓄積された社会だということもできる。

前近代に限らず，家族，親族，近隣，友人関係などは，良い社会関係資本の形成へとつながりやすいものであった。これらはみな親密空間に属する関係性である。親密空間の特性，つまり，そこに入るためには厳しく資格が制限さ

れ，そのためお互いよく知る者だけからなる空間であることは，人々を情緒のレベルから強く結びつけ，相互にサポーティブな関係性を促進することができる。親密空間のクローズドな特性が，社会関係資本の形成に貢献するのである。

　しかし今日では，われわれの社会における親密な関係性のあり方は大きく変容し，それに伴って親密空間の構造変容も進んでいる(12)。たとえば，世帯の規模が小さくなっていく明瞭な傾向が見られるように(13)，家族親族の関係性の広がりは，少なくとも規模の面では縮小しているように思われる。また，隣人の顔も名前も知らないことが珍しくなくなっている今では，近隣関係は自明の存在とはいえなくなっている。友人関係のネットワークは，SNSの普及などもあって範囲や規模は拡大していく面もあるとはいえ，逆に，濃密に結ばれた深い付き合いは稀になっているように思われる（森 2014）。とくに先進諸国における都市型社会では，これらの変化，つまり親密空間の規模の縮小は，止めることの難しい趨勢となっているといえるだろう。

　親密空間の変容は，社会関係資本のゆくえとも大きく関わってくる。親密空間におけるサポーティブな関係性は，その強さも広がりも減じていく傾向にならざるを得ない。近隣同士での相互扶助などは，もはや追憶の対象にしかならないのではないかと感じられなくもない。

　こうした状況にあって，親密空間における社会的サポートの再強化を目指した試みも重ねられている。たとえば，1970年代に勃興したいわゆるコミュニティ政策は，そのひとつの例と位置づけることができる(14)。旧自治省が先頭に立

---

(12)　現代における親密な関係性の変容をセクシュアリティに注目して論じたギデンズは，感情秩序の変化，とりわけその自由の増大を指摘している（Giddens 1992）。彼の議論は社会的サポートや社会関係資本の変化を考えるにも示唆的であるように思われる。伝統的社会においては，たとえば家族間でのケアや近隣関係での相互扶助は義務であったが，今日のわれわれはそうした秩序からの自由を獲得し，それと表裏一体をなして社会関係資本の弱化が同時に進行しているのだといえる。

(13)　国勢調査（2010年）によると，1世帯あたりの人数は2.42人である。都道府県別にみると，最多は山形県で2.94人，最小は東京都で2.04人である。世帯あたり人員の時系列推移をみると，第1回国勢調査が行われた1920年以降，ほぼ一貫して減少している。とくに1960年代以降の変化は急速である。1960年に4.14であったのが，1970年に3.41，1980年に3.22，1990年に2.99と減少している。

(14)　コミュニティ政策の概要については山崎（2014）を参照。

ち全国の多くの自治体で試みられたコミュニティ政策は，とくに都市部における地域社会の変容と弱体化を背景として，伝統的地域社会のあり方にとらわれない新しいコミュニティの構築をうたうものであった。しかし実際には，旧来の町内会や自治会の振興に力を入れるなど，伝統的な近隣関係の維持に焦点を絞った施策に傾いており，相互扶助的な隣保関係への郷愁が見え隠れしていた（広原 2011）。

過去の親密空間が持っていた社会的サポート力の回復を求めることにも，一定の意味はあるだろう。しかし現在では，基盤となる社会構造レベルの問題として，親密空間そのものに揺らぎが生じている。未来に向けて社会関係資本を育むための十分に強固な土台がそこにあるかというと，懐疑的にならざるを得ない。

それでは，現代における社会関係資本の基盤はどこにあるだろうか。また，どのようなアプローチで社会関係資本を活性化させていくべきだろうか。これまで論じてきたことからいえるのは，親密空間だけに頼らない社会関係資本の開発や活用が大事になるということであろう。

3　公共空間における社会関係資本

ここで注目すべきは，親密空間と対になるもう一つの社会空間，つまり公共空間である。公共空間とは，誰でも自由に入ることができ，お互いに見知らぬ者同士が居合せる場のことであった。前述したように広場や路上，電車，カフェや居酒屋などがその例として挙げられるが，それらを物理的な空間としてのみ捉えるのではなく，そこで展開される人間関係や社会のあり方について考えてみよう。

現代社会においては，公共空間に属する領域が，複雑さを増しながら拡大している。なかでも顕著なのは，インターネットやスマートフォンをはじめとする情報技術，情報機器の発達と普及によって新たに勃興したネット社会である。相互に匿名性を保ちつつ密なコミュニケーションをとることを可能にしたネット社会では，空間的な隔たりや，年齢や立場や地位などの社会的隔たりを容易に乗り越えることができる。さまざまな境界を超えて，関心を共有するもの同士が「関心のコミュニティ」を形成することも難しくない。このような環境の変

化のなかで,「コミュニティ」という語で含意されるものが, 旧来の捉え方である地縁を核とした結合から, ネット上のつながりなどへと重点が急速に推移している。

単にネット上のみに限らず, 公共空間においては一般に極めて高い匿名性がある。顔も名前も知らぬ者が偶然に居合わせているにすぎないため, たくさんの人がいようともそこに顕在的な人間関係は成立しないことが普通である。あるとしても, 特定少数の相手と継続的に親密性を育むのとは逆に, 不特定多数の人々をやり過ごすような無難な交わり方を志向したものになりやすい。[15] 公共空間での人間関係は, どうしても希薄で表面的なものとなることが多いであろう。そもそも, 人間関係と呼べるほどのつながりが存在すること自体, あまり期待できないことであろう。

しかしこうした公共空間にも, 社会関係資本が蓄積できるような契機を見出すことは不可能ではない。むしろ, 公共空間であることが関係形成にポジティブに働くこともありうる。というのも, 地縁や血縁のような「選べない縁」とは違い, 公共空間で形成されるつながりは「選べる縁」である。伝統的な親密空間での社会的ネットワークは, 個人では選びようのない余儀ないつながりでもあった。所与のものを受け入れるのではなく, 自分のことは自分で選びたいという価値観は, 今日の社会一般に広くみられるようになった風潮である。ネットに代表されるように公共空間に属する領域が拡大し, 公共空間で他者と何らかの形で出会うチャンスが激増していることは大きい。その中での割合としてはごく僅かにとどまろうとも, 自らが良好な関係性を選びとり, それを発展させていくことは十分に可能となっている。

公共空間を主な舞台にした人間関係のひろがりは, 親密空間の優勢に隠れてはいたが, これまでの社会においても確かに存在してきた。

古くは, 20世紀初期の社会学者であるマッキーヴァーが, 基礎的な社会集

---

(15) ゴフマン (Goffman 1963) は, 一見何の関係も成立していないように見える公共空間の中に, 暗黙のルールのような一定の秩序があることを発見している。ゴフマンが説くところによると, 人々は表面的には無関心であるように振る舞いつつ, 適切な距離感を保つ意思があることをお互いにそれとなく伝え合っている。こうした公共空間における関係性を「儀礼的無関心」と呼ぶ。

団であるコミュニティに対するものとして，選択的で目的志向的な中間集団であるアソシエーションに注目している（MacIver 1917）。アソシエーションという概念は，公共空間ならではのつながり方の積極的な意味を認めようとするものであった。

職住分離が進んだ現代においては，職場と住居という両極のあいだに，高い匿名性を保ちながらも顔なじみの社会が形成されるような場所ができる。磯村英一（1968）は盛り場や居酒屋を念頭にそれを「第三空間」と呼び，オルデンバーグ（Oldenburg 1989）はカフェやパブやストリートを念頭にそれを「サードプレイス」と呼んだ。オルデンバーグが述べるように，公共空間におけるつながりは，「関係のない人どうしが関わりあう『もう一つのわが家』」となり，「地域社会のなかにあるかもしれない楽しい集いの場」となるのである。こうしたつながりに，公共空間にも社会関係資本が形成される可能性を見出したい。

以上のように考えてみると，現代の地域社会政策のひとつの課題として，良好な公共空間づくりを促していくことを挙げることができるだろう。なぜならそれは，良好な社会関係資本の蓄積の土台となるものであり，良好な社会関係資本は地域社会の全体的なパフォーマンスを高めることができるからである。親密空間が重要であることはもちろんであるが，さらに公共空間での交流や関わり合いもより活発にポジティブにできるような社会が構築されることを期待したい。

良い公共空間をつくることを目指す場合，どのような具体的施策があるだろうか。これまでにもさまざまな取組みが行われてきているが，なかでもプレイスメイキングと呼ばれる一連の動きは特段の注目に価する。プレイスメイキングとは，米国の団体であるプロジェクト・フォー・パブリック・スペース（PPS）が提唱し，世界に広まりつつある試みである。街路や公園や広場をはじめとする公共空間を，都市計画や建築，造園，コミュニティ・デザインなどの手法も活用して，より人々にとって利用しやすい場所に生まれ変わらせようとするものである[16]。単に個人個人が利用しやすいだけでなく，そこで自然と人々の交流が生

---

(16) プレイスメイキングの最近の展開については渡・三友（2015）を，その基本的な発想と技法については Project for Public Space（2000）を参照されたい。また，PPS のウェブサイト（http://www.pps.org）には，現在世界各地で進行しているプロジェクトの紹介や，さまざまなリソースが掲載されている。

まれ，ストリート・ライフが活性化することを目指している。公共空間の今後を占う重要なプロジェクトであるといえる。

Ⅳ　関わりあう社会の力

　これまで社会関係資本に焦点を絞って，人々の関係性やそれが織りなす社会的ネットワークの働きを概観してきた。人が関わりあうことができるような状況において，社会関係資本をより良く蓄積できる可能性は高まっていく。社会関係資本は，経済や健康や地域づくりといったさまざまな方面で力を発揮することができる。人々の関わりあいは，もちろんそれ自体に意味や価値を認めることができるものではあるが，それだけでなく，社会関係資本を形成することを通じて，社会全体のパフォーマンスの向上にもつながることが期待できる。

　とはいえ，今日のとくに都市化が進んだ社会においては，伝統的に人々の関わりあいの土台を提供してきた親密空間が形を変えており，家族や親族や近隣などのつながりは過去と同じようには機能できなくなっている。それらは生活上での課題についてのサポート源としての力を減らしつつある。

　親密空間でのインフォーマルなサポート力の低下を受けて，それを国家や行政レベルでの社会福祉・社会保障という制度的な仕組みが代替していくというのが，近代以降の基本的な展開であった。しかし近年になって，本章の冒頭で触れたように，新自由主義的な考え方の台頭とともに，生活上の課題については個人がそれぞれの自助で行うべきだとする主張もしばしば見られるようになっている。

　社会保障と自助という両者の考え方は，相互に排他する二者択一の選択肢のように思われるかもしれない。しかし，社会関係資本の重要性を認める立場からいえば，このような単純な二択の問題として位置づけるべきではなく，それらとは異なる方向性があることにも眼を向けるべきなのである。つまり，親密空間だけでなく（あるいは親密空間に代わって），公共空間において社会関係資本を育て，蓄積していくことを目指すべきなのではないだろうか。

　現状においては，公共空間での社会的ネットワークは，サポーティブな関係性にまで発展し得ないようなものが比較的多いのは確かであろう。しかしそれ

は,必ずしも実現不可能なものだとはいえない。たとえば,21世紀になって急速に広まり定着したボランティア活動は,まさに公共空間でのサポーティブな関係性の実例である。公共空間におけるサポーティブな社会的ネットワークが形成される萌芽は,他にもさまざまな場面に見ることができる。こうした関係性がより多く,活発に,持続的に広がっていくことができれば,文字通りに社会を根幹から活性化することになるだろう。

　人々のつながり方が大きく変容している現在,むしろ公共空間をより良いものへと育てていくチャンスにある。そうした関係性や社会的ネットワークの形成を促進するためにも,魅力ある交流の場となるような開かれた公共空間をつくることは,きわめて重要な政策課題のひとつとなっているのである。

（松尾　浩一郎）

〈参考文献〉

Aldrich, D. P. (2012) *Building Resilience: Social Capital in Post-Disaster Recovery*, University of Chicago Press.（アルドリッチ著,石田祐・藤澤由和訳『災害復興におけるソーシャル・キャピタルの役割とは何か――地域再建とレジリエンスの構築』ミネルヴァ書房,2015年）

Burt, R. S. (1992) *Structural Holes: Social Structure of Competition*, Harvard University Press.（バート著,安田雪訳『競争の社会的構造――構造的空隙の理論』新曜社,2006年）

Castel, R. (2009) *La montée des incertitudes: Travail, protections, statut de l'individu*, Seuil.（カステル著,北垣徹訳『社会喪失の時代――プレカリテの社会学』明石書店,2015年）

Giddens, A. (1992) *The Transformation of Intimacy: Sexuality, Love and Eroticism*, Polity Press.（ギデンズ著,松尾精文・松川昭子訳『親密性の変容――近代社会のけるセクシュアリティ,愛情,エロティシズム』而立書房,1995年）

Goffman, E. (1963) *Behavior in Public Places: Notes on the Social Organization of Gatherings*, Free Press.（ゴッフマン著,丸木恵祐・本名信行訳『集まりの構造――新しい日常行動論を求めて』誠信書房,1980年）

浜日出夫（2007）「親密性と公共性」長谷川公一ほか編『社会学』有斐閣,17-46頁。

濱島朗・竹内郁郎・石川晃弘編（1997）『新版 社会学小辞典』有斐閣。

広原盛明（2011）『日本型コミュニティ政策――東京・横浜・武蔵野の経験』晃洋書房。

今村晴彦・園田紫乃・金子郁容（2010）『コミュニティのちから――"遠慮がちな"ソーシャル・キャピタルの発見』慶應義塾大学出版会。

稲葉陽二（2011）『ソーシャル・キャピタル入門――孤立から絆へ』中央公論新社。

磯村英一（1968）『人間にとって都市とは何か』日本放送出版協会。

近藤克則編（2007）『検証「健康格差社会」――介護予防に向けた社会疫学的大規模調

査』医学書院。

Lin, N. (2001) *Social Capital: A Theory of Social Structure and Action*, Cambridge University Press.（リン著，筒井淳也ほか訳『ソーシャル・キャピタル――社会構造と行為の理論』ミネルヴァ書房，2008年）

MacIver, R. M. (1917) *Community: A Sociological Study*, Macmillan.（中久郎・松本通晴監訳『コミュニティ――社会学的研究：社会生活の性質と基本法則に関する一試論』ミネルヴァ書房，1975年）

森真一（2014）『友だちは永遠じゃない――社会学でつながりを考える』筑摩書房。

中根千枝（1967）『タテ社会の人間関係――単一社会の理論』講談社。

野沢慎司編（2006）『リーディングス ネットワーク論――家族・コミュニティ・社会関係資本』勁草書房。

Oldenburg, R. (1989) *The Great Good Place: Cafés, Coffee Shops, Bookstores, Bars, Hair Salons, and Other Hangouts at the Heart of a Community*, Da Capo Press.（オルデンバーグ著，忠平美幸訳『サードプレイス――コミュニティの核になる「とびきり居心地よい場所」』みすず書房，2013年）

Project for Public Space (2000) *How to Turn a Place Around: A Handbook for Creating Successful Public Spaces*.

Putnam, R. D. (2000) *Bowling Alone: The Collapse and Revival of American Community*, Simon and Schuster.（パットナム著，柴内康文訳『孤独なボウリング――米国コミュニティの崩壊と再生』柏書房，2006年）

Thatcher, Margaret (1987) 'Interview for Woman's Own,' Margaret Thatcher Foundation, *Speeches, Interviews and Other Statements* (http://www.margaretthatcher.org/document/106689).

渡和由・三友奈々（2015）「プレイスメイキングによる街中の居場所づくり――米国のサードプレイス事例」『都市計画』64(5)：64-7。

山崎仁朗（2014）『日本コミュニティ政策の検証――自治体内分権と地域自治へ向けて』東信堂。

安田雪（1997）『ネットワーク分析――何が行為を決定するか』新曜社。

安田雪（2001）『実践ネットワーク分析――関係を解く理論と技法』新曜社。

第5章　公共政策と地域経済政策

はじめに

　地域経済政策の展開には市民の共同と連帯を欠かすことはできない。ところで、地域経済政策をその政策作成主体から見たときには、いわゆる公共政策となる。本章においては、このような公共政策に関して、主としてその法的枠組みを中心として説明する。

I　「公共政策」の定義

1　問題の所在

　ところで、「公共政策」という言葉は、しばしば一般に用いられており、その内容も確定しているように思われるが、実際には現在までのところ、実定法令においては「公共政策」という用例は見当たらない。したがって、「公共政策」の定義も見当たらない。

　それでは、「公共政策」の定義ないし内容は、どのように考えられるのだろうか。

2　「公共政策」と類似の用例

　「公共政策」に類似する用語としては、以下のような例が見られる。

(1)　「国及び地方公共団体の政策」[1]

　ここに言われる「国及び地方公共団体の政策」をさらに言い換えれば、「国

---

(1)　国と地方の協議の場に関する法律（平成23年法律第38号）第1条。

の政策及び地方公共団体の政策」となる。要するに，公共政策とは，「国の政策」と「地方公共団体の政策」との総称と言って良いであろう。

そうすると，さらに問題となるのは，「政策」という言葉の意味となる。

「政策」という言葉に関しても，実定法上においては，その内容を定義した例は見当たらない。しかし，「政策」という言葉の意味内容に関しては，現在までのところ，おおむね見解は一致していると見て良いであろう。

細かい相違はあるにしても，代表的な説明を挙げるとすれば，政策とは「公共的な課題を解決するための活動の方針であって，目的と手段を定めるもの」とされている。

すなわち，政策の主要な要素は，「公共的な課題の解決」，「活動の方針」，「目的と手段の定め」の3点にあると見られる。

ただし，これらのうち，「公共的な課題の解決」という点は，公共政策を「国及び地方公共団体の政策」とする点と重なっている。「国及び地方公共団体の政策」が，公共的な課題の解決のために策定・実施されることは当然である。もっとも，「公共的な課題の解決」とは何か，ということに関しては若干の考察が必要かもしれない。おそらくは，究極においては，「国民又は住民の幸福の実現に資すること」と言い換えられるように思われるが，公共政策の本質は何かという点は，常に考えておく必要があろう。

次に，政策の主要な要素として，「活動の方針」が挙げられる。この「活動の方針」という要素は，政策の最も本質的な要素であると言えよう。すなわち，

---

(2) ただし，実際には，国の政策と地方公共団体の政策とは，相互に密接に関連していることが多い。ここでは，政策の策定主体という観点から，「国の政策」と「地方公共団体の政策」を対置させている。

(3) 礒崎初仁・金井利之・伊藤正次著（2014）『ホーンブック地方自治〔第3版〕』北樹出版，89頁。

(4) 本書では取り上げないが，官製談合等の不正行為が問題となることがある。官製談合（公務員が談合に関与する行為）は，現在では法律により禁止・処罰されている（入札談合等関与行為の排除及び防止並びに職員による入札等の公正を害すべき行為の処罰に関する法律（平成14年法律第101号）。公共政策には，このほか，天下り，補助金ビジネスなどいくつかの負の側面があることも指摘されているが，これらの問題を解決しつつ，公共政策本来の目的であるところの「公共的課題の解決」ないし「国民又は住民の幸福の実現に資すること」の実現が要請されていると言えよう。

国又は地方公共団体の各行政機関の活動は，外見から見るとそれぞれ独立に行われているように見えることもあるが，実際にはある方針に従って行われている。このような「活動の方針」こそが政策と言われるものの本質的要素と言えよう。

最後に，政策の要素として，「目的と手段の定め」が挙げられる。このうち，「目的」は，「活動の方針」と重なるところもあるが，より具体的な目標を定めるものと位置づけられよう。この「目的」は，「手段」と対置されている。ある「目的」を実現するためにどのような「手段」を用意するのかということは，政策を策定する上で極めて重要な要素となる。もっとも，「目的」及び「手段」は，政策の構成要素ではあるが，実際にはかなり具体的な内容ともなることが多い(5)。また，後述するように，政策に対する規律を定める場合には，「目的」と「手段」とを別個の形式により定めることも多い(6)。このように，「目的」と「手段」とが別個の形式により定められた場合には，両者を統一した「政策体系」として把握する必要があろう。

さて，以上に述べたように，「公共政策」を「国及び地方公共団体の政策」とした上で，さらに「政策」の意味を整理すると，結論としては，「公共政策」とは，おおむね「国又は地方公共団体の活動の方針」と言って良いと思われる。

(2) 「公共サービスに関する施策」(7)

上記(1)に述べたように，「公共政策」とは，おおむね「国又は地方公共団体の活動の方針」と言って良いと思われるが，ここでは，もう少し実質的な観点からの「公共政策」の定義を紹介したい。すなわち，公共サービス基本法においては，「公共サービスに関する施策」という言葉が用いられている。

---

(5) 一般には，かなり具体的な事項まで定める場合には，これを「施策」と呼ぶことにして，「政策」とは区別されることもある。ただし，両者の区別は，多分に相対的なところがあるように思われる。
(6) たとえば「目的」を基本法や推進法で定め，「手段」を個別実体法や予算で定めるということは，しばしば行われている。
(7) 公共サービス基本法（平成21年法律第40号）第3条。

ところで，公共サービス基本法においては，「公共サービス」の定義は，以下のとおりとされている（同法第2条）。少し長いが，以下に引用する。

> 「この法律において「公共サービス」とは，次に掲げる行為であって，国民が日常生活及び社会生活を円滑に営むために必要な基本的な需要を満たすものをいう。
> 　一　国（独立行政法人（中略）を含む。）又は地方公共団体（地方独立行政法人（中略）を含む。）の事務又は事業であって，特定の者に対して行われる金銭その他の物の給付又は役務の提供
> 　二　前号に掲げるもののほか，国又は地方公共団体が行う規制，監督，助成，広報，公共施設の整備その他の公共の利益の増進に資する行為」

結局，公共サービス基本法においては，「公共サービス」とは，公共の利益の増進に資する行為で，国民の日常生活及び社会生活に必要な基本的な需要を満たすものと言えよう。そして，このような「公共サービス」に関する政策は，その実質において「公共政策」とおおむね同義となろう。

ただし，公共サービス基本法においては，基本的施策として，国民の意見の反映等（第9条）など当たり障りのない規定が置かれているのみとなっている。

---

(8)　なお，競争の導入による公共サービスの改革に関する法律（平成18年法律第51号）における公共サービスの定義（同法第2条第4項）は，ここに紹介した公共サービスの定義とは異なっている。これは，同法が官民競争入札の普及を目的としていたのに対して，公共サービス基本法が公共政策に関する基本理念等を定めることを意図していたことによる違いと言えよう。なお，法律における定義は，一般に「この法律において」という限定が付された上で行われるので，同一の言葉が異なった意味において用いられることもあり得る。
(9)　二号において「前号に掲げるもののほか」「その他の」が用いられており，結局，「公共の利益の増進に資する行為」が一号及び二号に掲げられた行為の総称となっている。
(10)　公共サービス基本法は，立法の当初においては，公共政策に関する基本法として想定されていたようであるが，その後の各般の経緯により，最終的には，現行のような公共サービス基本法として制定されている。

II　公共政策に対する規律

　公共政策に対する規律を定める形式としては，法律，予算，閣議決定などがある。地方公共団体においては，条例，予算，長の決定による基本計画などとなる。
　以下では先ず，法律，予算，閣議決定などに関して説明することとし，条例等に関しては最後にまとめて説明する。

1　法　律
(1)　公共政策基本法は未制定
　公共サービス基本法の説明のところでも少し触れたが，現在までのところ，公共政策全般を横断的に規律する法律は存在していない。
　後述するように，基本法や推進法が多数制定されている現在の状況においては，これらを横断的に規律する「公共政策基本法」があっても良いのかもしれない。いわば各個別基本法の上位にある基本法が公共政策基本法となる。公共政策基本法においては，各個別の公共政策に共通の理念，目標，政策策定手続などを定めることが考えられよう。そのような基本法は，本来は憲法の役割となるが，憲法は，人権や統治機構を定めているものの，政策策定という観点からは構成されていない。各公共政策を横断的に見て，それぞれに共通する理念や手続きを定めることも意味のあることと思われる。もっとも，これは公共政策全般にかかわる事柄でもあり，実現には難しいところがあることも想像に難くない[11]。

(2)　各個別分野ごとの公共政策
　現在の状況においては，主要な個別問題ごとに各個別の基本法が制定され，これによりそれぞれの分野ごとに，基本理念，国等の責務，計画の策定，基本的施策などが規定されている。

---

[11]　公共サービス基本法の制定経緯に関しては，前掲注(10)。

基本法は，通例では，政策のうち，理念や目標を定める内容となっており，政策実現手段は，別途，各個別実体法において規定されることが予定されている。

　公共政策とは，国又は地方公共団体の活動の方針であると言えるが，基本法は，このような活動の方針を定めるものと言えよう。

　ところで，このような国又は地方公共団体の活動の方針を定める基本法に関しては，旧来の法律に関する考え方からは，若干の批判が見られた。

　すなわち，伝統的な考え方においては，法律とは，国民の権利を制限したり，国民に義務を課すことをその内容とするものであり，単に理念や目標を定めるだけであれば，法律としてふさわしくないのではないか，という批判が見られた。

　このような批判に対しては，現在においては，政策の理念や目標を定めることもまた重要なことであり，これらの事項を法律として定めることも全く問題がないとされるに至っている。

　実際，本稿執筆時点においては約50本の基本法という名称が付された法

---

(12)　基本法に関する考察として，塩野宏（2008）「基本法について」『日本学士院紀要』第63巻第1号，1-33頁。
(13)　これらの事項を特に「法律事項」と呼ぶことがある。
(14)　基本法に関する政府答弁として，以下の答弁がある。
　〇国務大臣（宮澤喜一君）「一般に法律というものが，狭い意味では，権利義務を規定する，そうして中に強制規定があって，罰則を伴うといったようなのが昔の法律の狭い観念であったと思いますけれども，このような基本法になりますと，ものの考え方を述べているというのがその趣旨であると思うのであります。ですから，昔の権利義務の法律の観念でいきますと，これには何も書いてないじゃないかというような批評が起こりやすいのでございます。実際はそうではなくて，ものの考え方を法律で書いていただきますと，それによって行政の姿勢も拘束されますし，それから現存する法律あるいは法令と申しますか，法令がこれによって再検討されなければならない，そういうことになってまいりますので，実は罰則を伴った一つ一つの強制規定を置くよりは，もっと広い範囲で，意識の変化を導き出す，そうならざるを得ないのでありますし，実際また，行政というものがそういうものとして非常に高く評価をいたしますし，おそらく今後具体的な行政の姿勢の変化，あるいはその基本になる法令の変化になってあらわれてくる，こういう見方をいたしております。」（第58回国会参議院物価等対策特別委員会会議録第10号，昭和43年5月8日，12頁，消費者保護基本法案（現在は，消費者基本法）に対する質疑）

律が存在している状況にある。⁽¹⁵⁾

　末尾に現行の基本法の一覧を掲げている。後述するように，すべての公共政策に関して基本法が定められているわけではないが，この基本法一覧により現行の公共政策の相当広汎な部分は窺い知ることができる[17]。

　基本法が多数制定されるに至った背景としては，国会における立法活動の活性化[18]，各省庁の予算獲得手段としての有用性などが挙げられよう。今後も基本法が制定される傾向に変化はないと思われる。

　これを公共政策の観点から見ると，公共政策の理念や目標が基本法により定められる傾向が強くなっていると言えよう[19]。また法体系の観点から見ると，我が国の法体系は，基本法——個別実体法という形態に変化ないし進化しつつあると見ることも可能なように思われる[20]。

---

(15) 特に平成10年前後から基本法が制定される傾向が強まっている。現行の基本法の一覧は，インターネットにより，電子政府の総合窓口→法令データ提供システム→法令索引検索→法令名の用語索引「基本法」により，簡単に調べることができる。本稿執筆時点における基本法の数は，本章末尾の〈基本法一覧〉に掲げているように49本となっている。

(16) 基本法という名称は付されていないが，平成26年に，まち・ひと・しごと創生法（平成26年法律第136号）が制定されている。同法においては，「国民一人一人が夢や希望を持ち，潤いのある豊かな生活を安心して営むことができる地域社会の形成，地域社会を担う個性豊かで多様な人材の確保及び地域における魅力ある多様な就業の機会の創出を一体的に推進すること（以下「まち・ひと・しごと創生」という。）が重要となっていることに鑑み，まち・ひと・しごと創生について，基本理念，国等の責務，政府が講ずべきまち・ひと・しごと創生に関する施策を総合的かつ計画的に実施するための計画（以下「まち・ひと・しごと創生総合戦略」という。）の作成等について定めるとともに，まち・ひと・しごと創生本部を設置すること」（同法第1条）が規定されており，基本法に近い内容となっている。

(17) それぞれの基本法の守備範囲は，各基本法の第1条（目的）に規定されている。したがって，各基本法の第1条（目的）は，同時に各公共政策の対象範囲を定めていると言えよう。

(18) 基本法は，議員立法により制定されることも多い。

(19) (5)に述べるように，推進法という名称の法律も増加している。

(20) 以前には，法律の分類として，事業取締法規，助成法規，資格付与法規という3分類が紹介されることがあったが，現在においては，法律の種類は多様化しており，このような分類に当てはまらない法律も相当数出現している。したがって，本文に述べたように，基本法——個別実体法という観点から我が国の法体系を観察することも必要になるように思われる。

(3) 基本法の規定例

ところで，最近においては，各基本法の規定例は，かなり類型化されている傾向が見られる。

たとえば，標準的な例として平成27年に成立した都市農業振興基本法（平成27年法律第14号）を取り上げてみると，同法においては，「目的」（第1条），「基本理念」（第3条），「責務」（国・地方公共団体，第4条・第5条），「連携・協力」（第7条・第21条），「法制上の措置等」（第8条）[21]，「基本計画等」（政府・地方公共団体，第9条・第10条），基本的施策（第11条～第21条）が規定されている[22]。

基本法の作成に当たっては，それぞれの個別問題ごとにそれぞれの内容に応じて[23]，このような事項を具体的に規定していくことになる。そして，これにより公共政策の理念や目標が定められることとなる。

(4) ○○政策基本法という名称の基本法

基本法の中には，「政策」という名称が付された法律がある。

このような例としては，エネルギー政策基本法（平成14年法律第71号）と交通政策基本法（平成25年法律第92号）が見られる。

本来，基本法は，政策の理念や目標を定めるものなので，特に題名に「政策」という名称を冠する必要はないが，これらの2法律においては，特に政策を定めることを明確にしたのであろう[24]。

(5) 推進法という名称の法律

現在では，基本法と個別実体法との中間に，推進法という名称を冠した法

---

(21) 「法制上，財政上，税制上又は金融上の措置その他の措置」と規定されている。ここでは，前4者の措置は，「その他の措置」の例示に止められている。財政上の措置等は，各省庁の予算要求の根拠ともなるので，どのように規定するのかに関しては，慎重な検討が行われることが多い。
(22) このほか，基本法においては，本部，会議，協議会，審議会などの名称を持つ政府組織の設置が規定されることが多い。
(23) たとえば，都市農業者には，「責務」ではなく「努力」が定められている（前掲注(21)）。
(24) エネルギー政策基本法により政府に策定が義務付けられたエネルギー基本計画においては，原子力発電が明記されている。

律が制定される例も多くなっている。このような「推進法」は、いわば小さな基本法ないし中2階の基本法と言って良い。

このような推進法の増大傾向の背景には、個別具体的な政策を求める政治的な要求の増大などがあるのかもしれない。

(6) 個別実体法

基本法が政策の理念や目標を定めるものであるのに対して、その政策を実現するための具体的な手段は、別途、各個別実体法において定められる。

法律の本来の性格は、いわゆる「法律事項」、すなわち国民の権利を制限したり、国民に義務を課す事項を定めるところにあると見ることもできる。ある政策を実現するためには、このような規制的手段を定めることも必要となる場合があることは言うまでもない。

また、政策の実現のためには、補助金等の助成的手段や税の減免などの税制上の手段をはじめとして各種の手段も必要となることが多い。

このような政策実現手段を定めるために、多数の個別実体法が制定されている。

(7) 法制度面から見た公共政策の実態

以上に概観したように、我が国においては、多くの場合には、基本法・個

---

(25) なお、基本法相互間においても、大きな基本法と小さな基本法という関係が見られることがある。たとえば、循環型社会形成推進基本法（平成12年法律第110号）第1条は、「この法律は、環境基本法（平成5年法律第91号）の基本理念にのっとり、循環型社会の形成について、基本原則を定め、（後略）」と規定して、環境基本法との親子関係を定めている。
(26) 前掲注(13)。
(27) 法令データ提供システムによれば、平成29年1月1日現在における法律数は、1,966本となっている。もっとも、これらの法律には、いろいろな性格のものが見られるので、必ずしも本文において述べたような基本法、推進法、個別実体法という分類には当てはまらないような法律もある。たとえば、古典の日に関する法律（平成24年法律第81号）は、11月1日を古典の日とし、古典の日には、国及び地方公共団体は、その趣旨にふさわしい行事が実施されるよう努めるものとすること等を規定している。このような場合には、法律において古典の日を定めること自体が政策となっていると見ることができよう。

別実体法という二層制の構造,あるいは基本法・推進法・個別実体法という三層制の構造により,政策の理念・目標と政策実現手段とが定められている。もちろん,これ以外においても,単独の法律により,政策の目標と手段とが定められることがあるが,そのような場合の多くは,政策と言うよりもさらに具体的な施策を定めている場合が多い。[28]

そして,これらの諸法律のすべてを総称して法体系と呼ばれることがある。[29]

ところで,我が国の法体系の特色としては,これらの諸法律は,すべて相互に矛盾抵触が生じないように定められていることが指摘できる。このような状況のことを「精密法制」[30]と言われることもある。すなわち,我が国における法律は,立案段階において他の法律との矛盾抵触が生じないように慎重に検討された上で作成される。この関係は,基本法・個別実体法,あるいは基本法・推進法・個別実体法の関係においても,異なるところはない。

この結果,我が国の法体系においては,ある基本法とその下にある推進法・個別実体法との関係,さらに,ある基本法と他の基本法及びその下にある推進法・個別実体法との関係は,すべて相互に矛盾抵触することがないように完璧に整理されている。[31]

そして,公共政策を法制度の観点から見るときには,法律により規定される公共政策もまた相互に矛盾抵触することがないように定められていることになる。

もっとも,公共政策に対する規律としては,以下に述べるように,法律以外にも予算,閣議決定などの諸方式があり,これらとの関係においても,相互に矛盾抵触が生じないことが必要となる。

---

(28) もっとも,政策と施策との区別は,多分に相対的なところがあるように思われる点に関しては前掲注(5)。
(29) ここでは,法律相互間の関係を取り上げているが,法律と法律形式以外の法形式である憲法,政令,省令,条例,条約などとの関係は,これらの法形式相互間の優劣の問題として解決される。
(30) 礒崎陽輔(2011)『分かりやすい法律・条例の書き方〔改訂版〕』ぎょうせい,42頁。
(31) したがって,我が国の法体系においては,後法優先の原理が働くことは,原則としてあり得ないことになる(礒崎,同上書,41-43頁)。

2 予 算

公共政策に対する財政面からの規律は，予算により定められる。

(1) 予算の特徴

国家の活動に必要な経費は，すべて国の予算に計上される[32]。したがって，予算書には，金額の観点から，すべての公共政策が網羅的に記載されることになる[33]。ただし，予算は，毎会計年度ごとに作成され，国会の議決を経なければならないので，その効力は1年度限りとなる[34]。

(2) 予算と法律との関係

ところで，我が国においては，予算と法律とは別個の形式とする予算理論が採用されている[35]。このような予算理論の下においては，予算と法律とは「国政運営上の二大規範[36]」であり，換言すれば，予算と法律とは公共政策を実現するための二大手段として位置づけられている。

問題は，このような予算理論においては，予算と法律とは「別系統の規範[37]」となるところから，理論的には，予算と法律との矛盾が生じる事態があり得ることが指摘されている[38]。しかし，現実には，実際の運用の過程において，このような矛盾は回避されているようである[39]。

---

(32) 悉皆性（すべてが網羅されること）とも言われる。国会の議決を経た予算に計上されていない経費は，支出することができない（憲法第85条）。
(33) 「国家の『元帳』としての予算は『これによって左右される国の運命を数字に凝結して予定するものである。』」（G.シュメルダース著，山口忠夫ほか訳（1981）『財政政策（第三版）』中央大学出版部，83，202頁）。
(34) 予算単年度主義（憲法第86条）。なお，我が国の会計年度は，明治19年度から現在のようにその年の4月1日から翌年の3月31日までとされている。
(35) 予算と法律とを別個の形式とする構成を特に「予算理論」と呼ぶこと及び「予算理論」の経緯と問題に関しては，夜久仁（2016）『憲法と国家予算の理論』第一法規株式会社，10頁。
(36) 小村武（2008）『予算と財政法（四訂版）』新日本法規出版，165頁。
(37) 碓井光明（1996）「財政の民主的統制」『ジュリスト』1089号，5, 144-145頁。
(38) 議員立法に規定されている経費を予算に計上しないことなどが想定され得るであろう。
(39) たとえば，議員立法に関しても，提出前の与党審査の過程において，財政当局の意向が反映されていると見られる。

3　閣議決定

公共政策に対する規律を定める形式としては，法律又は予算のほかに，閣議決定などがある[40]。特に，平成25年度以降においては，毎年6月に「経済財政運営と改革の基本方針」が閣議決定されており，これが現在のところ国の政策全体の基本方針となっている。

(1)　経緯と現状

我が国においては，近年における厳しい財政事情を契機として，中長期の財政規律を中心とした事項が閣議決定により定められていた。すなわち，平成22年の閣議決定により，「財政運営戦略」(平成22年6月22日閣議決定)と「中期財政フレーム[41]」が策定された。

さらに，平成24年12月の政権交代後においては，毎年6月に，「経済財政運営と改革の基本方針」が閣議決定されている[42]。そして，この「経済財政運営と改革の基本方針」においては，経済政策と財政政策とは一体として構想されているため，単なる財政規律にとどまらず，経済政策全般，換言すれば各省庁の公共政策が網羅的に記載されている。そして，翌年度の予算は，「経

---

(40)　閣議決定と財政規律に関しては，夜久，前掲注(35)，280-292頁。

(41)　「財政運営戦略」のなかの具体的取組において定められている。ただし，平成24年の政権交代後においては，「財政運営戦略」に代えて「経済財政運営と改革の基本方針」が策定されている。

(42)　平成25年には「経済財政運営と改革の基本方針について」(平成25年6月14日閣議決定)及び「当面の財政健全化に向けた取組等について――中期財政計画」(平成25年8月8日閣議了解)が，平成26年には「経済財政運営と改革の基本方針2014」(平成26年6月24日閣議決定)が，平成27年には「経済財政運営と改革の基本方針2015」(平成27年6月30日閣議決定)が策定されている。なお，「経済財政運営と改革の基本方針2015」は，第3章において「経済・財政再生計画」(2016年度～2020年度)と「集中改革期間」(2016年度～2018年度)を定めている。さらに，平成28年には「経済財政運営と改革の基本方針2016」が策定されている。

　またこれと同時に，いわゆるアベノミクスの第3の矢である成長戦略として，「日本再興戦略」が閣議決定されている(平成25年6月14日閣議決定)。「日本再興戦略」もその後毎年策定されている(「『日本再興戦略』改訂2014」(平成26年6月24日閣議決定)，「『日本再興戦略』改訂2015」(平成27年6月30日閣議決定)，「日本再興戦略2016――第4次産業革命に向けて」(平成28年6月2日閣議決定))。

済財政運営と改革の基本方針」に従って作成することとされているため，その記載事項は，公共政策の方針としても極めて重要な意味を持っている。

このように，現在の我が国においては，閣議決定という形式により重要な方針が定められているが，これらはあくまでも閣議決定であるため，その記載事項には，法規範性が与えられていない。閣議決定は，あくまでも法律に矛盾抵触することのない範囲内において定められる必要があることは言うまでもない。

(2) 閣議決定の特徴

閣議決定は，内閣としての意思を決定する方式であり，国会の議決を必要とする法規範ではないため，特に法律に比べると長所と短所とがある。

---

(43) 合議体であるところの閣議の決定方式としては，閣議決定，閣議了解，閣議報告などがある。閣議決定，閣議了解等の相違に関しては，政府委員（味村治内閣法制局長官）から，昭和62年の国会答弁において以下のような説明がなされている。

「内閣の意思決定は閣議によって行われるわけでございます。内閣の意思決定として行われますものには，これは実務上の取り扱いでございますが，閣議決定と呼ばれるものと閣議了解と呼ばれるものとがございます。

閣議決定と申しますのは，憲法上なりあるいは法律によりまして内閣の意思決定が必要とされるものについて行われるのが普通でございますが，そのほかにも，特に重要なものについて閣議決定が行われる場合があるわけでございます。これはもちろん内閣という言ってみれば行政の最高機関であります合議機関の意思決定の一つの形態でございます。

もう一つございますのが閣議了解と言われるものでございまして，これも内閣の合議機関としての機関意思の決定の一つの形態でございます。これは，大体のところを申し上げますと，それぞれの省庁の所管に属する事項，それぞれの省庁が独自に決めることができないわけではございませんが，内閣として機関意思を決定しておく必要がある，そういうような事項につきまして閣議了解という形で閣議の意思決定が行われるわけでございまして，このように，閣議の意思決定には閣議決定と言われるものと閣議了解と言われるものと二つございます。

そのほかに，閣議報告というものがございまして，これは各主管の，主任の大臣がそれぞれの所管事項につきまして閣議に御報告になるものでございます。

さらに，これらの閣議決定，閣議了解，閣議報告は必ずしも書面によることを法律上は必要といたしておりません。ただ，私の所管外でございますが，実務的には書面によることが多いというふうに聞いております。そのほかに，書面によらないで各閣僚が御自分の所管事項につきまして口頭で御説明になるという事項もございます。

大体，あらましを申し上げますと以上のようなことでございます。」（第108回国会参議院予算委員会会議録第6号，昭和62年5月7日，14頁）

長所としては，経済社会情勢の変化に応じて，機動的に対応することができることが挙げられよう。閣議決定は，内閣限りで廃止・変更ができるので，経済社会情勢に急激な変化が生じた場合にも適切な対応をすることが期待できる(44)。

　短所としては，内閣限りでいつでも変更することができることになるので，変更に向けたバイアスがかかりやすい。また，何よりも政治的には，内閣が変わった場合に，当然に次の内閣に引き継がれるという保証もない。すなわち，閣議決定によるときは，継続性という点では，問題が大きい(45)。

　このほか，閣議決定に関しては，前の閣議決定と後の閣議決定との関係に関して，前の閣議決定に必ずしも廃止・変更の手続きが採られるわけではないようなので(46)，現在有効な閣議決定の内容が法律の場合に比べて十分に明確ではない。法律の場合には，旧法律と新法律との関係は，廃止・変更等の形式により明確にされ，現在有効な法律の形が一目瞭然であることと比べると，閣議決定は，国民に対する資料提供機能という観点において問題が残ると言えよう(47)。

---

(44) 閣議決定について，政府委員（大森政輔内閣法制局長官）は，以下のように述べている。
　「…（中略）…閣議決定と申しますのは，内閣としての意思を決定する重い方式ではございます。しかしながら，閣議で決定いたしました事項は，同じく閣議決定で，内閣限りでいつでもこれを変更することができるということでございます」（第141回国会衆議院財政構造改革の推進等に関する特別委員会議録第6号，平成9年10月23日，2頁）
(45) 平成24年12月の政権交代後においては，毎年6月に「経済財政運営と改革の基本方針」が策定されている。その内容は，順次具体的になっているともいえるが，全体を見比べなければ前年の内容との異同が明確にならないという問題も残る。また，文言の使い方も法律に用いられる文言の使い方に比べるとどうしても詰めの甘い部分が残ると言わざるを得ない。
(46) 安倍内閣が「中期財政フレーム（平成25年度～平成27年度）」（平成24年8月31日閣議決定）を廃止する等の手続を行っていないことに関しては「閣議決定の有効性に関する質問（第183回国会質問第125号）に対する答弁書」（平成25年7月2日答弁第125号）一に記載されている。
(47) 現在においては，本章において取り上げた閣議決定は，いずれも政府のホームページにおいて公開されている。ただし，法律と異なり公布されるわけではない。また，特に本文に述べたように，新しい閣議決定があった場合において，前の閣議決定に廃止・変更の手続が行われない場合には，前の閣議決定のどの部分が廃止・変更されたのかに関して疑義が残ることがあろう。

(3) 経済財政運営と改革の基本方針2016（平成28年6月2日閣議決定）

政府は，平成28年6月，「経済財政運営と改革の基本方針2016」を閣議決定した。これが現在のところの最新の「経済財政運営と改革の基本方針」である。⁽⁴⁸⁾

この基本方針においては，「消費税率の10パーセントへの引上げを2019年（平成31年）10月まで2年半延期する」ことが表明されたことが大きな特色となっている。

しかし，同時に2020年度（平成32年度）の基礎的財政収支黒字化というこれまでの「財政健全化目標を堅持する」としており，経済財政運営に関しては「経済財政運営と改革の基本方針2015」（以下単に「基本方針2015」という。）を基本的に踏襲している。

すなわち，「基本方針2015」第3章に定められた「経済・財政再生計画」における歳出・歳入両面の取組を進めることとし，「改革工程表」⁽⁴⁹⁾と「経済・財政再生アクション・プログラム」⁽⁵⁰⁾に基づいてPDCAサイクル⁽⁵¹⁾を実効的に回していくことにより，着実に取組を進めるとしている。⁽⁵²⁾

そして，平成29年度は，「経済・財政再生計画」に定められた「集中改革期間」（2016年度〜2018年度）の2年目であることから，平成29年度予算編成においては，「経済・財政再生計画」及び「経済・財政再生アクション・プログラム」，「改革工程表」に則って取り組むとされている。⁽⁵³⁾

---

(48) 第2章 成長と分配の好循環の実現 2 成長戦略の加速等 (4) 地方創生，中堅・中小企業・小規模事業者支援 ①地方創生（18頁）と③地域の活性化（19-20頁）などにおいて，地域社会に関係する政策の基本方針が定められている。
(49) 「経済・財政再生計画 改革工程表」（平成27年12月24日，経済財政諮問会議）。
(50) 「経済・財政再生アクション・プログラム」（平成27年12月24日，経済財政諮問会議）。
(51) いわゆるPlan-Do-Check-Act Cycle。
(52) 「経済財政運営と改革の基本方針2016」31頁。
(53) 同上，45頁。ただし，「経済・財政再生計画」において「集中改革期間」おける改革努力のメルクマールとされた「2018年度（平成30年度）のPB赤字の対GDP比▲1％程度を目安とする」という部分に関しては，明文の記述はない。

4 条例等

地方公共団体における公共政策に対する規律も，概ね国の場合に準じている。すなわち，条例，予算，長の決定などの形式が見られる。

条例は，地方公共団体の議会が議決する法規範である。その法形式としての効力は，法令（法律・政令・省令など）に劣後するけれども，法令において条例で異なる定めをすることを許容していると認められるときは，一見して法令に矛盾抵触すると思われる事項であっても条例において規定することは妨げられないと解されている。

予算に関しては，概ね国の予算と同様の制度とされている。(55)

また，近年においては，長の決定(56)により，基本計画などの名称を関した計画が定められ，この基本計画において当該地方公共団体における基本的な政策が定められる例も多くなっている。(57)もっとも，地方公共団体における基本的な政策は，基本条例などの名称を関した条例により定められることも多いので，そのような場合には，基本条例による計画の体系と長の決定による計画の体系という二つの系統の計画体系が併存することにもなるので，相互に矛盾抵触が生じないようにする必要がある。

Ⅲ 法令用語等

最後に，法令用語と法令の改正形式に関して付言しておきたい。なお，条例に関しても原則としてそのまま当てはまる事項である。

---

(54) 解釈上の疑義をなくすため，近年では，法律においてこの旨を明確にすることが多い。また，法律において定められた仕組みを条例において別の仕組みとすること，たとえば法律において届出制とされている事項を条例において許可制とすることを法律において許容する制度（いわゆる条例による上書き制度）なども構想されている。

(55) 憲法第 7 章 財政の規定は，原則として国の財政に関する規定であるが（ただし，第 89 条（公金支出等の制限）の規定は地方公共団体にも適用される。），地方公共団体の予算制度も，基本的に国の予算制度に準じている。

(56) 内閣にあっては合議制の機関であるため閣議決定等の形式となるが，地方公共団体にあっては長は独任制の機関なので長の決定等の形式となる。

(57) 基本計画の下に個別具体的な政策ごとに実施計画が策定されることも多い。いずれにしても，計画の体系及び策定手続には，各地方公共団体によって異なるところがある。

1　法令用語

　法令は，日本語により書かれる。この旨を定めた規範はないが，法令が公布され国民に遵守されるものである以上は当然のことである。この場合に用いられる日本語も，原則として通常用いられる意味として用いられる。ただし，言葉の意味内容を厳密に定める必要がある場合には，定義規定が置かれる。(58)

　また，一定の言葉は，特に一定のルールに従って用いられている。このように，法令において特に一定のルールに従って用いられる用語を法令用語と呼んでいる。その代表例としては，「及び」と「並びに」，「又は」と「若しくは」などがある。これらの法令用語の使い方に関しては，現在ではいくつかの解説書があるので，それらを参照することをお勧めする。(59)ただし，法令用語に関して注意しなければならないことは，法令用語の使い方はあくまでも法令における一定の用語の使い方であるという点であろう。たとえば，法令用語においては，接続の段階が一段階の時には「及び」「又は」を使うこととされているが，日常用いられる文書など法令以外の場面においては，一段階の接続に「並びに」「若しくは」を使うことは，珍しいことではなく，かつ，特段の問題はない。(60)法令用語は，あくまでも法令における一定の用語の使い方という意味を持つに過ぎない。

2　法令の改正形式

　国会において議決され制定される法律には，大別すると，「○○法」という名称が付されるところの新規制定法と「○○法の一部を改正する法律」という(61)

---

(58)　なお，法律における定義は，その定義が規定された法律における定義となることに関しては，前掲注(8)。
(59)　法制執務用語研究会(2012)『条文の読み方』有斐閣などいくつかの解説書が出版されている。
(60)　ただし，公文書においては，法令用語に準じているようである(「及び」「又は」の使い方に関して，礒崎陽輔(2010)『分かりやすい公用文の書き方』ぎょうせい，91頁)。
(61)　「○○法」という名称のほか「○○に関する法律」という名称もしばしば用いられる。どちらの用例を用いるかは，前に置かれる言葉との関係から決まるが，どちらを用いても法律であることには変わりはない。

名称など⁽⁶²⁾が付されるところの既存の法律を改正する法律とがある。

法律の成立数は，時期により，また年により変動が見られるが⁽⁶³⁾，ごく大まかな傾向を見れば，1 年間において概ね 100 件余りの法律が成立している状況にあると見て良いであろう。ただし，このうちの多くは，「○○法の一部を改正する法律」等の名称が付される既存の法律を改正する法律である。これもごく大まかな傾向であるが，1 年間に成立する法律数を 100 件余りとすれば，新規制定法律数が 20 件余り，既存の法律を改正する法律が 80 件余りとなるのがおおよその見当であると言って良いであろう。したがって，我が国においては，1 年間に成立する法律の大半が「○○法の一部を改正する法律」という名称などが付されるところの既存の法律を改正する法律になっている⁽⁶⁴⁾。

ところで，このような状況になる理由としては，Ⅱ-1（7）において述べたように，我が国の法体系においては，現行の諸法律は，すべて相互に矛盾抵触が生じないように定められていることがその理由となろう。このような「精密法制⁽⁶⁵⁾」とも言われる状況においては，新規制定法よりも既存の法律を改正する形式の方が，既存の法律との整合性を確保しやすいと言えよう。もちろん，既存の法律の改正により対処しえないような場合には，新規制定法も用いられるが，その場合においてもなお既存の法律と矛盾抵触がないことが要請されるので，新規制定法と既存の法律とが矛盾抵触する場合には，その新規制定法の附則において既存の法律を改正するなどの措置をとることになる。

既存の法律の一部改正の考え方や形式に関しても今日においては優れた解⁽⁶⁶⁾

---

(62) 既存の法律の全部を改正する場合には「○○法の全部を改正する法律」とされるなどいくつかの名称が用いられている。
(63) 日本国憲法における法律の成立件数等に関しては，古賀豪・桐原康栄・奥村牧人「帝国議会及び国会の立法統計——法案提出件数・成立件数・新規制定の議員立法」，135-140 頁，茅野千江子「議員立法序説」『レファレンス』776 号，国立国会図書館，平成 27 年 9 月，28-30 頁。なお，最近における立法過程の動向に関しては，同「議員立法と内閣立法の諸相——農林・環境分野の立法例を中心に」『レファレンス』786 号，国立国会図書館，平成 28 年 7 月，1-30 頁。
(64) 条例に関しても一部改正の方式が採られるが，その数は法律の場合に比べて少ないようである。
(65) 礒崎，前掲注（30）。
(66) たとえば，我が国の法制執務においては，いわゆる「溶け込み方式」が採られているので，既存の法律を改正する法律の本則部分は，元の法律と一体化してしまうため，

説書があるので参照することをお勧めする。　　　　　　　　　　（夜久　仁）

〈基本法一覧〉
1. 官民データ活用推進基本法（平成 28 年法律第 103 号）
2. 都市農業振興基本法（平成 27 年法律第 14 号）
3. 水循環基本法（平成 26 年法律第 16 号）
4. 小規模企業振興基本法（平成 26 年法律第 94 号）
5. アレルギー疾患対策基本法（平成 26 年法律第 98 号）
6. サイバーセキュリティ基本法（平成 26 年法律第 104 号）
7. 交通政策基本法（平成 25 年法律第 92 号）
8. 強くしなやかな国民生活の実現を図るための防災・減災等に資する国土強靱化基本法（平成 25 年法律第 95 号）
9. アルコール健康障害対策基本法（平成 25 年法律第 109 号）
10. 東日本大震災復興基本法（平成 23 年法律第 76 号）
11. スポーツ基本法（平成 23 年法律第 78 号）
12. 公共サービス基本法（平成 21 年法律第 40 号）
13. バイオマス活用推進基本法（平成 21 年法律第 52 号）
14. 肝炎対策基本法（平成 21 年法律第 97 号）
15. 宇宙基本法（平成 20 年法律第 43 号）
16. 生物多様性基本法（平成 20 年法律第 58 号）
17. 国家公務員制度改革基本法（平成 20 年法律第 68 号）
18. 海洋基本法（平成 19 年法律第 33 号）
19. 地理空間情報活用推進基本法（平成 19 年法律第 63 号）
20. 住生活基本法（平成 18 年法律第 61 号）
21. 自殺対策基本法（平成 18 年法律第 85 号）
22. がん対策基本法（平成 18 年法律第 98 号）
23. 観光立国推進基本法（平成 18 年法律第 117 号）
24. 教育基本法（平成 18 年法律第 120 号）
25. 食育基本法（平成 17 年法律第 63 号）
26. 犯罪被害者等基本法（平成 16 年法律第 161 号）
27. 食品安全基本法（平成 15 年法律第 48 号）
28. 少子化社会対策基本法（平成 15 年法律第 133 号）
29. エネルギー政策基本法（平成 14 年法律第 71 号）
30. 知的財産基本法（平成 14 年法律第 122 号）

　　新たな法律とはならないものとして扱われている。
(67)　法制執務研究会編（2007）『新訂　ワークブック　法制執務』ぎょうせい（同書は，前田正道編（1983）『ワークブック　法制執務〈全訂〉』ぎょうせいの新訂版）。
(68)　教育基本法（昭和 22 年法律第 25 号）の全部改正。

31. 水産基本法（平成13年法律第89号）
32. 文化芸術振興基本法（平成13年法律第148号）
33. 循環型社会形成推進基本法（平成12年法律第110号）
34. 高度情報通信ネットワーク社会形成基本法（平成12年法律第144号）
35. ものづくり基盤技術振興基本法（平成11年法律第2号）
36. 男女共同参画社会基本法（平成11年法律第78号）
37. 食料・農業・農村基本法（平成11年法律第106号）[69]
38. 中央省庁等改革基本法（平成10年法律第103号）
39. 高齢社会対策基本法（平成7年法律第129号）
40. 科学技術基本法（平成7年法律第130号）
41. 環境基本法（平成5年法律第91号）[70]
42. 土地基本法（平成元年法律第84号）
43. 障害者基本法（昭和45年法律第84号）
44. 交通安全対策基本法（昭和45年法律第110号）
45. 消費者基本法（昭和43年法律第78号）
46. 森林・林業基本法（昭和39年法律第161号）
47. 中小企業基本法（昭和38年法律第154号）
48. 災害対策基本法（昭和36年法律第223号）
49. 原子力基本法（昭和30年法律第186号）

---

[69] 農業基本法（昭和36年法律第127号）は廃止。
[70] 公害対策基本法（昭和42年法律第132号）は廃止。

第6章　地方創生への道
――「一村一品運動」「ふるさと創生」そして「地方創生」へ――

はじめに

　安倍内閣の最重要課題に掲げる「地方創生」は，2014年11月成立した「まち・ひと・しごと創生法（以下「地方創生法」と略称する）」に基づき，同年12月には国から「長期ビジョン」及び「総合戦略」が示されるとともに，2015年1月には「地方創生先行型」の交付金を盛り込んだ「地方への好循環拡大に向けた緊急経済対策」補正予算がまとめられた。また，2015年度の税財政政策も本格的に始動し，企業の本社機能の地方移転促進税制を掲げた税制改正と地方創生関連経費（補正とあわせ1兆円規模）及び地方財政措置（地方財政計画に1兆円を計上）が行われた。これを受け，自治体側も2015年度を初年度とする5か年を計画「地方版総合戦略」の策定に鋭意取組み，2015年10月にはほぼ，すべての自治体で策定を終えたが，国はさらに2015年補正予算で地方創生加速化交付金の措置を追加し，2016年度は，自治体にとってはまさに地方創生の本格的実施の段階を迎えている。本稿では国・地方をあげて取り組んできたこれまでの地域振興政策において地方分権の原点となった大分県で展開された「一村一品運動」，竹下内閣で実施された「ふるさと創生」政策との比較を行い，今後の地方創生を中心に，地域づくりを支える地方財政のあり方を含め展望する。

　筆者は，かつて過疎市町村率全国1位の大分県地域振興課長として，平松知事とともに「一村一品運動」を企画・立案・実施した責任者であった。また，竹下内閣における「ふるさと創生」においては担当の自治省企画官として「ふるさと創生事業――正式名称は『自ら考え自ら行う地域づくり事業』」を立案した。これらの政策は自治体とその地域の人々を信頼し，彼らを政策の責任主

体として位置づけるもので，地方分権の原点の政策として，その後の国の総合計画や地方行政・自治制度・政策に大きな影響を与え，今日の地方創生や地域づくりにもその精神が受け継がれていると思う。しかし，「一村一品運動」「ふるさと創生」「地方創生」の3つの政策（以下，「地域3政策」という）には，その理念・目的・背景をはじめ推進体制，国と自治体との関係，補助金の可否を含む国の関与のあり方，政策評価のあり方，その後の発展策など差異も多い。それらを分析・整理し，地域づくりを志す学生はじめ多くの人々に寄与できることを願って記述することとしたい。

I　地域3政策の理念・目標・背景の差異

1　「一村一品運動」（昭和54年11月16日〜）

　筆者は，昭和54年（1979年）4月から昭和58年までの4年間，大分県に在籍し，始めの2年余りは地域振興課長として一村一品運動の企画立案を実際に担当し，その後は財政課長として主に財政的な観点からこの運動を推進した。[1]

　(1)　一村一品運動とその背景

　一村一品運動は，一口で言えば「大分県下58市町村が，それぞれの町や村の顔となる産品を開発して欲しい。それも，一人よがりでなく，日本，いや世界に通じる産品を育てよう！」と言う運動である。具体的に言えば大相撲の優勝力士に大分産椎茸の優勝カップを送るが，生産量・品質ともに全国一であり，即ち世界一である。

　一村一品運動はいわば第二，第三の椎茸をつくることを目指し，地域の産品を誰もが認める水準の高い産品にまで切磋琢磨し，英知を結集して内発的な地域産業を興し，就業の場をつくり村づくりを進め，自らのふるさとに誇りを持とうというものである。東京の人に物怖じせず，『わいは誰もが知っている〇

---

(1)　その全容は内貴滋「一村一品運動の展開と行政官の役割──風に向かって立つ勇気を」(1)〜(7)（『自治研究』第60巻8・10号，61巻1・5・8号，62巻7号，64巻4号，良書普及会）に記述しているので詳細は参照されたい。

○で有名な△△村の出身じゃ。おそれいったか』と大分弁で胸を張って誇りを持って言えるようになれるふるさとのシンボルを作ることである。

　当時，大分県は新産業都市の優等生と言われた。新産都の指定後17年を経過し，企業進出により大分県経済は昭和35年から15年間で生産規模を4千億から1兆8千億（実質昭和45年価格）へと年率10.5％の成長率を達成し，産業構造に高度化をもたらすとともに，雇用効果は新産都区を越え地区外に波及し，県民所得は名目16.1％，実質8.5％の成長率を示し，一人当たりの個人所得も対全国比，昭和35年の67.2から昭和53年には82.5と格差解消が進んだ。後述のとおり，この新産都の建設は過密傾向にある工場を，京阪神の三大都市から分散させるという国の地域政策の観点から打ち出されたもので生産性の低い農業依存の産業構造に生産性の高い工業を加え雇用機会を増大して県全体の産業経済の振興を図ろうとするものであり，それなりの効果は達成されたものであった。しかし，この時期オイルショックを迎えた。安い石油を大量に使用し，経済成長が始めにあって，それに必要な油は自由に買えるという発想は見直しを迫られ，オイルショック以降の経済は，まず石油の量に見合って経済成長率を決める時代となった。新産都の優等生とされていた大分県でも新日本製鐵など重厚長大型の装置産業で経済を牽引していたが，石油危機後，多くの高炉を止め雇用調整が行われ地域の雇用者の多くが解雇される事態となった。

（2）　人口状況——過疎率日本一，一方，東京都が始めて減少へ
　昭和30年代後半からの我が国の経済社会の急速な発展は，人口，産業の急激な大都市集中をもたらし，地域社会の基盤を大幅に変動させた。その結果，全国にわたって大都市及びその周辺で過密現象が生じ，他方，農産漁村では過疎現象を生じた。過疎化は若年労働力を流出させ，農林水産業など発展を妨げ，さらに市町村の行財政力を低下させ，生活関連施設の整備を遅らせた。それが一層人口流出に拍車をかけるという悪循環をもたらした。とりわけ，大分県は県下58市町村のうち3市30町11村の44団体が過疎市町村であり，過疎地域振興特別措置法当時は全国一の過疎県と言われる状況であった。
　ただ，この時期，過疎地にも希望があった。過疎地域振興特別措置法で

公示された過疎地域1,093市町村の昭和55年国調（10月1日現在）人口は816万人であり，50年国調の同地域の人口に比べ27万人の減に止まり減少率は3.2％となり，50年国調時の減少率8.1％と比較して大幅な減少を示した。そして，何よりも大分県では，58市町村のうち7市8町1村の計16市町村で人口が増加し，残りの人口減少市町村もその減少率は大幅に鈍化した。50年国調時では過疎市町村の全てが人口が減少し続けていたのに対し，この時はじめて過疎市町村の中に人口が増加したところが出てきたのである。さらに注目すべきは，55年国調では戦後一貫して増加してきた東京都が初めて人口が減少し，東京都以外のすべての道府県で人口が増加したのである。過疎市町村日本一の大分県でも，かすかな希望の光が見えてきたこの時期に，がんばれば出来るとの信念のもとに一村一品運動は企画立案されたのである。

(3) 理　念

一村一品運動の理念としては，「Small is beautiful（小さいことはよいことだ，E.F.シューマッハ）」であり「身の丈にあった地域づくり」である。省エネルギー時代に対応した内発的な地場産業を振興させなければ，自然条件・社会的条件に恵まれない地域は立ち行かない。しかし，発想をかえれば，大分県は海抜0mから3,000mに及ぶ自然を有し，いわば日本列島が垂直に存在すると言える。平地が少なく中山間地が多いので大量生産には向かないものの，多品種で貴重なものが何でもできた。少量ではあっても質の優れたものであればそれに見合った流通戦略も可能である。油を大量に使う技術ではなく，インターメディエイト・テクノロジー（中間技術）で，それぞれの身の丈にあった技術，身の丈にあった産業でやっていくのだ。何も東京の真似をすることはないのだ。ひと真似をせず，それぞれの地域が自らの資源を見極め，地域にあったあり方を見い出すことを理念とした。したがって背伸びはしない。付加価値をつけることが重要な戦略となるが，我々はこれを「1.5次産業」と名付け，2次や，ましてや現在の6次などとの言葉は使わなかった。農村の婦人達がまがったきゅうりなどを漬物にする簡単な加工を促し，それを朝市などで売って消費者の意見を聞く「身の丈にあったこと」が大切であるとした。そして何よりも地域の基幹産業である農林水産業（第1次産業）に根を下ろすという基本に留意した。

第6章　地方創生への道　107

隣の自治体は競争相手ではない。それぞれの道があるのだ。一村一品運動は精神の改革を伴ったのである。そして，何よりもこの理念は「自立」を意味した。たとえ小さくても，自らの道は自らが切り拓く。「自らの力を信じて，失敗を恐れず挑戦すること」を求めた。「失敗してもその経験は地域に共有され将来の礎になるのだから」と呼びかけた。したがって，行政に依存するな，補助金に頼るな，自主性を阻害してまで他に頼る必要はない。なぜなら，それぞれが小さくてもよい，それなりに輝けばよいのだから，ということである。

(4)　目　標

目標はそれぞれが身の丈にあった自らの目標を立てればよいのだが，敢えて共通なものを見い出せば「ここに住んでいてよかった。自らの地域に誇りをもてた」ということである。地域の振興であり活性化である。地方創生のように，50年後の人口数を目標数値として示し，人口減少の抑制・人口増を目標としてはいない。東京一極集中の是正も関係ない。

人口の増減は，各自の取組の結果であるとの立場で，それぞれが身の丈にあった道に努力することが目標である。だから，目標を達成できれば，どんな過疎地域でも地域の振興策が見出され，人々の努力が地域の力となる。ただし，その結果として，人々は地域に住みつき，人口は増えるはずである，と市町村長に強調したことは事実である。55年国調がそれを裏付けており，「人口が減少すれば，その取組が十分でないので地域づくりのリーダーたる市町村長が悪いのだ」とまで言って努力を促した。これば運動初期に市町村長の反発を買ったが，目標はあくまでもそれぞれの努力による地域振興であることを理解してもらい，行政は出来ることを精一杯行うことが目標であり，目標と結果を取り違えないよう留意してもらった。

2　「ふるさと創生」(平成元年1月〜)

一村一品運動という地域づくりの原点ともいえる政策を立案した筆者は，竹下内閣の掲げる「ふるさと創生」政策も立案する立場となった。平成元年1月24日，政府は平成元年度予算案とともに昭和63年度補正予算案を閣議決定し，全国の3,300の市町村に一律1億円を交付することを柱とする「ふるさと

創生」の具体的推進に踏み出した。竹下総理，小渕官房長官，小沢官房副長官，梶山自治大臣の布陣であった。[(2)]

(1) 事業概要

この事業の正式事業名は「自ら考え自ら行う地域づくり事業」と言い，それぞれに地域が個性豊かな地域づくりを目指して，自らの地域の特性と課題を調べ，ふるさとの振興のためには何を行うべきかを広く住民の参加のもとに自ら考え，そして自ら責任を持って実施することである。そこに示されるものは「霞が関に負けない」企画力であり，地域に根差した実行力である。

(2) 「ふるさと創生」とその背景

政策立案当時，我が国は国民の意識の上でも国と地方との関係でも，具体的な政策の面でも大きな転機を迎えていた。戦禍の中から立ち上がった我が国は，重厚長大産業に代表される工業化社会を目指し，規格品を大量生産するため，効率性を重視した中央集権的な政治・経済システムを必要とした。「中央が考え，全国一律に実施させる」というシステムである。この結果，我が国は，世界に冠たる経済国家を築き上げ，相当程度の社会資本の整備を達成した。しかし，諸機能の一極集中を生じ，土地問題等多くの課題を生じた。国民の意識も教育水準が高く，経済大国となった恩恵をそれなりに受けて生活水準が向上したことは理解できるものの，なぜか，豊に生きているのだろうか，との疑問を持ち，物質的な豊かさではない自然や心の豊かさを求める意識が大きくなっていった。

地域づくりにおいても，規格や基準を重視した結果，本来，それぞれの個性を有すべき「地域」が画一的なものとなってしまった面は否めず，どこへ行っても同じ「金太郎飴」のような状況が現出された。そこで，明治以来の中央主権的発想を転換し，「地方が発想し国が支援する」という新たな仕組みのもとに政策を転換する必要性が指摘された。「これまでの国主導の開発方式とは異

---

(2) その全容は内貴滋「一村一億円構想――ふるさとに生きるあなたが主役 (1)～(6)」（『自治研究』第 65 巻 3・4・7・10・11 号，66 巻 5 号，良書普及会）に記述しているので詳細は参照されたい。

なった発想」を強調したのである。後述のとおり，国においても第4次全国総合開発計画，新経済計画等において自主的・主体的な地域づくりの必要性が明確にされた。また，幸い，全国各地域において一村一品運動の広がりなどに見られるように，自主的・主体的な地域づくりの機運がもりあがっていた。

　一方，第一次臨時行政調査会，第2次臨時行政調査会と続いた政府の行政改革を主導する流れは，1983年7月臨時行政改革推進審議会が発足し，第2次臨調の土光会長が自らの答申(「今後の行政改革の基本方向」)の実現を監視すべく審議会会長に就任した。行政改革の実現をもとめ効率性を要請する主張も強く，中央省庁は地方分権を主張する自治省に対して多くの中央省庁は自治体の能力や中央省庁との政策の整合性を求め，地方分権に必要となる地方の政策立案能力に疑問を呈し，国が企画し，地方が執行する従前どおりの政策立案システムを支持する意見が多かった。

　このような中で，従前のシステムを転換するためには，どうしても地方の企画力を示し，21世紀を間近に控え，国際化，高齢化，情報化の進展により，経済社会が大きく変貌しつつあるこの時期に，新たな発想のもとに国民一人一人がその依って立つ基盤を築くことが求められたのである。

(3) 理念・目標

　竹下首相は内閣を組織して間もない第111国会において，その所信を次のように表明した。「戦後，我が国は多くの分野で目覚ましい発展を遂げてまいりました。しかし，これまでの発展はどちらかといえば物の豊かさを追い求めてきたものではなかったかと思います。私はかねてから『ふるさと創生』を唱えてまいりましたが，(中略)すべての人々が，それぞれの地域において豊かで誇りを持って自らの活動を展開することができる幸せ多い社会を創造することを目指してまいります。」即ち，創造性と多様性に富んだ新しい社会，言い換えれば，多様な価値観を尊重し，一人一人が自らのアイデンティティを誇れる土壌を築き上げることこそ重要であると訴えられた。世界最高水準に達したGNPの大きさ以外にも誇りうるものは沢山あるはずだ。多様な歴史，先人から受け継いだ伝統，独特の日本・地域文化，豊かな自然，そして，何よりもそこで懸命に働く勤勉な人々こそ世界に誇れる財産である。

「ふるさと創生」は，単に狭い意味での国土の開発や地域の振興の問題に止まらず，日本国民すべてがより幸福で楽しい充実した人生を歩めることを目標にしており，その意味で国政全般にかかわる目標理念であるが，日本の国土に育まれてきた豊かな個性を再発見し，それを評価し，地域に真剣に生きる人々に「誇り」という糧を与えることに大きな意義を有する「心」「生き方」「文化」「哲学」を含む大きな目標であった。

3　地方創生（平成26年9月～）

(1)　背景・理念

地方創生政策の背景は，2060年あるいは2100年という長期の将来推計人口（国立社会保障・人口問題研究所・日本の将来推計人口）が示されたことに始まる。また，これに呼応して民間の有識者グループから「自治体消滅」という衝撃的な言葉が示され，人口減少に対する危機感が醸成された（このことに対する筆者の見解は本誌（公営企業2014年10月号『地方自治体は消滅しない』）[3]を参照されたい）。

人口減少は今始まったことではなく自治体が全責任を負うべきものではない。高度経済成長期の産業政策等に起因する国土総合開発政策の結果，過疎・過密問題が深刻となり，かつての人口減少の急激さは今日の比ではなく，それがもたらす地域社会への影響は，それこそ地域社会の崩壊を齎しうるほどのものであった。だからこそ，「一村一品運動」が企画立案され，過疎地域振興特別措置法・過疎地域活性化特別措置法，過疎地域自立促進法により国・地方を挙げて対策が講じられたところである。

これは過疎地域に限定されていたものとはいえ，全国の3分の1地域に及び十分に国家的課題であったのだが，地方創生の立案にあたっては，この人口減少問題を日本全体の人口減少ととらえる共通認識を国民にもたせようとした。そして，50年，100年という長期の人口推計をコーホート方式のもと国のみならず，全自治体にもとめ，「人口減少時代に突入した我が国の今後の対

---

(3) このほか，内貴滋「人口減少・地方創生」『自治日報』2014年10月3日号，「地方創生で失ってはならないもの」『町村週報』2903号，巻頭コラム，2014年12月22日号，全国町村会参照。

応」を求めた。

　また，地方の人口減少をもたらす「東京一極集中」についても地方創生の政策背景として再びとりあげた。この問題は今なお実現されていない日本の一貫した政策課題であって，昭和37年の全国総合開発計画から第5次，そして今日の国土形成計画に至るまで，「国土の均衡ある発展，即ち，東京一極集中の是正」は最大の目標であることに変化はない。ただ，一村一品運動提唱時においては「東京が初めて人口減少となった」ことにも見られるように，その時代時代に応じた状況変化により一律の予測は難しいことに留意する必要がある。

　地方創生において注目されるべきことは，東京圏の人口の過度の集中による「住みにくさ」の問題を通勤時間から住宅価格さらに福祉・子育てなどを幅広く取り上げ，出生率の低さに結び付け，東京も含めて地方創生に取組むべき必要性を訴えたことであろう。

　地方創生法は第1条において，「国民一人一人が夢や希望を持ち，潤いのある豊かな生活を安心して営むことができる地域社会の形成，地域社会を担う個性豊かで多様な人材の確保及び地域における魅力ある多様な就業の機会を創出すること」が重要であることが，第2条において「国民が個性豊かで魅力ある生活を営むことが出来るよう」などと基本理念も謳ってはいるのだが，上記のように，人口減少による危機意識をあまりに訴えすぎたために（減少局面である以上，数字の計算上は，ネズミ算式に減少を続けるのは当然で，日本の総人口は2100年の5,200万を経て，2500年には44万になるとの推計数字まで発言された。「自治体消滅」どころか，まさに「日本消滅」である。ただし，こんな長期にトレンドすることに意味があることなのか，疑問が呈されるであろう。）「人口を増加させる・維持する」し，そのために出生率を上げるという数値目標（2060年に1億人程度の人口を確保，国民希望出生率1.8）が設定された結果，一村一品運動や「ふるさと創生」のように，自らの地域の良さを見い出し誇りをもって「未来に向かって夢を持ってがんばる」という「地域づくりの心」が後ろに隠れてしまい「明るさ」を失いがちな面が否めなかったように思う。目標と手段・結果は常に裏腹の関係にあるので仕方がない面があるが，地域社会を魅力豊かなものにするために地域づくりに取り組んだ結果，一村一品運動のように「結果として」人口が増えるのである。道路を整備し，自然環境を良くし，老人や子供

にやさしいまちづくりをするのは人口を増やすためにするのではない。第一義的に現在，その地域に生きている人々の生活を支えるためのものである。

自治体の総合戦略の策定に携わった筆者の印象では，自治体としては，当初，人口推計の仕方やあまりに長期の期間おなじトレンドが続くとする方式に疑問や戸惑いが見られたが，やはり「自らの地域の振興こそ目標である」と捉えて，出生率向上に限定されることなく，幅広い総合戦略の検討がなされたものと理解している。

(2) 理念・哲学の大切さ

筆者としては「地方創生」の背後にある理念的なものをもっと強調してよかったのではないかと思う。前述のとおり，一村一品運動の「地域を思う情熱と心・スモールイズビューティフル」，ふるさと創生の「心の豊かさへの転換，地方が発想し国が支援する政策立案システムへ」などの実現すべき大きな理念があった。地方創生でも，前述のように地方創生法第一条などで一部謳われているのだが，新しい政策にはそれを裏付ける背景や新たな理念を分かりやすく訴えることが必要となる。一村一品運動やふるさと創生と共通する理念が必ず含まれてしかるべきであろうし，50年先，100年先の人口を予測する手法をとる以上，単に人口をトレンドして機械的に導くのではなく，統計の1は単に1ではなく一人の夢と情熱をもった人間としてとらえ，未来のありかたを大胆に語ってもよかったのではないだろうか。

英国に外交官として，さらには自治体の代表として足かけ8年勤務した経験から言っても，日本の一極集中は尋常ではない。ロンドンや英国の大都市は人口減少や活力低下が問題となっているのであって，問題意識は正反対とも言える。当時，60歳の定年を迎えた英国政府の友人を送る会などに出席したが，「Happy Retirement !」と「これから永年の希望であった，ふるさとに戻り楽しく暮らせる」と文字通り幸せそうであった。意識や生き方が違うのである。

東京一極集中を克服できない日本においては，地方への雇用の場など物質的な環境整備は重要であるが，それだけではない。故郷への思い，地域の伝統，自然環境，家族やまわりの人々への思いやり……これらの人々の生き方を支える価値観や文化などの理念・哲学こそ重要であろう。子どもころから地域で生

活していく素晴らしさを教える。そのためには親や教師がそう思わなければならない。高齢者が感謝され，尊敬される地域，親の背中を見て育つ環境，地域社会が持つ優れたものが国民共通の認識に育て上げられなければならない。

また，人口減少がもたらす負の面が強調されたが，小さくとも輝く道はある。それこそ東京の逆で暮らしやすさをはじめ，何よりも一人一人が個性を尊重され，温かい地域社会を築く基盤となりうる。このような価値観の転換や従来ともすれば軽視されがちだった地域社会の素晴らしさと未来を導く理念がもっと語られるべきと思う。

そして，そのためには地域社会の担い手たる自治体，議会，地域住民の自主性，主体性の確立は不可欠である。一村一品運動のように「突き放す」ことは無理にしても，国は，引き続き地域への支援に徹する姿勢を維持してもらいたい。一方，自治体も「自らに地域に責任を持てるのは住民とともに歩む自分たちだ」と霞が関に負けない気概を持つべきだ。35年前，国の反対を押し切り，中山間地域での米づくりを止め，花きに転換しようとした大分県大山町。「私権制限は憲法違反の懸念」と撤回を迫る国に「未来の子どものため，素晴らしい自然を守る開発規制条例を何日も議論し，私たちの手でまちの未来を決めたのです。」と負けなかった大分県湯布院町。当時の先駆者の思いは現在の自治体にも引継がれているはずだ。ふるさとの未来に責任を持てるのは自治体であり議会であり住民なのだから。地域の多様な価値を大切にし，それを育成し発展させていく，その姿勢を貫いてもらいたい。

Ⅱ 地域3政策における国の関与のあり方の差異
―― 全国総合開発計画との関係を含めて

1 一村一品運動

47都道府県の一つの大分県での運動であり，行政に依存しない地域づくりを目指す理念のもと，国の関与はもとより県の市町村に関する関与も原則としない。ただし，自ら自己責任により決定し，取組が始まった具体的な政策に対しては，県として加工技術支援，販路開拓への助言など補助金以外の支援策を講じた。

県の推進体制としては，一村一品運動は，もともと行政依存体質からの脱却が目標なのだから立案者である大分県は極力前面に出ず，地域づくりの自発的な運動になるように考えた。したがって「一村一品運動推進本部」などは一切つくらず，「一村一品」の認定・許可・指定などは考えもせず，それぞれの自治体に任せた。

一方，国の総合開発計画においては，このような地域づくりの新たな動きをとらえ，国の第3次全国総合開発計画は定住構想を掲げ，大都市の人口と産業の集中を抑制し，過密過疎問題に対処しながら，人間居住の総合的環境の形成を図るとし，定住圏整備の方向は「自治体が住民の意向を斟酌して定める」と明記した。そして，国は自治体の総合的政策の実施に配慮すべきとして，自治体の役割を各段に強化する方向を打ち出した。

2　ふるさと創生

ふるさと創生の理念は「地方が発想企画したものを，国が支援する」という新しい国の政策立案のシステムの構築にあった。ふるさと創生と軌を一にして策定された第4次全国総合開発計画は，東京一極集中の是正を図るため多極分散型国土の形成を掲げ，その実現方式として「ふるさと創生」と同じく「地域主導による地域づくりを基本に掲げた。昭和63年に普通建設事業費の内訳において，初めて地方単独事業が補助事業費を上回る状況となっていた。また，自治体の地域総合行政主体としての役割が増大しているとして，行財政基盤の強化の必要性が叫ばれた。これらの地方主導の動きは第二次臨時行政調査会答申，臨時行政改革推進審議会第一次答申，数次にわたる地方制度調査会の答申の中の「国と地方の役割分担の見直し」の考え方を踏まえたものである。

このように，一村一品運動やふるさと創生に示された理念は国土の総合的開発の基本方針に大きな影響を与えた。特に，計画の主体性においては，国主導による推進（第一次全国開発計画の拠点開発方式，新全国総合開発計画の大規模拠点開発プロジェクト方式）から地域主導の地域づくりを基本とする方向（第3次全国総合開発計画の定住構想方式，第4次全国総合開発計画の交流ネットワーク方式）に転換が図られた。この方向は「国が策定する計画が自治体の計画機能

を阻害することの無いよう，今後の全国総合開発計画に計画内容には国が本来果たすべき役割に関わる事項に重点化すべき」とする地方分権推進委員会の勧告などに沿うものとなった。

そして，この地域主導の地域づくりは第5次全国総合開発計画において，さらに徹底し，「国が主導する国土づくりではなく，地域の選択と責任に基づく主体的な地域づくりを重視し，積極的な地方分権の必要性が謳われた。その結果，従前は国が政策主体であり地方が執行する方式のものが，国の役割は指針を示すものに止め計画策定主体は自治体とする方式に移行している状況になっていた。

(1) 国の関与のあり方

一村一品運動は一切補助金を出さずというよりは，補助金からの決別を要請したものだが，ふるさと創生は前述のとおり，中央省庁や臨時行政改革推進会議等に対して全市町村が自らの振興策の企画立案能力を同じスタートラインにたって一斉に示すことが必要であるので，事業実施主体は全市町村である。実施期間は昭和63年度から平成元年度の約1年間としたが，国としては永続的な取組みに発展させることが期待と言う形で表明した。

財政措置は1市町村あたり一律1億円（昭和63年度補正2,000万円，平成元年度8,000万円）を地方交付税の基準財政需要額に増額算入した。なお，47都道府県にも広域行政機構として普及・広報等に要する経費を標準団体で概ね1億円を措置し全国の自治体全体で取り組むことを要請した。

その理念・目的は「一村一品運動」と同じであるが，「ふるさと創生」は全自治体でその企画力を示すものであるので補助金を財源とすることは不適当であった。自らの財源で実施しなければ「自ら考え自ら行う」ことにはならない。そこで，地方交付税交付金という国が一切使途を指示することができない，地方共有の地方の財源で措置したものである。自治体や中央省庁にもこの点を強調し，自治体には自らの財源であり遠慮せずに自ら考えて必要な政策を立案することを強調する一方，中央省庁には補助金ではないのだから，一切国は口だししないでほしいと要請した。

事業内容としても地域自ら考えることであるので，国は一切「枠」を嵌めず，

一村一品運動と同様「白いキャンバス」に自由に絵を描いてもらった。したがって，各地域の特性を発見し地域で共有し，多様な歴史伝統，文化，産業等を活かし，その地域ならではの立案を求めた。人材育成，むらおこし，地域間交流，国際交流，伝統文化継承，地域特産品の開発，ブランドづくり，地場産業の育成，イベントの開催，地域福祉サービス，健康づくり，生涯学習など多様な振興策が示された。従前のハード重視の風潮からはじめてソフト政策へ目を向ける動きとなった。

ただ，国としては次の点に留意した。第一に「地域づくり」は息の長い継続性が必要となるので，「一億円」で皆で考えた「地域の事業」を永続的な地域づくりに発展できるよう「ふるさとづくり特別対策事業」，「地域総合整備貸付制度」など新たな制度を構築した。特に，自治省と建設省，農林水産省などの各省が協同で行う新たな事業を構築した成果はその後の地域づくり支援制度に大きな影響を与えたものであった。第二に立案過程を大切にすることである。一村一品運動と同様，自ら調べ自らの特性・課題を認識し地域で共通認識を持つことが重要である。立案に際して執行当局だけでなく地域議会，地域住民全体の参画のもとに地域の知恵を結集することを求めた。第三に事業の成果の公表である。日本全体の自治体としての取組であるので，他の自治体の参考に供するため広く公表することを明記した。

(2) 推進体制

この事業の立案責任省庁は自治省であったので，自治省内に事務次官を長とする「ふるさと創生推進本部」を設置し，事業の円滑な推進を図った。一方，政策は多岐に亘るので，内閣に「ふるさと創生・地域活性化の推進に関する関係省庁連絡会議」を設置し関係省庁の施策の連絡調整やあくまでも地域の自主性を尊重した支援の検討などを行うこととした。

3 地方創生

地方創生も，地域の努力で積み重ねられた地方分権や地域主導の地域づくりの考えを基本にするものである。地方総合戦略の策定を「努力義務」としたのもそうであろう。ただ同時に，国，都道府県，市町村が一体となって人口

減少問題の克服に取り組むことが要請され，国が長期ビジョンと総合戦略を策定する一方，努力義務とされた地方版長期ビジョン・総合戦略について県に対しては国の総合戦略を勘案することを求め，市町村に対しては国及び県の総合戦略を勘案することを法律上の要請として求めた。その結果，国から多くの参考資料や手引きが示されることとなった。これは画一性を要請するものではないが，往々にして他の自治体の動向を斟酌せざるをえない傾向を生むこととなる。また，策定プロセスや検証についても国から期待が示され，後述のとおり検証機関の設置や重要業績評価指標の設定が要請された。

　財政措置においてもその規模，質ともふるさと創生をはるかに上回るものである。ただ，ふるさと創生と相違し，地方交付税交付金ではなく，新型交付金（2014年度地方創生先行型交付金，2015年度補正予算地方創生加速化交付金，2016年度地方創生推進交付金）として自治体の自由度は尊重されるよう配慮されるとは言え補助金適正化法等の制約をうける交付金であるので，交付申請から交付決定手続きなど補助金と同様な手順が必要となる。また，各省の地方創生支援策は，まさに従前の補助事業体系で行われるものであるので同様である。

　したがって，これを受け入れる自治体は自らの政策立案のもとに，これらの新型交付金や各省補助金を活用するとの視点で主体性を維持することが望まれる。そうしないと『一村一品運動』が目指した補助金からの脱却，行政依存の体質からの決別という地域づくりに最も必要な気概が持てない。

　地方創生においては，一村一品やふるさと創生にはない幅広い支援策が講じられている。即ち，地方版長期ビジョンや総合戦略策定等を支援するため国家公務員や大学研究者などを小規模市町村に派遣する「地方創生人材支援制度」や「地域経済分析システム」による情報支援などである。また，具体的事業の支援としては総務省の「地域おこし隊」など各省の支援策が展開されている。一村一品やふるさと創生による地域の自立を担当してきた筆者にとっては「至れり尽くせり」の感が否めないが，自治体の「自ら考える」ことや「地域の人々こそ地域づくりの担い手」であることを阻害しないような支援が求められる。特に，総合戦略の策定などの「考える」部分については十分な配慮が必要であろう。むしろ，平成27年度補正予算で措置された「地方創生カレッ

ジ」や「地方創生マイスター」のように地域づくりの担い手たる地域の人々を主役にした人材支援制度のほうが本筋であろう。

一方，国は本来，国として果たすべき政策も展開している。国の機関の地方移転や「ふるさと納税制度」・「企業版ふるさと納税制度」や新規の企業の本社機能の地方移転促進税制などの税制改正である。

(1) 関与の手法

今回の地方創生政策で今までにない手法の特色として3点が挙げられる。第一は，統計的手法を前面に出して，政策を客観化しようとした点である。統計的手法により人間を見て，男女別，年齢構成別などから，趨勢をトレンドし，将来を推計した。これは国としてはやむを得ない面があるが，統計の前提が妥当か，これほど長期に推計することが有効なのか（戦前の1941年の段階で50年後の1991年を予測することともなる），という根源的な問題を大胆に割り切っており，また，前述したように統計上の1は実は一人の夢と希望を持った人間であり，一村一品運動での離島「姫島村」が弛まぬ研究と努力により民間が投げ出した「エビの養殖」を成功させ，人口専門家と称する者の予測を裏切り人口を増加させ次男坊団地を形成したように，地域と人々はある意味で無限の可能性を秘めていることを忘れてはなるまい。

第二は，一村一品運動やふるさと創生では意識されていない，自治体間の広域連携の必要性に言及している点である。前二者は理念でも明らかなように自立自助が目的であるので，他に依存することは念頭に置かれていない。他人を羨ましがらず，自分の芝生に目を向けて身の丈にあった生き方を求めたのである。一方，地方創生は，今後の国・地方を通じた財政環境の厳しさや，自治体間の税財政力や管理能力の差異がある現実を踏まえ，県・中心都市・中核都市等に対して広域的な連携の必要性を訴えている。これは，英国を中心とする City Region（大都市圏都市），City Deal（都市協定）に通ずる政策であり，自治体間のみならず，民間，ボランティア団体，地域コミュニティなどに対して広く連携（Partner Ship）を求めるものである。第三は，後述する業績評価に客観的指標を設定する手法を持ち込んだことである。

(2) 推進体制

　地方創生の推進体制は，一村一品運動はもとより，「ふるさと創生」と比べても大規模なものであり，文字どおり国を挙げての推進体制が組まれた。まず，地方創生法という特別法を制定し，担当大臣が置かれ総理大臣を本部長とする地方創生本部のもとに全省庁を挙げての推進体制が組まれている。

Ⅲ　地方創生の事業評価（主体・方法）の意義と課題

1　一村一品運動

　理念から考え，県が評価することは一切なかった。県が唯一行ったのは，当時，一村一品運動に賛同して寄付された寄付金をもとに「大分県一村一品運動推進基金条例」を設置して，県下に各界の代表者が構成する推進協議会に運用益金を交付した。推進協議会では評価というよりは，一村一品運動を盛り上げる人づくりや団体を顕彰・表彰する事業を行った。理念で示したように，どんなに小さな，そして条件が恵まれない自治体であっても必ず「身の丈にあった振興が図られる」ので他の自治体は競争相手ではない。その結果は，自治体自身が考えることであった。

2　ふるさと創生

　ふるさと創生は「自治体・地域には国に負けない企画力がある」ことを示してもらうことに意義があるので国は「自ら調べ，自ら考えて，自ら実行する」ことだけをお願いし，そのほかのことは何も言わなかった。地方創生のように，国の指針やマニュアルなどを示すことは一切なく，すべて自ら考えてもらうことにした。ただし，結果については報告を求め，それを集約して，その後の国の支援策の基礎とした。

　これは，地方交付税交付金で財政措置した以上，当然のことである。国会審議において「一億円で酒を飲んで良いのか。それでも国は黙っているのか」との質問があった。「自治体で，夜なべ談義を繰り返しふるさとの振興を語り明かすのにお酒が必要と判断し，その予算を議会が承認する以上，国は，それはダメだとは言えません。無駄使いかを含めて事業を評価するのは自治体・

地域の住民ですから」と言う答弁である。自ら考えた責任は自らとってもらう，その前提で事業を自由に考えるという方針であった。一つ一つの事業評価は自治体・地域で行い一切口を出さなかった。

その結果，3,300の自治体は自由に発想し，人づくりを中心に特産品開発，地域文化，観光，産業振興，環境，国際交流など幅広い企画がなされ，何よりもそれを住民とともに企画立案するというプロセスが重要視された。ソフト政策に価値を見い出したことも指摘に値しよう。

国としての役割は，地方が評価されるにたる存在であること，そして一億円を契機に地域で考えた振興策が一過性のものでなく永続するように支援することにあると考えた。ふるさとづくり特別対策事業などの新規政策で継続的な支援策を講じた。その際，建設・農水など各省との連携を図った地方単独事業制度を創設したことも画期的なことであった。現在に続く人づくり政策として地域のリーダーの養成を図る「地域づくり養成塾」なども先駆的な制度として立案した。

3 地方創生

地方創生の事業評価は，「重要業績評価指標（KPI）」による評価方式が要請されている。これは，業績評価が世界で最も進んでいるのは「地方自治の母国」と言われる英国の業績評価制度であり，それが参考にされたものであろう。英国の業績手法で示されたPI（Performance Indicator）[4]の手法は，今日の世界の趨勢である「事前管理から事後評価へ」という進行管理の先駆的取組であった。事後管理は事業主体の自主性を尊重し，管理者側のコストは低いと考えられ，果敢に実行された。しかし，手法によってはかえって弊害をもたらす。英国の業績評価も一定の成果があがったものの，最近，廃止された。「地方創生」において，国は目標設定や業績目標管理を要請し，数々の指標を提示している。地方創生を成功させるために留意すべき点は何だろうか。

地方創生に必要なこと——業績目標・指標はリストから選ぶのではなく自ら

---

(4) 英国業績評価制度の詳細は，内貴滋（2016）『英国地方自治の素顔と日本』ぎょうせい，345-381頁，及び「外部評価と住民の視点——英国行政サービスと新CPA制度」『地方財政』2006年2月号地方財務協会参照。

創造するもの。

　一村一品運動もふるさと創生も，白いカンバスに自由に絵を描いた。自ら決めたからこそ自ら責任を負う。多くの失敗もあったが，その経験は地域で共有され明日の地域づくりの礎になる。地域づくりに王道はない。時間がかかっても皆でつくりあげて行くものだ。業績目標管理で短期での成果を求めることは，この地域づくりの本質を見失わせることに繋がる。国は地方を信頼し，地方に白いカンバスを与え，息長く見守る度量が必要だ。

　国が短期に成果を強要し，また国の視点で事業効果を厳しくチェックすることになれば，新型交付金も従前の補助金と何らかわらない。自治体が自ら立案し責任を負うのであるから，目標設定から業績評価まで，国ではなく自治体自ら行うべきである。国はそのことを実態的にも自治体に保障することが必要だ。国が示した指標は，あくまでも参考だ，という姿勢を徹底してもらいたい。多様性に富む「地域」を苦しめた英国の轍を踏んではならない。一村一品運動が求めたように「失敗を恐れず挑戦する」「失敗してもその経験は地域で共有され将来の大きな力になる」と包容力を示すことも必要ではないか。

　自治体も自らの地域の特性を大事にし，独自の価値を見い出す努力が必要である。都会では「緑の創出」に価値をおくだろうが，田園地域では「緑の維持・活用」が目標となろう。社会資本整備が急務の地域もある。「福祉のまち」「レタスの村」「音楽の街」が目標となる。「星空の綺麗な村」や「映画館の無いまち」があって良いのである。金太郎飴のような日本ではなく，個性豊かな多様な地域こそ地方創生の目指す目標ではないだろうか。それに日本の自治体には議会，監査委員会，内部の行政評価制度，さらには国にはない住民監査請求制度もあり，住民自治，団体自治の観点からも英国に負けない優れた評価制度を持つ。だからこそ，国は地方を信頼する姿勢を示し，進行管理全般について地方の判断の自主性を尊重してくれると期待している。

　一方，自治体においても行政評価に当たって留意すべきことがある。それは行政サービスの評価の主体はサービスを受ける住民である，ということだ。数値的な目標は一つの指標に過ぎず，割り切った簡略されたものに過ぎない。福祉政策にしろ，対象となる住民が満足できたか，どの点が不満であったか，そのことを配慮する努力が行政には必要である。英国でも廃止するに至る過程

で，住民のアンケートの導入など工夫がなされ指標の見直しが行われた（それでも廃止されたのだが）。行政が，政策評価する一つの限定されたものに過ぎないことを忘れてはならず，また，地域づくりは各個別の政策が良いからといって全体の評価が良いとは限らない。政策体系や事業体系など全体を見て，受益者である住民の立場に立った謙虚な姿勢が必要である。

おわりに

　地方創生は国，県，市町村，地域がそれぞれの主体性のもと，相互に信頼し，協力しあって行う一大事業である。何としても成功させなければならない。そのため次の３点について述べておきたい。

　第一は新しい政策を立案した場合，その内容が斬新であればあるほど，その規模が大きければ大きいほど，関係者が多ければ多いほど，反発や抵抗を受ける。一村一品運動では「なぜ，一村一品なのか？二村一品や一村三品でもよいのか，今まで積み上げてきた広域営農団地による定時定量の出荷体制を否定するのか」など時の農政部長に怒鳴り込まれた。「ふるさと創生」では「何故300万を超える横浜市と200人しかいない青ヶ島村が同じ一億円なのか。金塊を買ってもよいのか」マスコミなどの批判を受けた。それでも，丁寧に目的・理念を説明し，一緒に考えることにより共に取り組むことが出来た。「地域づくりに教科書はなく，実践の中から政策は創り上げられる」「歩きながら考える」のである。今回の地方創生においても補助金適正化法や会計年度独立の原則の中で自治体の自由度を拡大する努力や複数年度交付可能にする取組など新しい挑戦は随所に見られる。どうか辛抱強く挑戦を続けて欲しいと思う。

　第二は，何よりも必要なのは相互の信頼である。例えば，地方創生の意図する「広域連携」においても自治体間の信頼が不可欠である。交通・通信網が発達した今日，地域住民の生活は居住市町村の区域に限定されるわけではなく生活圏域は行政境界を越えて広がる。政策の根底に中心都市と周辺地域が相互に支え合っていることを認識しておくことが大切である。もし中心都市の住民が周辺市町村の住民を一方的に助けているという意識を持ったとすれ

ば，それは間違いである。それは負担金を払うことに矮小化されるものではない。都市は生きていくうえで必要な水，電気，環境，食糧などを周辺の田園地域から受けている。災害防止の上でもそうだ。一方周辺地域も都市の病院など様々な都市施設によりその利便性を享受している。相互に依存していることを共通認識に持ち，対立ではなく共存していかなければならない。また，連携の主体も自治体のみならず民間，NPO，ボランティア，地域コミュニティも当然含まれるであろう。そして，前述したように国は地方を信頼し，自治体はその信頼に足ることを示して欲しい。英国では地域主義の考え方に基づき国の出先機関を全て廃止するとともに，原則として政府補助金の使途制限を廃止した。また地域コミュニティの役割も強化した。多いに学ぶべきことと思う。

　第三は「地域づくり」の重要性は世界中に共通のことである。一村一品運動が，その後，北海道や各地に拡大したばかりか中国，韓国，タイ，インドネシア，ミャンマーなどアジア諸国，イスラエルや東欧に至るまで「自然条件の恵まれない地域開発の手法として発展展開した。一方，地域づくりの課題でも世界共通である。例えば，「地方自治の母国」と言われる英国においても常に「効率性」の問題である。地方創生を含め行政に求められる「効率性」は，往々にして「地方民主主義」の発展と対立する。困難な問題ではあるが，政策の本質である目的・理念を見極め，真の民主主義即ち地方自治の発展に寄与されるよう考えるべきであろう。

　「民主主義は農村，小都市の狭小な地域から生まれ，地方自治は民主主義の最良学校」という政治学者ブライスの言葉を今一度思い出し，地方自治や地域づくりの心や原点を失わず努力を続けて欲しい。日本にはその力があるのだから。国，自治体，地域の人々に応援のエールを送るものである。[5]

（内貴　滋）

---

(5)　本文で引用した論文以外で地方創生に関する筆者の見解を記述した主な論文は以下のとおりである。
　　読売新聞（2015.1.15）「明日を語る」地方主導活力を生む。
　　読売新聞（2015.2.24）「論点」地方創生に必要なもの。
　　朝日新聞（2015.2.14）「あのときそれから」一村一品運動。
　　「地方創生と都道府県の役割」一村一品運動とふるさと創生を担当した立場から『議会報』№465，2014.12.15，4-5頁，全国都道府県議会議長会。

第7章 農業政策の推移と現段階
―直接支払いの意義と限界を中心に―

I 問題の所在と本稿の課題

　本稿の課題は，農業政策の段階的変化を確認した上で，今日の農業政策の中心を占める直接支払い型の農業所得補償政策（以下，直接支払いという）の意義と限界について検討し，農村地域振興の立場からこの政策をどのように理解し活用することが必要であるのかについて論点を整理することである。

　農山漁村の経済振興を図るためには，地域の産業全体の中で大きな比重を占めている農業の振興をめざす努力を避けて通ることはできない。そしてそのためには，各農家の特性に応じた意識的な努力を適切に組み合わせて，地域の力として生かしていくことが不可欠である。その際に必要なことは農業生産を担う人々が生活を支えるための農業所得を確保できるという客観的な条件を満たすことであるが，同時にその前提としても，農業経営に対する各種の国家的政策を活用することの正当性を農業者が了解し，その信念と自信に支えられた意欲と責任感をもって産業活動を担うという主体的な条件が満たされることが必要である。

　現時点でこの点を特に強調する理由は，今日の農業政策の中心を占める直接支払いが，その受益者たる農業者にとって自らが政策的支援の対象とされることの正当性を即自的に了解できるものでは必ずしもなく，したがって農業経営を成り立たせている農業政策の持続性・安定性を信頼して，自らの経営・投資戦略を決定することが困難な状況にあるとみられるからである。

　直接支払い，特にその典型というべきデカップリング型政策（農業生産規模と所得補償額との連動関係を断ち切った＝decoupleした交付金の支給）は，マクロ的な経済・社会状況の下で農業労働が当然に得るべき所得をもたらさないと

第 7 章　農業政策の推移と現段階　125

いう現実の下で，国家が農業者に対してその労働の正当な対価の不足額を補償するという形をとっていない。それは典型的には，過剰農産物の生産を圧縮したり，農産物輸入を自由化する結果として国内生産を縮小（したがって農業労働を縮小）する政策をとることに対する補償政策に見られるように，より少なく働くことを約束した場合に与えられる所得補填策——労働しないことを条件とする支援策——とならざるをえないから，形態的・外観的には産業政策ではなく社会政策・福祉政策として受け取られやすい。その結果，直接支払いは農産物輸入自由化の段階的拡張の際などには一時的に社会的承認を得て拡張・整備された後，時間の経過とともに社会的批判の対象となり，政策規模の縮小へと向かうという経過をたどりやすい。そうした状況の下においては，その受益者たる農業者自身が直接支払いに拒否反応を示し，補償水準如何によっては政策の受益者たる資格を放棄する者が増加する。この結果，農業政策の実態は世論の動向や農業関係団体の判断に左右されつつ，不安定で長期的見通しを欠いた内容になりやすい。このように今日の農業政策は，生産者の感覚・意識に十分にフィットしたものとは必ずしもいえず，生産者がそれを有効に活用しようとする意欲を持続することは困難である。

とはいえ直接支払いは，農産物価格保護政策が当該農産物の過剰生産＝過剰在庫をもたらして更なる価格保護政策を必要とし，そのための財政赤字を増やしてしまうという悪循環を回避する政策手法として案出されたものであるから，それを放棄して価格政策に復帰することによって問題が解消できるわけではない。また主要先進国の農業政策が農産物輸出国・輸入国を問わず，一様に直接支払いに傾斜していることから見ても，個々の国の判断で直接支払いへの流れに抗することも困難である。

今日，農業政策の支えなしに農業経済が存立しえている国は無い。それだけに農業政策の基本的性格を把握し，適切な農業政策を活用して農業の持続的発展を可能にすることが求められている。世界各国の農業政策は1995年の世界貿易機関（WTO）の発足前後以降，直接支払いを中心とする段階に短期間に移行した。それ以来，すでに指摘されているように，「WTO農業協定ではデカップリング型の直接支払い以外の農業助成の多くは削減対象とされているので…農政においても学会でも直接支払い政策はいわば当然の前提になっ

てしまっており，その是非を問うことは稀である」(田代洋一，2011；71頁) という現状である。

　本稿はこのような問題意識にたって，Ⅱにおいて日本における農業政策の歴史的な推移を整理した上で，直接支払いが採用されるにいたった事情を確認し，Ⅲにおいて日本の直接支払いの手本となったアメリカ・EUについて事情を対比的に整理する。その上でⅣにおいて直接支払いの持つ問題点＝副作用に注意を喚起し，Ⅴにおいて今後の農業政策の活用にあたって直接支払いにどのように対処すべきかを論ずることとする。

Ⅱ　農業政策の諸段階・諸類型

1　資本主義下の農業政策

　資本主義経済の下で農業部門は主として家族経営形態＝小農制の下で営まれている。地域により時代によってはそれが雇用労働に依拠した企業的経営によって営まれる場合もあるが，前時代から引き継がれた家族単位の土地所有，自然変動や作物・家畜の成長に合わせた適時の作業の必要性等の条件の下では，契約にもとづいて労働時間・労働内容が定められている企業的経営では十分に効率的な農業経営を行えないからである。

　人間労働を雇用労働形態で調達する企業経営が中心を占める資本主義経済の下で，農業経営体が確保できる所得は発展的産業で働く賃金労働者の所得に比較して低い場合が通例であるが，その理由は小規模な経営体間の市場確保を目指す競争が農産物価格を経営が存続可能な最低水準まで引き下げる傾向を持たざるをえないことである。

　企業部門とのそうした所得格差の下では，企業部門の雇用の対象となる条件を備えた世帯員は農業部門で就業することはせずに農外部門の雇用労働に従事する傾向を持つことになるから，農業を中心とする自営業部門の就業者は高齢者が中心を占めざるを得ないし，逆に企業部門が需要しない高齢者が就業者の多くを占めるがゆえに，自営業部門においては低所得でも経営体として存続することが可能になっている。

　国民経済が農業に要請するものは物的には農産物の適正価格での適正量の

供給であるが，それが可能となるためには同時に農家経済の順調な維持のために農業所得が確保できることが必要であり，さらには農村社会・農業者集団の政治的・社会的安定（農家が農業政策を含む国民経済運営に対して強い不満を持たずに，それに沿った経営行動をとること）が要請される。農業政策はこのようなマクロ，ミクロ両次元の目標の両立を目指して展開されるが，農業政策が具体的に追求する政策目的と政策手法はどの国においても一定の推移をたどることが多い。以下，近代日本における農業政策の推移について整理しつつ，この点を検討しておこう。

2　農業政策の諸類型・諸段階

　農業政策は種々の指標によって区分され，その特徴を対比的に把握されている。たとえば，政策対象に即した個別的な区分（土地政策，飼料政策，農産物流通政策，農協政策等），農業分野に対応した区分（コメ政策，畜産政策等），政策手法による区分（低利資金供給政策，補助金政策，規制政策等），追求する政策効果による区分（小農維持政策，構造政策，産業政策，地域政策等）などの区分が用いられている。これらの区分のうちのいくつかについては，農業政策の性格を理解する上で詳細な検討を要するが，ここでは本稿の課題である直接支払いの性格をとらえることに考察範囲を限定して，農業政策の時代的推移を最も単純に示している①生産支援政策，②価格政策，③直接支払いという3段階に区分して論点を整理しておきたい。もちろん，今日の日本農業においてもこの三者が併存しているが，主要な政策の推移については，この順序での変化は明瞭であるから，この点を日本の農業政策の推移に即して確認することを通じて，各政策類型の移行の論理を明らかにしておこう。

(1)　生産支援政策

　資本主義経済の発展過程においては，雇用者が増加し労働生産性が上昇していく下で，増加する人口に良質の食糧を供給することが国民経済に対する農業部門の責務となる。しかし利潤を生産の動機とはしない小農制はこの課題に十分に答える内的動機を持たないし，それが得る農業所得額の制約からしてもそのための十分な投資力を持っていない。そのため，国民経済が要求し，

生産者自身では十分に提供できないこの課題にこたえることが初期的な農業政策の課題となる。

　日本において農業生産の増強政策は以下のような内容で展開されてきた。まず近代以前から高度成長期までの長い期間にわたって，消費物資の中心を占める農産物の生産増加は生活向上のための不可欠の前提であったから，米の増産を可能にする新田開発・灌漑・土地改良の助成，芋類等の備荒作物の奨励普及，農業生産を阻害する紛議等への行政的介入（水利紛争に対する水利組合法等による秩序付け，小作争議の仲裁等）がなされていたし，農談会・品評会・種子交換会等による生産技術普及の奨励から始まって，国家の財政力の充実にともなって耕地条件の改善を目指した耕地整理法（1899年。交換分合，耕地の拡張・方形化。人数・面積・地価の3分の2以上の同意で不同意者にも工事への参加を強制できる仕組みの導入等），開墾助成法（1919年。利子補給方式から1929年に40％の補助金方式へ変更）等が施行され，国家の積極的奨励によって生産基盤の拡充が追求されている。各県に農学校が設置され，生産技術教育を受けた卒業生たちが農民に技術普及・生産指導をする町村農会の職員となって現場における技術進歩，生産増加を支える体制も農会法（1899年），新農会法（1922年）で完備し，各県ごとに農業試験場がおかれて，地元の気候・風土・消費慣行等に見合った品種改良・生産技術の研究と普及を担う体制も整備された。

　こうした生産支援政策は戦後の食糧不足期にも引き継がれた。特に各県の農業試験場が行ったコメや特産物の品種改良の成果は生産量の増加，食味の向上等の面でめざましかった。その結果，農地改革時には10アール当たり平均300キロに過ぎなかったコメの生産量が短期間に500〜600キロ水準に上昇したし，消費者の嗜好の変化に対応した蔬菜類の普及，果物の糖度の向上等も実現していったのである。

　こうした生産支援政策は今日でも無くなったわけではないが，政策の効果のゆえに農業生産が過剰となり，多様な品目の開発ゆえに個別品目ごとの消費量は減少し，他方では輸入食料が継続的に増加したためもあって，生産増大を目指す政策の重要度は低下してきた。農業試験場の課題も当初の生産力の上昇から，食味の向上を通じて高価に販売できる奨励品種を開発するなど，農

家経済の改善に結びつく方策——実質的には価格政策——に接近する傾向を強め，政策全体が次第に価格政策にシフトする方向をたどることになった。

(2) 価格政策

生産支援政策の効果によって生産量が増加し，輸入増加・需要減の下で生産過剰が表面化すると，農業政策の中心は農家経済が立ち行くことを求めて農産物価格を維持し引き上げる方向に重点を移していった。

日本においてこの段階は，食糧不足が解消された高度成長期に本格化するが，農家経済にとって重要ないくつかの品目については戦前からこの政策が始まっており，その対象品目の中心はコメであった。1921年の米穀法から開始されたこの政策は，米価低落時には国が米を買い入れ，米価が上昇した時点でこれを売却することによって米価の安定を図る仕組みであったが，これは米騒動（1918年）前後に米価が短期間に急上昇・急落を示した事態に直面した政府が，農家所得の確保と消費者の利害の双方を意図したものであった。その後，昭和恐慌時（1930年以降）に米価の惨落が生じたためにこの政策は強化されざるを得なくなったし，続く太平洋戦争期には，食糧の大半が統制の対象となったためその価格も統制されたが，食糧増産の必要から生産者価格は高く設定され，政府が農業者から購入する際の米価が消費者への政府売渡米価よりも高いという逆鞘状態（二重米価制）によってその財政負担額は急増していった。

戦後になると，戦時から引き継いだコメの完全統制政策の下で農家の農業所得の多寡は米価水準によって強く規定されるようになったから，コメ不足の期間はもちろん，1960年代半ばにコメ過剰に転じてからもしばらくは米価を高めに設定して農家の経済状態を良好な状態に保つことが，経済成長のための国内市場拡張策の一環としても必要とされていた。同時にこの過程では，コメ以外の各種の農産物にも価格維持のための諸施策が導入された。特に農産物の輸入自由化が進展した1960年代以降，WTO体制の下で貿易自由化の圧力が各国の政策を直接に規定するようになった1995年までの時期においては，国産農産物の価格を国際価格よりも高く維持する政策がとられ続けた。そうしなければ農家の経営は維持できず，結果的に地方経済が都市経済に比較して大幅に落ち込んでしまい，いびつな国民経済になってしまうことが危惧された

からである。

　価格政策の手法は多様であり，それが需給均衡価格水準を修正する程度も種々であったが，価格政策が最も拡張されていた1970年代～1980年代においては日本の農産物生産総額の8割前後が価格政策の下に置かれていたといわれている（佐伯尚美，1989：184頁）。

　戦後ほぼ一貫していた保守政党優位の政治状況に農民が支持を与え続けることは支配政党にとっては重要な政治的成果であったが，そのためには農家所得がその生活を支えるだけの水準を維持することが必要であった。1980年代まではそのために最も効果的であった政策が価格政策であり，政権政党がそのために奮闘している姿の持つPR効果によって農村部は保守政党の牙城としての位置を維持しえたといえる。

(3) 直接支払い

　価格政策の難点は，国内的には農家所得を増加させて増産をもたらし，それが更なる価格政策を必要とするという悪循環によって財政支出を累増させてしまうこと，全階層の農家に所得増加効果をもたらすので構造政策に逆行することである。同時に価格政策は農産物の輸出国から強く批判されて国際摩擦を高める要因となり，製造業製品の輸出によって成り立っている日本の通商政策そのものへの批判にもつながりかねなかったので，国民経済の要請として農産物の輸入自由化が求められ，それを可能にするために価格政策の主要な手段である各種の貿易制限が放棄されざるをえなくなったという事情もあった。

　価格政策の代表例であったコメの場合，この方向への政策修正の第一歩は1969年に開始された生産調整（転作，減反）であり，転作を義務付ける代わりにそれによって失われた所得の一部を転作奨励金として現金給付する仕組みの採用であった。ただしこの政策は直接支払いの形態をとっていたとはいえ供給を減らして米価を維持するという価格政策であり，両者の過渡的な混合物であった。生産調整の目標面積は1万トン（1969年），22万トン（1976年），54万トン（1980年），102万トン（2003年）と増加を続け，財政支出のうち直接支払い形態部分が増加していった。WTO発足に対応した新食糧法の制定（1995年）とその改訂（2004年）を経て政府買い入れは備蓄米部分だけとなり，

基本的には自由流通の下で直接支払いが中心になるに至った。2007年からはコメの販売収入が標準的収入を下回った場合に減収額の9割を生産者1，国3の割合で積み立てておいた基金から補填する仕組みが開始され，WTO規則に対応した直接支払いの形式が強化された。交付金の支払い対象を大規模農家に限定していた2007年の方式が民主党への政権交代によって規模要件を撤廃され（2010年），自民党の政権復帰によって再度制度の改定がなされるなど，政策は大きくゆれながら価格政策の廃止と直接支払いへの置き換えが確実に進行したのである（谷口信和ほか，2010；153頁以降）。

同時にコメ以外の品目についても，WTOの容認する政策への組み換えが進み，生産者・国の積立金を原資とする補償措置等が採用・強化されて，直接支払いの比重が高まってきた。たとえば日米間の協定によって牛肉の輸入が自由化された1991年には国産の牛肉価格低下対策として販売価格が生産コストを下回った場合に，その差額の8割を生産者と国が資金を負担した積立金から補填する制度が作られ，TPP合意（2015年）への対応策としてこの割合が9割に引き上げられる予定になっている。直接的な価格政策は採用せず価格の低下は放任した上で，生産者がほぼ従来同様の所得を得られるように直接支払いが導入・拡大されてきたことが明らかである。

他方，2000年以降に順次導入された中山間地等直接支払い，環境保全型農業直接支払い，多面的機能支払いは，コストの高い農業・関連作業を担っている地域・生産者に対して直接支払い方式で財政資金を流す施策であり，EUの条件不利地域対策，環境支払いが国際的に定着してきた流れを受けて導入されている。

このように価格政策の組み換えと，農業の外部経済を重視した特別措置の両面で，国際標準となった直接支払い方式が日本でも農業経営対策の主流となるに至ったのである。

III　直接支払いの導入・定着過程——アメリカ・EUの場合

1　直接支払いの理念

直接支払いという名称は，生産増強施設への補助金や価格政策のための財

政支出によって間接的に農家の所得を増やすのではなく，金銭を直接農家に給付して農家所得を増やす政策手法を意味している。個々の家計に対して国が直接に所得を与えるという政策手法は，個々の経済主体の自己責任と自由意思を原理とする資本主義経済にとって原則的には禁じ手であるが，農業政策においてはその手法が容認され，価格政策に代替しつつ拡大してきたのは何故であろうか。それは，直接支払いがそれ以前の価格政策の悪循環——「先進資本主義国では主要農産物のほとんどについて軒並み構造的過剰に直面し，価格政策の運営に苦慮している」という事態（佐伯尚美，1989；194頁）——を断ち切るための経済合理的方策という側面を持っていたことと，アメリカ・EUがこの政策を先行的に採用していたために農産物貿易自由化に向けた国際交渉の中でこの手法が肯定・推奨されたという事情によるのであろう。具体的には1995年に世界貿易機関（WTO）が発足し，国内農業を保護する政策を①「黄の政策」（削減を義務付けられる政策），②「緑の政策」（実施が認められる適正な政策），③「青の政策」（望ましい政策ではないが，一定の条件の下で削減義務を免除される政策）に区分した上で，価格政策の多くを削減義務対象に位置づけたため，各国は農業政策の財源を直接支払いに振り替えていく措置をとらざるをえなくなったのである。

　もとよりこの背景には国際的に主流的な経済学が1980年代以降，ケインズ経済学から新古典派経済学に移り，市場の役割に基本的信頼をおいて国家の政策的役割を限定していこうとした発想が，各国の政策当事者の政策立案姿勢を強く規定するようになったという変化があった。その考え方によれば各商品の需給関係によって決定される自然な価格を超えて国家が一定の目的にそった方向に価格を動かそうとする限り，資源配分の不適合が生じるから，何らかの国内的配慮によって経済政策をとらなければならない場合でも，生産活動に影響を与える価格政策ではなく，生産活動に中立的な政策が望ましいとされている。農産物貿易については，輸入国が国内農業を保護するために政策を採る場合，高い関税を設定して価格引上政策をとるのではなく，輸入を自由化して需給にそった価格を実現し，それによって低下する農業所得を事後的に直接支払いすることが正当とされたのである。また過剰農産物をダンピング輸出によって処理するのではなく，国内価格を国際価格に接近させて貿易の歪みを

解消し，必要であれば国内的に直接支払いを採るべきであるとされている。消費者負担型の政策は市場を歪めて経済効率を下げるので，価格低下による消費者余剰の一部を税で吸収して財政負担型の政策に転換することが経済的効率性を高めるという理解がこうした政策論を支えている。

もちろん経済政策の転換の必要性が現実の要請として先にあり，経済理論・経済思想によるその合理化は後からついていくものであるから，直接支払い導入の論理を理解するためには，政策の現実を見ておく必要がある。そこで以下，アメリカとEUについて政策転換の実際を一瞥しておこう。

2　アメリカ

欧州からの移民が先住民を追い払いながら農地を次々に私有地として分譲されたアメリカでは，大恐慌期まで農業保護政策はほとんどなく，自由主義経済が農業でもほぼ貫徹していた。しかし大恐慌によって農産物価格が惨落し農業経営が維持できなくなった結果，1933年に農業調整法が制定され，各種農産物の生産調整と価格支持融資（市場価格が融資単価を下回れば農民は担保を流して融資の返済を免除され，農業者は最低価格を保証されるという措置）が採用された（馬場宏二，1969）。

その後は戦時期の増産，パリティ価格制度等によって相対的に高価格が維持されたが，その結果として1950年代には農産物の過剰が表面化し，価格支持政策の抑制，農産物の輸出支援策が強化された。そして1960年代半ばから価格支持水準の切り下げとその結果としての農家所得の低下に対する補償のために直接支払いが事実上の不足払い方式で開始され，1973年にそれが正式の不足払い制度となったのである。これによって農家所得が保たれる一方，農産物価格は直接支払い分だけ低下したので，アメリカ農産物の国際競争力は実態以上に強化され，低価格農産物の大量輸出が増加していった。日本でコメ以外の農産物がアメリカの安価な製品によって展開を阻まれたのは，この文脈においてであった。

このようにアメリカでは当初の生産支援策（農地の私有地としての贈与）のみの状態から，大恐慌による価格支持政策の導入を経て生産が拡大し，過剰農産物を奨励金によって輸出するなどしたために財政負担が増大するとともに国

際的な対立も強まり，その状態から脱出するために生産調整と結合した直接支払い（不足払い政策）が採用されたのであり，さらに1995年のWTOの発足がその方向を促進したと理解できる。

3　EU

EU加盟国の多くは1960年代までは農産物の輸入国であり，価格政策で生産を刺激していたので，価格政策から直接支払い政策へという動きはなかった。その代わりにEU各国・各地域間の平等性を強化する意図で1975年に条件不利地域対策がとられたことが直接支払いの発端であった。すなわち農業をとりまく自然的条件が不利なために農産物の生産コストが高く，農家所得が低い地方の過疎化が進み住民が高齢化している事態に対して，EU財政から当該地域で農業を営む世帯に対して追加所得分を直接支払うという政策であった。この考え方は後に日本の中山間地政策においても援用されることになるが，過疎地農村等の国境警備機能を重視したEUが，人口の少ない不利な条件の下で居住し産業活動を行っている農業者を保護することが政治的・社会的に重要であると判断した結果である。

これに対して価格政策の代替物としての直接支払いは，ずっと遅れて採用された。すなわち1970～80年代の価格政策の成功によってEU各国で農産物の生産増加が続き，輸出と在庫が増加し，輸出補助金を含む価格維持のための財政支出が増大したことに対する対処策として，1992年に実施されたマクシャーリー農政改革と称される政策変更がそれであった。その内容は，価格政策を縮小して支持価格を引き下げ，それによる農家の所得減を補償するために直接支払いを導入したものであった。その際には受給要件として休耕を義務付けることによって，所得補償が生産増加という弊害を生まないようにする措置も採用された。

この政策はしばらくは順調に回っていたが，財政支出は少なくなかったし，生産調整の義務付けによって農家の労働はそれだけ減っているのに所得は維持されていることに対する非農家の不満が増大し，財政支出額は徐々に削減されていった。その結果，農民にとっては直接支払い策の弱点——政策変更の際に採用される激変緩和措置としては有効であるが，時間の経過とともに政策

規模が縮小される傾向を持つ——が明瞭となってきた。この間，直接支払い方式は品目ごとの作付面積に応じて決まっていたが（カップリングの方式），2005年からは品目によらない単一直接支払い（短期的に見れば生産と連動していない＝デカップリング方式）へと移行している。

加えて従来から農業生産による環境の悪化を重視してきた EU は，補助金の支給に際して環境配慮義務をその条件とするとともに（1999年に採択された「アジェンダ 2000」によるクロス・コンプライアンス制度），環境に配慮した農業を実施したことによるコスト増大に対して直接支払いがなされることになった。

こうして現時点での直接支払い政策は①価格政策の転じた所得補償措置，②条件不利地域対策，③環境支払いの3者から構成されている。このうち②と③は直接支払いによって生産が増えるわけではないとみなされて，「生産刺激効果は持たない」という意味でのデカップリング策とされ，さらに①については原則として不足払い制度は WTO の「青の政策」，固定支払いは「緑の政策」に分類されている。なお WTO による青と緑の区別については「いくら生産とデカップルされた政策とはいえ，何らかの所得支持政策の存在は生産を刺激する」という批判があることに示されるように（田代洋一（2005）78頁），両者の区分は必ずしも明確なものとはいえない。

Ⅳ　価格政策の代替物としての直接支払いの問題点

価格政策の代替物としての直接支払い＝所得補償政策は，価格政策の結果生じざるをえない需給不均衡（過剰生産）を回避できること，貿易自由化を推進する WTO 体制の下で国際的に容認されていることの二点において，政策当局にとっては依拠せざるをえない政策であり，その存在意義を否定することは困難である。とはいえ一層の農産物貿易自由化措置が今後実施に移されても，対応策として直接支払い措置をとればマイナスの影響はないといった理解に接すると（農林水産省，2016；第一部，特集），直接支払いによっても解消できない打撃や，直接支払い措置をとることによる副作用についても冷静な検討が必要であると思われる。

この政策は，国内・国際両面での具体的状況に直面しつつ利害対立のある

関係者間の妥協を通じて形成されてきたものであるから，農家各階層にとっても政策当事者にとっても，十分に満足できるものとはなっていない。以下，直接支払いの本体部分（価格政策の代替物としてのそれ）について，その問題点を指摘しておこう。

1　多様な政策目標との組み合わせが自由

　直接支払いは政策の手法＝形式を意味しているに過ぎないから，それによってどのような政策目標を達成しようとするのかは多様であり得る。それゆえ直接支払いへの再編自体に賛成か反対かという設問に一義的な回答を示すことは困難であり，どのような目的の下に，どのような運用方針で直接支払いがなされ，結果としてどのような結果がもたらされるのかについて留意することが必要である。たとえば品目横断的経営所得安定対策（2007年）のように，交付金給付の対象を経営規模4ha以上の農家層に限定すれば小規模経営を政策の受益者から排除し構造政策を後押しする効果があるし，規模要件を外せば農家全体の所得を底上げし，地域経済にとって大きなプラスになるであろうが，構造政策への効果は大幅に減殺されてしまうことになる。大規模農家の育成を重視する論者からは，構造政策を推進するために支払い対象農家の条件を厳しくし，かつ順次給付対象の規模要件を引き上げて行く措置をとれば，ごく少数の大規模農家以外は排除できるとする主張がなされている。

　このように直接支払いはそれがどのような農業構造の下で，どのような条件で運用されるのかによってその効果に大きな差が生じるのであるから，この政策を活用する際には農家も農協も行政もその点に敏感に対応することが必要である。

2　過渡的・短期的措置として縮小・消滅する可能性

　直接支払い政策は現実においては，輸入の自由化措置や従来の価格政策の縮小・打ち切り等に対する農業界の反対を鎮めるための弥縫策＝緩衝材として採用されてきたし，今後もそうなることが予想される。すなわち，政策採用時の約束が時間の経過とともに修正され，政策の縮小・消滅に向かっていく可能性が高い政策である。

第7章　農業政策の推移と現段階　137

　特に輸入自由化によって農産物価格が下がり，国産農産物の販路が縮小し，結果として生産縮小を余儀なくされる場合，農家の労働がそれだけ軽減する――農業労働を投入すべき対象がなくなってしまう――下で従来通りの所得を維持するために交付金が支給されるから，第三者から見れば労働を減らしながら税金からの所得補助を受けている――「さぼって税金で食べている」――と見えることになる。このため制度の移行期には広く社会的に支持されてスタートしたとしても，時間の経過とともに議会・マスコミにおいて既得権批判の対象とされ，政策規模が当初の約束通りに維持されることはないことを各国の直接支払いの経験は明瞭に示している。

　価格政策が採られていた段階において価格引き上げ運動に熱心であった農民も，農業労働時間が減少している下での要求の正当性についての確信を弱め，より少ない労働に対してより多くの所得補償を要求することを躊躇し，農外労働を増やして所得減に対処したり，農業政策の対象になることを放棄するなどの個別的な対応に向かいやすい。

　このように直接支払いによる所得補償措置は産業者の自己責任を基本原則とする資本主義社会において，その正当性の根拠が論理的に強固に容認されてはおらず，それが社会的に容認されるか否かは政策の便宜や世論に左右される性格が強い。それは産業政策ではなく社会政策・福祉政策ないし地域政策であるのか，そうだとすれば農業という一産業だけにそうした措置をとる理由はどこにあるのか等，制度改定から一定期間を経過した後で政策の見直しがなされる（むしろ初めからそれが予定されている）ことが EU における実態であった。一般社会の認識がそうであれば，それが農民の心情にも反映し，「直接所得援助は，農業者の職能観念との不適合の故に，受益者たる農業者の支持を得難い」という事態にもなると指摘されている（是永東彦ほか，1994；284頁）。それゆえ国民経済ないし他産業の利益のために農産物輸入自由化を農業界が甘受する代償に直接支払い措置が取られるとしても，それは一時的に多数農民の不満をなだめるアピーズメント・ポリシーに終わる可能性が極めて高いと言わざるを得ない。

3　大規模農家階層への補償額の集中

　直接支払いでは現在または過去の作付面積や農業所得額を基準にして交付金が支給されるため，経営規模の大きな経営体に交付金が集中される傾向が強い。実際 EU においては 1980 年代において「20％の大規模農家が 80％の所得支持を得ている」(古内博行，2006：169頁) という実態であったことが確認されている。そればかりではなく，農業の機械化が進んだ分野では，米作に代表されるように機械および労働力の効率的利用によって，経営規模が大きいほど収穫物当たりの生産コストが低くなるから，個別的生産コストが低い大規模層は交付金のうち利潤に相当する部分の割合が高くなるという事情もある。ちなみに直接支払いを推奨する論者はこのような事情にもとづく直接支払いの構造改善効果に大いに期待しており，かつ同じ理由によって交付金額の急速な削減が可能になることをこの政策手法の利点として強調しているのである (山下一仁，2015：281頁以降)。

4　直接支払いを打ち消す市場の対応への対処難

　農家の受け取る米価はこの間，1 キロ当たり 300 円から 200 円へと急落した。これに対して政府が価格政策をとらずに 1 キロ当たり 50 円の直接支払い措置をとった場合を想定してみよう。趨勢的な価格推移を念頭においている市場は，生産者は 200 円を入手すれば今年の産米を売却し，来年も同じ程度の面積の作付けを行うと見込むことになるから，買付価格を 200 円ではなく 150 円に設定する。政府からの直接補償の 50 円を加えることによって農家は従前通り 200 円を得られるから，前年通りの販売行動を行い，来年の作付にも不安はないと判断するからである。こうした動きは実際に 2014 年産米の際に現れたのであって，決して形式的な可能性ではない。

　すなわち，需要が減退中で価格の押し下げ圧力が常時かかっているような品目の場合，農家への政府支出は市場の対応を通じてその一部が無効化され，最終的には生産者を素通りして政府から消費者ないし流通担当業者への贈与として消化されてしまうことになるのである (この点のより詳細な説明は飯國芳明ほか，2012：18頁)。それが政府交付金のうちのどの程度の規模になるのかはその時点の条件にしたがって一概には言えないし，売り手の組織化度によって

も事情は異なるであろうが，農産物の過剰＝販路難の下で買い手の力が相対的に強い限り，こうした効果は市場機構に内在しているとみなければならない。この問題については，「米所得補償モデル事業は米価の引き下げ余地を生産者サイドにつくり出し，その事業効果は米価の下落となって消費者，流通業者，食品産業などに帰着してしまう可能性も否定できない」（日本農業法学会，2011；38頁。安藤光義執筆部分），「価格の交渉において，買い手は稲作経営安定対策が存在しない場合に比べて，強気の姿勢で交渉に臨むことができる（から）…価格の低下に対処するための施策が，価格のさらなる低下を誘発しかねない」（生源寺真一，2006；67頁）など，すでに指摘されている。こうした問題点は個別品目対象ではなく一体としての経営を対象として直接支払いがなされる場合にも生じ得るが，個別品目への助成金の場合には特に顕著に表れやすい。農業・農村の振興策を考慮する場合にも，この種の市場メカニズムの反作用について周到な科学的目配りが必要である。

おわりに

　直接支払いは対症療法的施策の積み上げによって複雑化してしまっている農業政策体系を抜本的に見直す際に行政当局にとって大いに役に立つ。なぜならそれは農家に厳しい負担を課す新たな施策を採用しても，直接支払いによってそのマイナス面を短期的には補償できるのであるから，いわゆる既得権を考慮せずに農業界に不利な施策を実施しても農業界から大きな反発を招かずにすむからである。

　このため直接支払い制度を活用した農業政策改変の斬新な構想がこれまでいくつも提言されてきた（最近の一例としては山下一仁（2015）があげられる）。それらが構想しているコメ農業改変に向けたその政策構想はほぼ以下のように組み立てられている。

　①生産調整をやめて米価を需給均衡価格まで引き下げる。これによって採算の合わなくなる小規模農家は退出し，規模拡大を志向する大規模農家へ農地が供給される。

　②大規模農家の所得低下に対しては激変緩和措置として所得補償のための

直接支払いを実施する。その給付対象農家の下限規模を毎年引き上げることによって規模拡大を継続できない階層の退出を図り，かつ給付金額の削減を継続的に進める。

③規模拡大＝コスト切り下げで生き残った強い農家が，コメの国際価格で採算がとれるようになった段階で直接支払いはその役割を終え，給付金無しの自立したコメ農業が出来上がる。

ここでの問題はコメの国際価格で日本の農業経営の採算がとれるという見通しにリアリティーがあるかどうかであるが，構造改革論者の主張はその点の検証無しに，方向性として上記の構想を語っているにとどまっている。しかしながら，コメの輸入が自由化され国際価格水準にまで米価が接近した段階で，なお国際水準とのコスト差が大きく残っている場合に，国民が十分に納得して直接支払いの継続を許容するかどうかについては何の保証もない。現実にはEU農政がそうであったように，所得補償のための財政支出額は絶えず圧縮圧力の下に置かれてきたのであり，日本もまたそうした先例から自由である保証はないことに心しなければならないだろう。

さて本稿は価格政策の弊害の結果として拡大されてきた直接支払いについて，その出現・定着・拡大の論理を整理した上で，その弊害についての検討も合わせて行い，農業をめぐる諸課題の達成のために有効な政策運営に向けて念頭に置くべき諸点について指摘してきた。

直接支払いは価格政策の矛盾の累積から逃れるために，論理必然的に採用されざるをえなかったという性格を有している。それは農業構造が大きく異なるアメリカ，EU，日本がそれぞれその固有の論理に基づきながらも，等しく直接支払いの拡大に向かわざるを得なかったことからも明らかである。その意味でそれは，今後の一定期間にわたって農業政策の各分野で活用されざるをえないと思われるが，その際にはそれが有する可能性と問題点を十分に認識して，それを制御しつつ活用することが必要である。

　　　　　　　　　　　　　　　　　　　　　　　　　　　　（加瀬　和俊）

〈参考文献〉
荒幡克己（2015）『減反廃止――農政大転換の誤解と真実』日本経済新聞出版社。
飯國芳明ほか（2012）「何に対する支払いなのか――理論的整理」『農業と経済』3月号。
経済同友会（2009）『直接支払い制度の導入で三位一体のコメ農業改革を』。

是永東彦ほか（1994）『ECの農政改革に学ぶ——苦悩する先進国農政』農文協．
佐伯尚美（1989）『農業経済学講義』東京大学出版会．
生源寺真一（2006）『現代日本の農政改革』東京大学出版会．
田代洋一（2005）『「戦後農政の総決算」の構図——新基本計画批判』筑波書房．
田代洋一（2011）『反TPPの農業再建論』筑波書房．
谷口信和ほか（2010）『水田活用新時代』農文協．
日本農業法学会（2011）『農業法研究46　日本の「直接支払い」のあり方を問う』農文協．
農林水産省（2016）『平成27年度　食料・農業・農村の動向』．
服部信司（1998）『アメリカ農業』輸入食糧協議会．
服部信司（2016）『アメリカ2014年農業法』農林統計協会．
馬場宏二（1969）『アメリカ農業問題の発生』東京大学出版会．
古内博行（2006）『EU穀物価格政策の経済分析』農林統計協会．
村田武（2006）『戦後ドイツとEUの農業政策』筑波書房．
村田武（2012）「なぜ直接支払いなのか——経緯と可能性」『農業と経済』3月号．
山下一仁（2015）『日本農業は世界に勝てる』日本経済新聞出版社．

第8章 地域経済に果たす
中小企業・ベンチャー企業の役割

I 中小企業, ベンチャーとはどのような企業か

1 中小企業とは

「大企業」「中小企業」との言葉は, 一般的に使われているが「大企業」の定義は法律的には無い。学生が就職活動で利用するリクルート社は, 従業員1,000人以上を大企業としている。これに倣って多くのリクルート関連企業や就職情報誌などは, 従業員1,000人以上を大企業としている。日本銀行の「全国企業短期経済観測調査」(日銀短観) は資本金10億円以上の企業を大企業とし, 財務省総合研究所の「法人企業統計調査」でも資本金10億円以上を大企業としている。日銀と財務省は, 資本金10億円以上の企業を大企業と認めていると言えよう。これに対して証券業界等は, 東京証券取引所一部上場企業から二部上場などを大企業としているともされる。この定義によればジャスダック, マザーズの新興市場の上場企業は, 大企業と認められないことになる。このように「大企業」は, 極めて曖昧な定義となっているのに対して「中小企業」は, 中小企業法で①製造業においては資本金3億円以下, 従業員300人以下②卸売業は, 資本金1億円以下, 従業員100人以下③小売業は資本金5,000万円以下, 従業員50人以下④サービス業は, 資本金5,000万円以下, 従業員100人以下の企業と定義されている。さらに従業員20人以下の製造業, 同4人以下の卸・小売り及びサービス業は「小規模企業」としているが, この小規模企業も広義の中小企業に入る。

2 ベンチャー企業とは

ベンチャー企業も法律的な定義は無い。経済産業省の統計でもベンチャー

企業と定義される分類は，無く「中小企業」として扱われている。ベンチャー企業という言葉そのものも和製英語であり，ベンチャービジネスが盛んな米国では一般的に「スモールビジネス」と総称されテクノロジーを重視し，新しいビジネスに挑戦するという意味で「ニューテクノロジーカンパニー」「ニューベンチャー」「スモールベンチャー」と呼ばれている（松田修一『ベンチャー企業』日経文庫）。また，一般的にベンチャービジネスとベンチャー企業も曖昧に取り扱われることが多い。しかし，ベンチャービジネスは，清成忠雄元法政大学総長らにより1971年，日本経済新聞社刊の『ベンチャービジネス・頭脳を売る小さな大企業』によって「研究開発集団的，またはデザイン開発集約的な能力発揮型の創造的新規企業集団」と定義されている。一方，ベンチャー企業は「成長意欲の強い企業家に率いられたリスクを恐れない若い企業で，製品や商品の独創性，事業の独立性，社会性，さらに国際性を持ったなんらかの新規性のある企業」（松田修一『ベンチャー企業論』日経文庫）と定義されている。しかし，最近はベンチャー企業も多様化していることから，松田氏も認めているように定義の半分程度の要素を含む企業もベンチャー企業とされる。今では「リスクを恐れず新しいビジネスに挑戦する起業家に率いられる企業」をベンチャー企業と呼んでも間違いないだろう。

　経済学者として企業家の役割を高く評価したのは，今から100年程前の20世紀初頭の経済学者のJoseph Schumpeterだ。Schumpeterは，「原則的な傾向として企業家は利益も損失も生み出さない」とし「本当の意味において企業家の機能は単なる企業を営むことでなく，企業を創出することによってのみ発現される」（Entre-preneur, 清成忠雄訳『企業家とはなにか』東洋経済新報社）と，いわゆる経営者と真の企業家は異なり，真の企業家のイノベーションによって自由経済は発展するとした。日本では技術革新と訳されているが，シュンペーターの考えたイノベーションはダイナミックでスケールも大きく，①新しい生産物または生産物の新しい品質の創出と実現，②新しい生産方式の導入，③工業の新しい組織の創出，④新しい販売市場の開拓，⑤新しい買い付け先の開拓（同上）だ。安倍内閣は，第四次産業革命と名付けた成長戦略を発表して20年までにロボット，IT技術等を中心に30兆円の新たな市場を創設する計画だ。第四次産業革命を世界に先駆けて打ち出したのは，ドイツでその後

米国等が追随したとされる。日本も世界の潮流に乗ろうとしていることになる。ここで強く期待されているものは，ベンチャー企業を中心とした中小企業のイノベーションだ。

Ⅱ 日本の中小企業

1 中小企業の地位と果たした役割

2016年版の中小企業白書によれば日本には，382万の企業が存在する。このうち大企業は，1万1,000社に過ぎない。これに対して中小企業は380万9,000社で，企業の99.7%となり大企業は0.3%に過ぎない。数でも圧倒的に中小企業ということになる。従業員数も大企業1,433万人に対して中小企業は，3,361万人で雇用に占める割合は70%強に達する（表8-1）。

表8-1　中小企業の実情（2016年版・中小企業白書）

	企業数	従業者数
大企業	1.1万社	1,433万人
中小企業	380.9万社	3,361万人
うち小規模事業者	325.2万社	1,127万人

経済全体に占める付加価値額でも14年版中小企業白書によれば中小企業の147兆円に対して，大企業は125兆円と中小企業が上回る。財務省の「法人統計調査」によれば中小企業の生みだす付加価値は，1960年に実質で17兆円，大企業同15兆円と53%を占めた。65年は，中小企業，大企業ともに24兆円で同率。70年は中小企業51兆円，大企業45兆円で中小企業は53%。75年は中小企業75兆円，大企業45兆円で中小企業の比率59%。80年は大企業71兆円，中小企業98兆円の58%。85年は，大企業が81兆円，中小企業113兆円の58%。90年大企業が111兆円，中小企業142兆円の57%。95年大企業が116兆円，中小企業156兆円の57%。2000年は大企業124兆円に対して中小企業154兆円の55%。05年は大企業143兆円，中小企業163兆円で53%。60年から2007年までの間で63年に47%となっ

たことはあるが，それ以外の年はいずれも 50% を上回っている。日本の中小企業は，戦後の混乱期を除いてほぼ一貫して付加価値全体の 55% 前後を維持してきたことになる。

　この間に日本経済は，1958 年 6 月～62 年 6 月まで続く「岩戸景気」，62 年 10 月～65 年 10 月の「オリンピック景気」。その直後から始まり 71 年 12 月まで長期にわたる好景気となった「いざなぎ景気」。そして「列島改造ブーム」(71 年～75 年)。さらに「安定成長景気」(75 年～77 年)，公共投資景気 (77 年～1983 年)，ハイテク景気 (83 年～86 年)，平成景気 (86 年～93 年)，さざなみ景気 (93 年～99 年)，IT 景気 (99 年～2002 年)（三橋規宏他『ゼミナール日本経済入門』日経新聞社）といったように何度も好況と，好況の後における不況を繰り返した。また，1955 年における製品別出荷額における重化学工業の比率は，43.6% と繊維，雑貨などの軽工業が半分以上を占めていたが，60 年における重化学工業の比率は，55.7% まで上昇し重化学工業と軽工業の比率は逆転した。その後も重化学工業の比率は，70 年 62.3%，80 年 64.3%，90 年 66.7%，2000 年 67.9%，そして，2005 年には 72.3% と 70% を上回った。

　産業の重化学工業化が，急速に進む一方で産業構造も大きく変化した。代表的な先端産業とされる自動車（乗用車）の生産台数は，1960 年で 2 万台に過ぎなかった。それが，70 年には 317 万 9,000 台，80 年 703 万 800 台，90 年 994 万 8,000 台と幾何級数的な増加を辿る。後述するように 80 年代に入ると米国を中心に自動車を巡る貿易摩擦の深刻化により国内メーカーの多くは，海外へ生産拠点を移していくことから国内での生産は，頭打ちとなるが，日本は自動車の生産で米国とならぶトップ水準の自動車大国に成長した。工作機械の中でも極めて高い技術を必要とする産業用ロボットの生産台数は，1968 年に 200 台であったが 80 年 1 万 9,873，90 年 7 万 9,096，2000 年 8 万 9,399，2010 年 12 万 1,986 となり世界最大のロボット生産国である（数字はいずれも『数字でみる日本の 100 年』矢野恒太記念会）。最近では一部企業が，台湾企業に買収されるといったように往年の面影は薄れつつあるが，2000 年における薄型テレビの日本シェアは，世界の 90% となっていた。繰り返される好況と不況，さらに軽工業から重化学工業への構造変化。その重化学工業も 70 年代に発生した石油危機を契機に自動車，電子機器などの先端産業へと大きく変

化した。こうした激しい変化にも関わらず日本の中小企業の付加価値生産額が，ほぼ55%を保ってきたことは中小企業が，知恵と工夫で生き残ったというより日本経済の変化に柔軟に対応し，日本経済の中核として存在して来たと言っても過言ではないだろう。

2000年版中小企業白書によれば，企業の開廃業率は1975年〜78年が開業率5.9%，廃業率3.8%，78年〜81年開業率5.9%，廃業率3.7%，81年〜86年開業率4.3%，廃業率4.0%と開業率が廃業率を上回っていた（図8-1）。これは企業全体の開廃業率であるが，開業，廃業ともにほぼ100%が中小企業と推定され，日本の中小企業は極めて旺盛な事業意欲を有していたことがはっきりする。

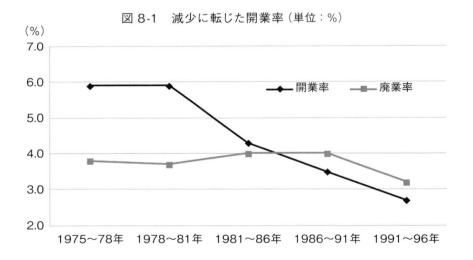

図 8-1　減少に転じた開業率（単位：%）

2　復興の元を築いた中小企業

第二次大戦による日本の損害は，国富（建物，港湾，運河，工業用機械器具，生産品，鉄道，船舶，車両，電気・ガス・水道設備，電話その他の通信設備，家財家具などの資産のすべて）で被害総額が，敗戦当時の価格で653億300万。被害率で25.4%であった。国民にとって最大の被害であった「人的損害」は軍人・軍属の戦死，行方不明数が陸軍144万人，海軍42万人の合計186万

人。軍人・軍属の「不具廃疾」数が陸軍9万6,000人，海軍8,900人の合計10万4,900人。さらに一般国民の死者・行方不明69万人にのぼった（有沢広巳監修『昭和経済史』日本経済新聞社）。この資料は，当時の経済安定本部，復員局等によるものだ。実際にはこれを上回るというのが定説で，死者の数だけでも300万人を下らないという推計もある。このように第二次大戦の被害は甚大なものであった。

　こうした厳しい経済環境の中で企業活動を最初に開始したのは中小企業だった。戦前まで圧倒的な支配力を持っていた三菱，三井，住友等の財閥が解体され企業活動への制約がなくなったことと，戦後の物不足で「つくれば売れる」状態がしばらく続いたからだ。このような極端な物不足の時代は長く続かなかったが，復興期の輸出品の中心は中小企業の製品だった。工業製品に占める中小企業の輸出の比率は，1956年59.4%，59年58.1%，62年53.7%となっている。中でも食品，繊維産業，衣服その他の繊維製品製造業，家具・装備品などが高いウエイトを占めていたが金属製品，一般機械などもかなりの比重を担っていた（黒瀬直宏『複眼的中小企業論』同友館）。

　このように当時として極めて貴重な外貨を獲得する産業として重要な役割を果たしたのは中小企業であった。そして，もう1つの大きな役割は，失業者の吸収だった。総務省「労働力調査」によると1947年の完全失業率は，0.74%と極端に低い。この最大の要因は，戦後発生した膨大な過剰労働力を農村が吸収したからだ。47年における農林業就業者が，戦前の40年に比較して360万人も増加していることで証明できよう。しかし，農村の労働力吸収には限界があった。これ以降は，非農林業への就業が増加の一途を辿る。しかも，大企業は完全な立ち直りを見せていないことと，戦前からの多くの従業員を抱えていたから雇用の受け皿としての機能を担ったのは中小企業だった。さらに朝鮮戦争によって大企業は復活の道を歩くようになるが，従業員を増やす動きは鈍かった。非農林雇用者は，1947年と1955年を比べると523万人も増加しているが，この大半は中小企業によって吸収されたと推定できよう。戦後の混乱期から復興期にかけて中小企業は，当時としては極めて貴重な外貨の獲得と雇用の拡大という大きな役割を果たした（『複眼的中小企業論』より抜粋）。

3　大企業による系列化

だが，中小企業の黄金時代は長く続かなかった。政府は，傾斜生産方式によりエネルギー源の石炭，復興資材の鉄鋼業などに資金を重点配分して育成を図る。この結果，中小企業は慢性的な資金不足に見舞われることになった。1950年代の後半から日本経済は，高度成長の時代に突入する。大企業は，海外からの先進的な技術の導入などによって生産性を高めていくが，こうしたことの出来ない中小企業の多くは低賃金を基盤とする産業で生き残るしか無く，いわゆる二重構造問題が発生する。二重構造という言葉は，当時の有沢広巳東大教授が，最初に使ったとされる。その趣旨は，昭和30年（1955年）以降の好況で雇用者は増大した。しかし，雇用者の多くは小規模零細企業においてか，大企業の臨時雇いでしか増加していない。日本の就業構造は，階層構造となっており戦後の改革を経ても変化していない，というものであった。

この二重構造論は，日本経済学界を巻き込んでの論争となり多くの論文が書かれた。共通していることは「日本固有の問題であり，解決は困難だ」ということだった。当時の経済学の主流だったマルクス経済学者の中には「日本資本主義の矛盾を最も端的に表している」とか「資本主義は，こうした搾取産業を持つことによって生き残りを図る」といったような学説も少なく無かった。だが，マルクス経済学者が，資本主義の矛盾，残渣などと唱えた二重構造論は高度成長による人手不足とともに急速に解消に向かった。高度成長を謳歌するようになる80年代には二重構造論を巡る論争は殆ど見られなくなった。中小企業の従業員の給与が，人手不足を背景に急速に上昇したことが，最大の要因である。中小企業の中には，大企業を上回る賃金を引き上げるところも現れた。経済成長を背景にアメリカの経済学者ロストウが，最も高度に発展した社会と定義する「高度大衆消費社会」に突入したことが最大の理由であろう。国民による大量消費を背景に企業は，設備投資に走り，従業員の賃金を引き上げた。設備投資は景気を押し上げ，賃金の引き上げは消費を刺激して企業の設備投資を促すという好循環が発生した。その一方，従来の低賃金によって成り立っていた中小企業の中には，転廃業を迫られるものも相次ぐようになる。また，急速に成長し多くの部品を必要とする家電メーカーの下請けとなる企業も多かった。自動車産業の発展は，中小企業の下請け化を一段と推進するこ

とになる。自動車は，2～3万点もの部品を必要とする。自動車メーカーは，この部品を内製化するのでなく，外部調達する方法を発展初期段階から取り現在でも続けている。

　重化学工業の代表である石油化学，合成繊維企業は原料のプラスチックポリマーや原糸を生産するが，最終製品の日用雑貨品や繊維製品の製造販売を中小企業に任せた。かつて家庭用日用雑貨の代表とも言えるバケツ，桶などは木製であったが，いずれもプラスチックになった。これをつくるのは中小企業だ。同じようにアパレル製品の大半も中小企業が担った。自動車産業は，当時の日銀総裁が公然と「自動車工業不要論」を唱えて自動車企業への融資を控えさせるという逆風の中から今日の自動車大国を築き上げたが，ここで重要な役割を果たしたのは下請けの中小企業だ。自動車産業では2～3万点にも及ぶ部品の1つでも欠陥があってはならいない厳しい条件下で生産される。また，トヨタの看板方式は最も効率が高い生産方式として世界の工場で採用されているが，1,000分の1㍉の精度を求められる部品を規格通り，しかも必要な数量を必要とする時間に納入することによって成り立っている。現在では中国や東南アジアに追い抜かれたが，2000年代初めまで薄型テレビにおける世界シェア90％で示されるように日本は，家電製品で世界をリードしていた。自動車は，わが国最大の輸出産業となり文字通り日本経済を支えている。高度成長を縁の下の力持ちとして支えて来たのは中小企業であることがはっきりする。

　だが，1990年代の初頭から中小企業を巡る環境は，大きく変化した。最大の変化は，経済のグローバル化だ。70年代に入って日本の鉄鋼，繊維産業などで米国との貿易摩擦が深刻化した。しかし，繊維産業は米国だけでなく日本でも衰退に向かっていた産業であり政治的な問題はあったが，経済的な影響は軽微だった。鉄鋼は，早い段階で輸出を自粛することで解決した。しかし，自動車産業は米国の基幹産業であり多くの雇用を抱えていることから「日米貿易戦争」と言われるほど深刻なものとなった。同じように半導体などの電子分野でも日米間の貿易摩擦は，深刻の一途を辿った。最終的には日本側が，鉄鋼と同じように輸出を自粛することで決着を見る。その一方，自動車企業は，貿易摩擦の深刻化した米国やヨーロッパでの現地法人化を進めた。現地法人であれば日本の資本で設立した企業でもその国の生産したものと認められて輸

出とならないからだ。

　60年代の後半には繊維産業で人件費の安い東南アジア等に現地法人を設立する動きは，活発化していた。しかし，海外での生産拠点づくりが本格的に進展するようになるのは自動車を中心とする先端産業が，海外進出を開始した時からだ。この動きは，電機，通信機器，工作機械などの他の産業に広がり90年代に入って加速化する。経済産業省の「海外事業活動基本調査」によれば1990年代前半の年である1994年の日本企業の海外生産比率は，7.9%だった。それが年々上昇し1999年度には11.4%となり，2004年度16.2%，10年後の14年度には24.3%にまで上昇している。産業の発展過程で最初は，国内市場を主とするが，産業の高度化ともに輸出の拡大，そして最終的には海外での現地生産に切り替わるというバーノン（R.Vernon）のプロダクト・サイクル理論通りの展開を日本の産業界も辿っていることになる。現在ではトヨタ，ホンダなどの自動車産業の殆どは海外での売上比率が70%を上回り，日本的な産業の代表ともいえる醤油メーカーのキッコーマンでも海外比率が，50%を上回り北米が利益の柱になっている。

　国内企業の海外への生産拠点の移転は，80年代から90年代にかけて「産業の空洞化」として大きな関心を集めた。生産拠点が海外へ移転することによって日本の産業の中核となる「ものづくり産業」が衰退するとの懸念からである。中でも下請企業の多い中小企業への影響が懸念された。その後も海外の生産比率の増加は，前述した通りであるが現在では殆ど騒がれなくなった。産業の発展に伴って国内市場が飽和状態となり，海外に進出せざるを得なくなっていることが最大の理由だ。そして，最近の研究では中小企業も海外へ進出した企業が，進出しない企業より好業績となっていることが明らかになっている。海外へ進出する中小企業は，元々好業績の企業であることも1つの理由だが，それ以上に海外現地法人での生産によるコスト切り下げ効果や現地法人への親企業から輸出の増大といったメリットがあることが分かってきたからだ。いずれにしても，日本の中小企業も海外で業績をあげる企業にならなければ，生き残れない時代に入ってきたことになる。

第8章 地域経済に果たす中小企業・ベンチャー企業の役割　151

4　地域経済に貢献する中小企業

海外に負けず稼げる中小企業の時代に入ったことは確かだが，その一方で地方における中小企業の役割は極めて高い。

図 8-2　圏域別雇用者数（日本商工会議所事務局資料より抜粋）

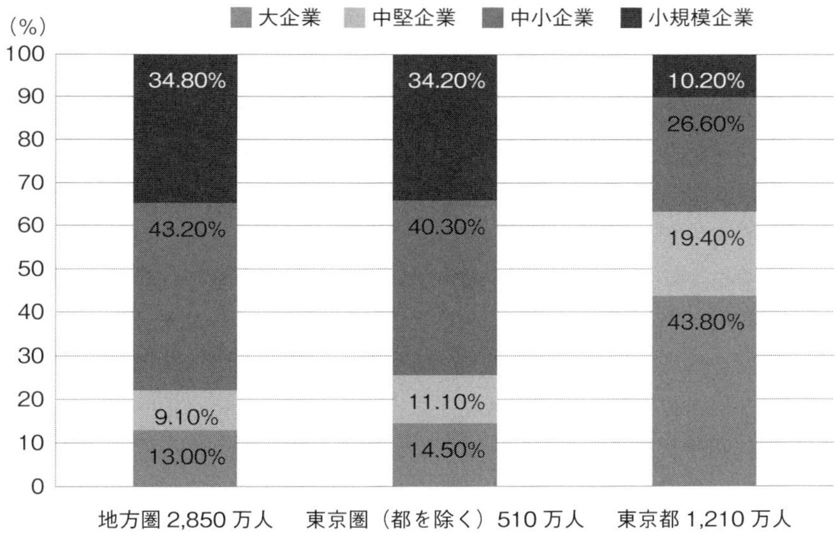

凡例：■大企業　■中堅企業　■中小企業　■小規模企業

区分	大企業	中堅企業	中小企業	小規模企業
地方圏 2,850万人	13.00%	9.10%	43.20%	34.80%
東京圏（都を除く）510万人	14.50%	11.10%	40.30%	34.20%
東京都 1,210万人	43.80%	19.40%	26.60%	10.20%

図 8-2 は，中小企業の業界団体である日本商工会議所のまとめた地方圏と東京圏の雇用の実情だ。それによれば地方圏の雇用は，2,850万人であるが大企業の雇用者は，13.0%。中堅企業9.1%。残りの約80%は中小，小規模企業で働いている。東京都を除く首都圏で働く510万人も大企業の雇用者は14.5%，中堅企業11.1%に過ぎず，75%は中小，小規模企業での雇用となっており，地方と特別に大きな開きは見られない。東京都だけに限れば1,210万人の雇用者の43.8%は，大企業となっている。中堅企業も19.4%と他の地域に比較して高く，逆に中小企業26.6%，小規模10.2%となっている。大企業に半数近くが働き，これに次ぐ中堅企業を含めると3分の2を占めるのは東京都だけということになる。また，日本政策金融公庫・総合研究所のレポート（2015年6月9日号）の「地域の雇用と産業を支える中小企業の実像」によれば

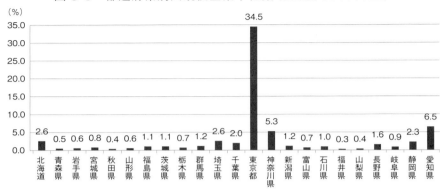

図 8-3 都道府県別大規模企業本社数（従業員 300 人以上）

出所：内閣府 HP「地域の経済 2013」http://www5.cao.go.jp/j-j/cr/cr13/img/chr13020221z.html, 2016 年 11 月 5 日閲覧。

「二大都市（東京，大阪）における大企業は 7,500 だが，これに 1,121 万人が属している。一企業当たり従業員数は，約 1,500 人にのぼる。しかし，地方圏において主役は交代し，小規模企業が地方圏内全企業の 87.5% を占める。一企業当たり平均 4 人と少ないが，総計では 644 万人の従業員を擁する。他方，中堅企業は地方圏での企業数が 26 万社，一企業あたり従業員 37 人で全従業員 1,868 万人のほぼ半数の 948 万人を抱え，最大の雇用吸収センターになっている」と，大阪と東京を除いた地方においては中堅・中小そして小規模企業のウエイトが，極めて高いと指摘している。大企業は，全国に 1 万 1,000 社存在するから約 70% を東京都と大阪の二大都市で占めている。しかし，この二大都市周辺を含めて地方においては中小，小規模企業が地域経済の主役的存在であることがはっきりする。

図 8-3 は，内閣府の「都道府県別大規模企業本社数」（本社従業員 300 人以上）調査だ。これによれば東京都が，34.5% と全国の 3 分の 1 を上回り圧倒的に多いことが分かる。次いで大阪府（9.1%），愛知県（6.5%），神奈川県（5.3%）となっている。首都圏とされる神奈川県は，全国でも 4 番目に本社が集まっているが，同じように首都圏とされる千葉県，埼玉県の 2 県は，福岡県より低く北海道，静岡県とほぼ同水準に止まっている。また，関東圏の群馬県，栃木県，茨城県では他の都府県と比較して特別に高い傾向は全く見られない。

第 8 章　地域経済に果たす中小企業・ベンチャー企業の役割　153

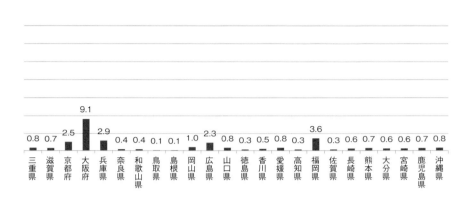

　大阪府に隣接する京都府，兵庫県は比較的高い傾向が見られるものの突出して高いとは言い切れない。逆説的に言えば東京，大阪を除く他の道府県においては中小，中小規模企業の振興が，地域再生の役割を担うことになる。

　国立社会保障．人口問題研究所の「日本の地域別将来推計人口」（2010 ＝ 100）によれば 2040 年に全国の人口は，83.8 と約 16％ も減少する。しかし，大企業の集中する東京都は 93.5，愛知県 92.5，大阪府 84.1，神奈川県 92.2 となっており，経済地盤の沈下が著しいとされる大阪府を除く 1 都 2 県の人口減少率は 10％ を割る。さらに大阪府でも全国平均より低い減少率に止まる。その一方，青森県は，67.9，岩手県 70.5，秋田県 64.4，山形県 71.5，和歌山県 71.8，島根県 72.6，高知県 70.2，徳島県 72.7 のように 30％ 前後も人口が減少する県もある。これらの県における大企業の数は，1％ を切っている。大企業の多くが立地する都道府県は人口減少も低いが，人口減少の進む地域は大企業の立地が少ないことが証明できる。

Ⅲ　中小企業の育成に向けて

1　地域自治体が主役の中小企業育成を

　高度成長時代に地方自治体は，地域活性化の切り札として大手企業の工場誘致に必死になって取り組んだ。これにより北は，茨城県・鹿島から南は大分

県・鶴崎を中心とした太平洋ベルト地帯に大型コンビナートが林立した。内陸部でも工場団地をつくり工場誘致に成功した例も少なく無い。だが，国内での工業立地件数は，高度成長時代の1969年に5,853件に達したが，その後は徐々に減少傾向をたどり2007年には1791件と3分の1以下まで減った。その後も減少傾向に歯止めが掛からず，11年には869件と7分の1以下近くまで減少した。海外での立地が，予想以上に難問を抱えることもあり工場立地の国内回帰の動きも見られるとされる。しかし，14年でも1,021件となっている。国内市場は，人口の減少に伴い縮小すると予想されることから，大手企業は今後とも海外に生産拠点を設けるという基本方針が大きく変化することは考えづらい。逆にシャープの亀山工場は「世界的な先端技術工場」とされたものの10数年後に大幅な人員削減に追い込まれ，台湾企業に買収された。バブル経済崩壊後の景気悪化の中で日本の代表的な企業である東芝，パナソニック，ソニーなどで工場閉鎖や人員削減が相次いだ。大企業の工場誘致による地域再生を図ろうとする地方自治体は，今でも少なくないが成功する可能性は低下する一方であることは間違いない。

　現在の中小企業法は「地方公共団体は，国との適切な役割分担を踏まえて，その地方団体の区域の自然的社会的条件に応じた施策を策定し，実施する責務を有する」と，旧中小企業法に比較して地方自治体の主体性を重視するものとなっている。そして，現在では都道府県が，国の指針に即して産業集積振興策などに関する実施計画を作成し，都道府県が技術開発計画などを承認することになっている。しかし，都道府県の実施計画は，国の承認を得なければならない。資金も政府系機関や中小企業高度化資金など国に依存している。かつてに比べたら改善されたが，中小企業政策における地方自治体の地位は依然として低いのが実態だ（黒瀬直宏『中小企業政策』日本評論社）。その上で黒瀬氏は「行政が中小企業の進む方向を示し，それに従う中小企業に経済的フェバーを与える時代は終わった。中小企業の草の根レベルの発展した芽を発見し，それに沿って支援することが必要になっている」と指摘する。また，「戦後大企業体制」の変容によって大企業を頂点とする垂直分業体制が細り，自分の仕事は自分でつくる「市場自立型中小企業」への革新が，中小企業の課題となっている。これを形成するには中小企業のネットワークが必要であり，

このネットワーク形成に最もふさわしい仲介者は「自治体」としている。このネットワーク型企業共同体が完成すれば，大企業を地頂点とするピラミッド型産業と並んで日本のもう1つの柱になると主張している。

中小企業を中核とするネットワーク型企業共同体の形成は，経済産業省の進めた「産業クラスター制度」でも見られた。クラスター制度は，地域の中堅・中小企業，ベンチャー企業が大学，研究機関等のシーズを利用して，新事業が次々と生み出されるような事業を整備することを狙った計画となっていた。全国に16のクラスターが形成されたが，東京多摩地区等を除いて多くは，成功とは程遠い結果となっている。また，地方自治体による中小企業振興策の条例である「中小企業振興基本条例」は，1979年に東京・墨田区が最初に制定した。だが，2015年12月時点で制定されているのは38道府県で東京都は制定されていない。地方自治体も147区市町と殆どの地方自治体で制定されていないのが，現実だ（全国商工団体連合会調査）。このように黒瀬氏の唱える中小企業による自治体の指導によるネットワーク型共同体は多くの困難を伴うことは確実であるが，中小企業による地域再生，日本経済発展の方策として十分に傾聴すべきものであることは確かである。その最大の理由は，中小企業の持つ特殊性から地方自治体が，中小企業育成の中核的な役割を果たす条件を備えていることだ。

中小企業と大企業の決定的な違いは，現場情報が直接トップ届くことと，経営判断がスピィーディで小回りが利くことだ。現在のような大企業において組織は，生産を担当するセクション，開発セクション，販売の営業，さらに経理，人事などに分かれておりトップへの情報は幾つもスクーリングを掛けられたものになる。トップあるいはそれに準ずる者が顧客から自社製品のクレーム，自社の社会的な評価等を直接聞き取ることは殆どない。経営方針を転換するにも社内の利害調整に時間がかかりタイミングを逸する例は少なく無い。しかし，中小企業のトップの多くは日常的に顧客と直接接触し，そこから製品の評価，企業の問題点などを絶えず聞き取れる。また，経営方針の転換や新製品の開発といった企業の存亡に関わる重要事項もトップの判断でスピィーディに実行できる。

一方，地方自治体は，こうした経営者と中小企業の情報を直接入手できる立

場にある。中小企業庁や中小企業基盤整備機構が得られる情報は，多くは直接でなく間接的なものが殆どだ。または数値化されたもので「活きたもの」ではない。だが，地方自治体（中でも市町村）の担当者は，中小企業の経営実態から経営者の地域での信用度，さらに事業そのものに発展性があるのかといった「生の情報」持つことが出来る。こうした情報は，中小企業庁などの国の担当者も保有することは出来ない。前述したように中小企業法は，地方自治体の主体性を活かすとしているが，旧態依然として国の指導の下に行われているのが実態だ。その原因の1つに地方自治体そのものが，主体的に取り組んでこなかったことだ。地方の経済を支えているのは中小企業であるにも関わらず地方自治体は，育成や発展のために熱心だったとは言えない。こうした方針を大きく転換し地域の中小企業を育成しない限り，地域の再生は不可能であることを肝に命じるべきだろう。

2　私のベンチャー起業論

　私の授業の最大の特色は，多くの大学で行われている「ベンチャー企業論」でなく，実際にベンチャー企業を設立するための「ベンチャー起業論」であることだ。日本では3回のベンチャーブームがあり，現在も第3次ベンチャーブームの中にあるとされる。だが，私論であるが，このようなベンチャーブームの分け方に異論を持っている。高度成長の初期の段階である1950年代の後半から60年代にかけてトランジスタを利用した電子機器を基礎に世界的な企業となったソニー，浜松のオートバイ修理会社からオートバイで世界を席巻し，その後は乗用車メーカーとして世界企業となったホンダ。繊維機械メーカーから軽自動車メーカーに転身して世界市場で大きなシェアを占めるスズキ自動車。流通革命の旗手として大きな役割を果たしたスーパー等，数多くのベンチャー企業がこの頃に誕生した。しかも，高度成長を担う企業として大きな役割を果たし，日本経済発展に大きく貢献しているからだ。ベンチャー企業前史と呼ぶ時代区分があっても良いと考えている。

　第1次ブームは，1970年～1972年であった。田中内閣の唱えた列島改造ブームで不動産投資への意欲が高まったことから企業を退社して起業するビジネスマンが，数多く輩出した。このため「脱サラ」ベンチャーとも言われた。し

かし，石油危機による物価急騰から政府・日銀が，景気抑制策を打ち出したこと等のため僅か2年程度の短期で終了した。この時期に設立されたベンチャー起業にはモスフード，すかいらーく，といったファミリーレストラン等がある。その10年後の1982年から第2次ブームは開始された。

　この背景には米国のシリコンバレーでのインテル，オラクルなどのIT関連ベンチャーの成功がある。シリコンバレーのベンチャー企業は，米国の景気を回復させたとされる程であったことから日本でもIT，ハイテク分野のベンチャーが，相次いで設立された。証券市場でも店頭取引市場の規制を大幅に緩和するなどの支援策を実施した。ソフトバンクのようにベンチャー起業の成功を象徴するような企業も育った。しかし，1985年のプラザ合意を契機に日本は急速な円高に見舞われ，倒産するベンチャーが相次いだことからブームは去った。1次，2次ベンチャーブームは2～3年の短期で終わった。多くの起業家が，夢とロマンを求めてベンチャー企業に挑戦した。何を基準にベンチャー企業の成否を判断するかは多くの意見があろうが，1次，2次ベンチャーの成功率はベンチャーの先進国である米国等と比較しても極めて低かったとされる。

　第3次ベンチャーブームは，バブル経済が崩壊して日本経済が深刻な不況に見舞われていた1994年に始まり現在も続いている。3次ブームの最大の特色は，閉塞感の強まっている日本経済の活性化，再生を大きな目的に政府，地方自治体，金融機関などが積極的な支援に乗り出していることだ。このため「支援ブーム」とも呼ばれる。従来は，信用力の低いベンチャー企業への融資に慎重な姿勢を取り続けていた民間金融機関もベンチャー企業への融資拡大に取り組むようになった。旧国民金融公庫は主として小規模企業の融資を目的としていた。同公庫の融資を受けて小規模企業としてスタートした企業の中から中堅企業に成長した例や，上場企業に成長したケースも稀でない。国内における上場企業は，1部，2部上場とベンチャー企業の市場とされるマザーズ，ジャスダックに分かれるが2016年8月末で3527社に達する。この中で旧中小企業金融公庫から融資を受けた企業は，600社を上回りこの中には日本を代表する大企業も含まれる。京セラ，KDDIの創業者として知られる稲盛和夫氏は「京セラが，大きく成長できたのは創業時代の資金繰りに苦しかった時代に融資してくれた中小公庫のお蔭」（中小企業金融公庫50年史）とまで述べてい

るようにベンチャー企業育成に果たした役割は極めて高い。国民金融公庫や他の政府系金融機関と合併し「日本政策金融公庫」となった。しかし，民間金融機関には難しい高度の技術や，高度で他に真似のできないサービス業の「暖簾」を担保に融資するなどベンチャー育成の熱意は依然として衰えていない。また，戦前に設立され中小企業の支援・育成に多大な貢献をしてきた商工中金は，株式会社による完全な民間金融機関として再発足した。だが，ベンチャーへの積極的な育成策という経営方針に変わりは無い。

　地方自治体，証券会社，地方銀行などによるベンチャーキャピタル（VC）の設立も活発になり，個人としてベンチャーに資金や経営アドバイスをするエンジェルも同じように増加している。最大の変化は，証券市場だ。1部，2部に比較して株式公開が比較的容易とされていた店頭市場は，ジャスダックに衣替えして正式な市場に昇格した。さらにベンチャー企業向けとしてヘラクレス，マザーズといった市場も誕生した（現在はマザーズに統合）。また，数は少ないが名古屋，札幌，福岡といった地方証券取引所に単独で株式を公開することも可能となった。証券市場に上場されると企業の信用力は，極めて高くなり，資金繰りに苦しんでいた創業期には融資を渋っていた大手金融機関も融資に応じる。企業そのものの信用力も大きく高まる。多くの場合，創業者は，それまで市場流動性の無かった持ち株が市場性のある「有価証券」となり，巨額のキャピタルゲインを得られる。さらに，持株会などにより従業員が自社株を保有していた場合には社員の多くもキャピタルゲインを得る。キャピタルゲインを得られる点では，VC，エンジェル，設立当初に出資してくれた友人，親族なども同じだ。株式の上場をもってベンチャー企業の成功とされるのは，こうした数多くの利益を呼び込むためだ。

　新規上場企業数は，1990年の135が，95年188，2000年204，05年158（野村リサーチアドバイザリー，ベンチャービジネス白書等による）と順調な増加を辿り，その後も増加すると予測されていた。しかし，2006年にライブドア事件が発生した。ライブドア事件の評価には多くの見方があり，評論を避けるがこれによりベンチャー企業と新興市場の信用が大きく落ち込んだことは間違いない。新規上場企業数が，07年121，08年49，09年19，2010年22，11年36と急激に減少している。リーマンショックや株価の低迷も理由だが，

ベンチャー起業家が株式の上場を控えるようになったことが，大きいとされる。12年から回復に向かうようになり，新規上場企業は14年77，15年92（同上）となっているが，それでも最盛期の半分にも満たないことが，事件の影響の大きさを証明しているだろう。これだけが理由と言い切れ無いが，第3次ベンチャーブームは初期のような輝きを失っている。

一方，86-91年に廃業率が，開業率を上回った。その後の動きを見ると91-96年が開業率2.7%に対して廃業率3.2%。99-01年は開業率5.8%，廃業率6.8%，01-04年開業3.5%，廃業率6.1%，09-12年開業率1.4%，廃業率6.1%と改善するどころか悪化している（総務省経済センサス基礎調査）。09年から14年の中小企業の企業数を比較すると09年の420万社が12年には35万社減って385万社になった。12年から減少傾向ペースが緩やかになったが，14年の中小企業数は381万社と2年間で9万社減少した（図8-4）。

図 8-4　減少する中小企業

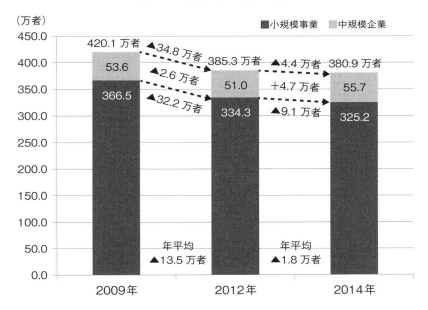

出所：2016年版中小企業白書　http://www.chusho.meti.go.jp/pamflet/hakusyo/H28/PDF/chusho/03Hakusyo_part1_chap2_web.pdf，2016年11月7日閲覧。

ペースは緩やかになるが，今後とも中小企業の減少が続くことは間違いない。日本のベンチャー企業の成功率が低いことから推定できるように，この中に多くのベンチャー企業が含まれている。

ベンチャー企業を含めた中小企業の開業率が低い理由として，事業に失敗しても再起が比較的容易である欧米と，再起困難な状況に追い込まれる事業を取り巻く環境の違いが存在する（高田亮爾・上野紘・村社隆・前田啓一編著『現代中小企業論』同友館）ことも大きな理由だろう。また「わが国では起業して成功すれば起業家は「富」を得られるが「嫉妬」と「好奇」の目で見られる，失敗すればその財産を失い，時として社会的に「抹殺」されてしまう。このようにわが国では起業はフェアでないゲームと見られており，それに賭ける人材は出ないのが常態になっているように感じる」（上坂卓郎著『日本の起業家精神』文眞堂）と，言ったように欧米と大きく異なる企業風土や社会的な精神構造の違いを指摘する見方もある。これに対して米国は「起業家は，自分自身，職業生活，経済的報酬に十分満足しており，個人的充足感，チャレンジ精神，プライド，その報酬のいずれについても最高のレベルにあると一様に答える」また「長い間フォーチュン500社のための士官学校と考えられてきたハーバード・ビジネススクールの卒業生さえ起業家の夢に賭けており，1967年卒業生の25周年同窓会で，その59％は自営業であったと報告されている」（Jeffry A Timmons, *New Venture Creation*, 千本倖生・金井信次訳『ベンチャー創造の理論と戦略』ダイヤモンド社）と，日本と全く逆だ。ITベンチャーで世界をリードする米国の社会風土と起業家精神に感服する。しかし，EUもベンチャー企業の育成を強く打ち出し，中国も第13次5か年計画で「大衆による起業・万人によるイノベーションを引き続き推進する」とベンチャー企業の育成と，それによるイノベーションに取り組むとしている。世界各国が，ベンチャー企業の育成に乗り出しているのに対して日本の遅れが目立つ。ベンチャー企業論でなく授業の目的をベンチャー起業論としたのは，日本が世界の流れから取り残されない為の一助になればとの思いからだ。

（黒崎　誠）

〈参考文献〉
有沢広巳監修（1976）『昭和経済史』日本経済新聞社。
矢野恒太記念会編（2013）『数字で見る日本の 100 年』公益財団法人矢野恒太記念会。
国立社会保障・人口問題研究所（2013）『日本の地域別将来推計人口』。
三橋規宏・内田茂男・池田吉紀編（2012）『ゼミナール日本経済入門』日本経済新聞出版社。
黒瀬直宏著（2012）『複眼的中小企業論——中小企業は発展性と問題性の統一物』同友館。
黒瀬直宏著（2006）『中小企業政策』日本経済評論社。
清成忠雄著（2009）『日本中小企業政策史』有斐閣。
細谷祐二著（2014）『グローバル・ニッチトップ企業論——日本の明日を拓くものづくり中小企業』白桃書房。
長谷川秀夫著（2001）『地域経済論——パラダイムの転換と中小企業・地場産業』日本経済評論社。
高田亮爾・上野紘・村社隆・前田啓一編（2011）『現代中小企業論』同友館。
三井逸友著（2011）『中小企業政策と「中小企業憲章」——日欧比較の 21 世紀』花伝社。
日本政策金融公庫総合研究所『日本公庫総研レポート』2015年6月9日号, №. 2015-1。
上坂卓郎著（2014）『日本の起業家精神——日本的「世間」の倫理と資本主義の精神』文眞堂。
ジェフリー・A. ティモンズ著, 千本倖生・金井信次訳（1997）『ベンチャー創造の理論と戦略——起業機会探索から資金調達までの実践的方法論』ダイヤモンド社。
松田修一監修（2000）『ベンチャー企業の経営と支援』日本経済新聞社。
野田健太郎著（2004）『ベンチャー育成論入門——起業家マインドの醸成に向けて』大学教育出版。
J.A. シュンペーター著, 清成忠雄編訳（1998）『企業家とは何か』東洋経済新報社。
松田修一著（2014）『ベンチャー企業』経営学入門シリーズ, 日経文庫。
黒崎誠著（2015）『世界に冠たる中小企業』講談社現代新書。
黒崎誠著（2006）『起業家の条件——ベンチャー企業 23 の成功物語』平凡社新書。

第9章　地方都市再生と商業まちづくり

I　まちづくりの公共性

1　「まちづくり」とは

　まちづくりをどのようにとらえればよいのであろうか。まずは「づくり」の対象となる「まち」をどのように理解するのか，いくつかの「字義」をたどってみよう。まちづくりは地域開発の政策用語でもある。読み方としての「まち」は，大きくは「町」，「街」，「まち」の3つに分類できる。

　『現代国語用語例解辞典』（林監修，1993）によれば，「町」は景観的には「人口が集中し，家屋の立ち並ぶ地域」であり，また行政的には「地方公共団体の1つ」であり，「市と村との間の単位」あるいは「市や区を構成する小区分」である。これに対して「街」は「商店などが並んだ，にぎやかな通り，また，そういう区域」である。『最新地理学用語辞典［改訂版］』によれば，「町」は土地の生産（農業）には依存しない，政治・商業・工業・サービス業等に従事する人が密集して住む集落として定義されている（浮田編，2003；258頁）。また「町」は「町割」という表現があるように都市計画的な意味をもっている（259頁）。

　「町」が「街」として表現されるためには，「通り」あるいは「並み」を付け，「町通り」あるいは「町並み」とする必要があった。『「町おこし」の経済学』（竹内，2004）における「町」も，内容的には「町並み」あるいは「街」の意味をもっている。「街」は，商店街や中心業務街，官庁街，金融街など特定の経済的機能が集中した場所として理解されている。例えば『街づくりのマーケティング』（石原・石井，1992）では商店街繁栄のための戦略づくりが，『街づくりハンドブック』（園，1994）では商店街を主軸とした企画から実施・運営までの複合的街づくりが，それぞれ主要なテーマとなっている。

これに対して「まち」は「まちづくり」という市民運動との関係性を強く持つ傾向がみられる。いくつか事例をあげておこう。全国町並み保存連盟編著の『新・町並み時代』(中島, 1999) のサブタイトルは「まちづくりへの提案」となっている。1974年に旗揚げした全国町並み保存連盟は「地域の文化と歴史的町並みなどの保存・再生運動を通じて, 歴史的・文化的環境の向上と地域の活性化に寄与すること」(156頁) を目的としている。また『まちづくり読本』(地域活性化センター, 2004) には「自立と協働による」が, 『まちづくり診断』(織田1992) には「地域再生のドラマを追って」が, 『まちづくりを学ぶ』では「住民主体の活動をさす場合」(石原・西村編, 2010；ⅰ頁) という限定がついている。

「まちづくり三法」は地方都市再生には限界こそあったが, 活性化や運動を支援する制度としての一つの到達点であり, 2002年に中心市街地における市街地の整備改善及び商業等の活性化の一体的推進に関する法律, 改正都市計画法及び大規模小売店舗立地法の3つを束ねた総称である。またまちづくり三法に前後して, 先進的な地方自治体においては「まちづくり条例」が制定されるが, その対象は歴史的な町並みにとどまらず, 地域環境保全の全般に広がっている (小林編, 1999)。

2　新しい公共性の実践としてのまちづくり

漢字の「町」「街」から平仮名の「まち」への転換には, どのような思想的な変化が見られたのであろうか。「町」「街」「まち」はいずれも空間的, 機能的, 運動的など多様な性格をもちながら「都市」として編成されている。公共哲学の分野では, 都市は「移動・移職・移住の人間群と, 世々代々, 長い間そこに住みついてきた生粋・定職・定住の人間群が, 多量・多面・多角的に衝突・葛藤・交流していく力学作用の時空」(金, 2004；329頁) としてとらえられ, その現場 (時空) においていかなる公共性が生成するのかに関心が寄せられている。

まちづくりは運動として地域環境に強い関心を寄せている。まちづくり環境として都市空間は利用において無差別性という公共性をもっている。桑子 (2005) はこの環境空間の公共性について理念, 制度, 行為の三要素によって構成される「価値構造」の視点から問いかけている。「再生を含むような空間

の再編は，人間の行う行為のなかでもっとも重要なもののひとつである。それは，ある意味で，人びとの思想，信条を変えることよりも根源的である。いったん再編した空間の構造は，そこで生を営む人間や生物の存在のかたちを規制し続けるからである」(223頁)と。そして時空的存在である「ひと」は空間の配置のうちで自己の履歴を積み，その履歴は風景と身体の連関のなかでの時間である。「自己と環境を分かち，そしてつなぐのが風景」(230頁)であり，例えば「『道』『通り』『街路』『街道』といったコンセプトによって捉えられた空間は，「道路」とは異なるという意味で，人間の活動や行為の場として捉えられる」(75頁)のである。

　この意味でまちづくりは環境空間づくりでもある。公共性をもつ環境空間づくりには社会資本整備が欠かせない。社会資本は次の3つの見解に要約される。第1は直接生産力のある生産資本に対するものとして，間接的に生産資本の生産力を高める機能を有する「社会的間接資本」，第2は生活に不可欠な財であるが，共同消費性，非排除性等の財の性格から，市場機構によって十分な供給を期待し得ないような「公共財」，第3は事業主体に着目し，公共主体による「整備財」である(内閣府政策統括官編，2007；3頁)。また宮本憲一(1976)は，社会資本を大きく社会的一般的労働手段と社会的共同消費手段とに区分しつつも，ともに資本制社会の再生産の一般的条件であることを，先見的に指摘している(46頁)。社会資本はまちづくりにおいて建造環境としての性格をもつことから，その不足は企業活動のみならず市民の社会生活にも問題をもたらすことになるのである。

　社会資本論は建造環境から次第に制度環境，さらには自然環境をも取り込んだ社会的共通資本へと発展している。宇沢(2003)は「要するに，『都市』とは自然的・社会的な社会的共通資本が，ある限定された地域に集積され，1つの独立した，いわば有機体的なシステムが形成されている」こと，それは「主として，社会的・制度的な条件に依存する面が大きく，必ずしも経済的・技術的観点からだけによって決定されるものではない」という性格を持ち，基礎教育，医療，基礎交通，道路，上下水道などの生活環境関連の社会資本や大気・河川・海洋・森林などの自然環境も社会的共通資本として分類されるとする(宇沢，2003；197-199頁)。さらに社会的共通資本の管理・運営は，政

府によって恣意的に支配されあるいは市場的基準にしたがって行われるものではなく，それぞれの分野における職業的専門家によって専門的知見に基づき職業的規律に従って行われるべきものとしている（同，14頁）。

3　まちづくりに必要な制度インフラ

都市計画法や建築基準法などの「都市法」はまちづくりに決定的な役割を果たす制度インフラである。都市法とは「都市環境をも含めた広い意味での都市空間の形成と利用（開発・整備・創造・管理等から維持・保全までを含む）を公共的・計画的に実現しコントロールするための一連の制度的システムの総体」であり，それは「市場原理に基づく自然成長的な都市発展に対するアンチテーゼたる性格」をもつ。「そこには，単にハード面のことがらだけでなく種々のソフト面のことがらも当然に包摂され，とくに，上記の各局面・各過程における公的介入の正統性を担保するための手続き面の諸制度は，現実の都市空間の形成や社会との関係で都市法が果たす役割と作用を決定づけるうえで，極めて重要な意義をもつ」のである（原田編，2001；4-5頁）。

都市法はまちづくりを保障するものでなければならないが，さまざまな問題を抱えてきた。「①都市計画の決定や都市基盤整備その他の公共事業の実施に関し国が決定的に大きな権限を行使してきたこと。②都市計画に基づく土地利用規制や建築規制が欧米諸国と比べれば格段に緩かったこと。③都市空間の形成・整備の内容面では一貫して生活・環境基盤より経済活動基盤に重点が置かれてきたこと。④生活・居住・環境面にかかわる市町村や地域住民の自主的な発意とか参加にはさしたる意義が付与されてことなかったこと。」（原田編，2001；7頁）などである。そして①については権限を「現場」に降ろしていく「分権化」が，②については，土地利用規制を厳守する方向に，③については重点が経済活動基盤から生活環境基盤に，④については市民「参画」や市民「協働」が進められてきたという方向で，都市計画の考え方の転換が図られてきている。

「都市とは，さまざまな価値観を持った人が様々な規範のもとに生活をしている場である」という定義がある（原田，2001；19頁）。そうした場で求められる主な論点は，①生活の質，②空間の質，③モビリティ，④環境，⑤地域活

力の5つである。生活の質に関しては，都市計画を生産者のための視点から主観的評価の側面を盛り込んだ生活者のための視点への転換であり，生活者のための視点を貫くためには人づくりとともに環境づくりが必要となる。生活の質づくりとは空間の質づくりでもある。空間の質は客観的には景観の整備として表現されるが，それは主観的には人の時間的要素を取り込んだ風景あるいはイメージとして認識される。こうした空間の質は生活の質の向上に資するものであり，空間を機能性の集合体あるいは配置として見るのではなく，「いい空間，景観，住みよい街」という価値性への転換が求められる。モビリティに対しては「満足度の高さ」が，環境に対して「持続可能性」が，地域活力に対して「経済的活力とのうまい関係」が求められているのである。

Ⅱ　地方都市再生と改正まちづくり三法

1　米国における地方都市再生 ──スマートグロース

改正まちづくり三法は都市空間編成のあり方を実質的にも転換しようとする挑戦的かつ歴史的意義をもつ。日本の都市空間編成に約20年先行するアメリカにおいて，中心市街地活性化が意識されるようになるのは，1950年代に第2次世界大戦の帰還兵対策や中高所得者向けに連邦政府が30年の長期ローンによる住宅政策を打ち出すことで郊外住宅開発が始まり，中心部で家賃低下と低所得者の流入が始まったことにある。1960年代には商業機能がハイウェイ建設と自家用車の普及によって郊外に流出し，中心部のスラム化というインナーシティ問題が顕在化した。

アメリカでは車社会の深化とともに，70年代にはショッピングセンターが，80年代には複数のディスカウントストアからなるパワーセンターが，90年代にはストリップモールやスーパーセンターが新たな小売業態として創出され，都市郊外に売場面積規模と設置数とを増大させて出店した。郊外には日常的な経済活動においては中心部にほとんど依存しない職住商がワンセットで揃うエッジ・シティが成立し，中心部の都市機能はさらに低下することになった。

都市中心部での活性化対策としては，1970年代には開発抑制として成長管理政策が導入され，80年代にはタウンマネジメントが本格化し，NPOによる

コミュニティ再生の取組み，BID（Business Improvement District）の地区指定が進んだ。こうした活性化策を支援したのは1977年のコミュニティ開発包括補助金や地域再投資法の創設，1980年のナショナル・メインストリート・センターの設立などであった。

1980年代に始まるレーガン政権による連邦補助制度の大幅な見直しは，自治体に地域経済と財政の健全化，住居と生活と自然環境とをバランスさせる自治体経営を目覚めさせた。最小のコストで最大限供給するという自治体行政のあり方が，財政と環境保護の両面で広域レベル計画調整を必要とした。ゾーニング等規制から住宅開発の総量規制や社会資本容量に準じた開発規制条項の創設などが現れた（山川，2007a）。

1990年代には郊外型「副都心」としてのエッジ・シティが成立し，ストリップモールやスーパーセンターの出現とともにより小規模なネーバーフッド型の大型店舗が展開し始めた。しかし都市の拡散化は耐え切れない社会的経費の負担として計算されるようになり，都市のダウンタウン再生への動きや，スマートグロース（Smart Growth），コンテイングロース（Contain Growth），サステナビリティ（Sustainability）をキーワードとする都市圏の集約型計画管理への動きが顕在化した（吉川，2004）。

2　まちづくり三法の目的と挫折

まちづくり三法制定の目的は，郊外における大型店の立地場所問題への対応と中心市街地における商店街などの商業活動の空洞化問題への対応とにあった。すなわち①都市計画法により大型店の立地が可能な地域と不可能な地域を決め，②大店立地法（大規模小売店舗立地法）により主として郊外において交通渋滞や騒音，廃棄物処理など周辺の生活環境への影響を配慮することを大型店に求め，③中心市街地活性化法により商業活動の空洞化が懸念される中心市街地の活性化について商店街を軸にして進めようとしたものである。

しかし都市計画法による土地利用調整としての社会的規制が全く機能せず，立地規制が弱かった郊外への大型店の新規出店が加速したことから，中心市街地の活性化のために多額の国費を投入したにもかかわらず，中心市街地の空洞化，とりわけ地方都市の中心商店街は衰退の一途をたどり，総務省

(2004)の行政監察結果はまちづくり三法が政策効果がほとんどなかったことを明らかにした。

　大規模集客施設の立地状況（2004年現在）からしても，特に地方圏では，大規模商業施設は商業系地域（商業地域・近隣商業地域）には4割弱しか立地しておらず，工業系地域（準工業地域・工業地域・工業専用地域）や市街化区域外地域（市街化調整区域・非線引白地地域・都市計画区域外）への立地が4割強となっていた。劇場・映画館についても同様の立地傾向であった。社会福祉施設とか医療施設など公共公益施設については，市民病院やデイケアセンターの新規立地は市街化調整区域や非線引白地地域でも許可申請が不要であったし，総合病院等の周辺には小規模な個人医院や調剤薬局や病院利用者の関連施設・店舗が集積することになった。また地方圏の福祉施設は3分の2が市街化区域外の地域に立地していた。

　こうした大規模集客施設の郊外での立地は年度を下るにつれて増加した。大規模小売店舗についてみると，1980年代までは商業地域にもっとも多く立地していた。しかし，1990年に大店法（大規模小売店舗法）の「運用適正化」という立地規制の緩和によって，商業地域での開店が減少した。三大都市圏では1990年代前半には第一種・第二種・準住居地域での開店が目立つようになり，1990年代後半から2000年代前半にかけては準工業・工業地域での開店が目立つようになった。

　地方圏では三大都市圏よりも郊外立地が先行していた。地方圏では商業地域での立地は1980年代前半には7割弱をしめたが，90年代前半には近隣商業地域を含めても5割ほどに低下し，90年代後半以降は2割台に落ちている。地方圏の準工業・工業地域での立地シェアは80年代前半までは1割弱であったが，90年代前半には2割台に拡大し，さらに2000年代前半には3割台に上った。市街化調整区域・非線引き白地地域・都市計画区域外の地域での開店率は，80年代前半までは5%程度であったのが，80年代後半には1割を，そして90年代後半には2割を超えている。

　3大都市圏と地方圏との違いは，3大都市圏では準工業地域や工業地域への立地が目立つが，地方圏ではこれらに非線引き地域での立地が加わったことにある。つまり，大規模集客施設はまちづくり三法が制定される前後から中心

第 9 章　地方都市再生と商業まちづくり　169

市街地以外の地域での立地が急増しており，期待された社会的規制はほとんど作動しなかったのである（山川，2007a）。

Ⅲ　集約型都市構造への転換と改正まちづくり三法

1　大型店立地規制とまちづくりへの希望

　社会的規制がきかなかったことの問題は，総務省（2006）の「小売店等に関する世論調査」からもわかる。大型店の新規出店に関する立地規制や，まちの中心部の役割への期待が国民の間で高まっている。それは「住んでいる地域や近くのまちに，新たな大型店は必要だと思うか」との問いに対して，不要だと思うとする者の割合が51％であり，必要だと思う割合40％を上回ったことに表れている。

　これは国民の不安の反映でもある。「住んでいる地域や近くのまちに新たに大型店が開店することになった場合，その大型店のどのようなことが心配か」との問いに対しては，「交通事故や交通渋滞の発生への心配」が60％ともっとも高く，以下，「騒音公害の発生」（34％），「周辺の中小小売店がさびれ買い物が不便になる」（23％），「ゴミ問題の発生」（20％），「子どもの教育など青少年への悪影響」（19％）などが続いた。またどのような対策をすべきかを聞くと，「地元住民との話し合い」が51％でもっとも高く，「駐車場や防音壁などの生活環境への影響を緩和するための設備の充実」が50％，「まち全体を見て立地できるところと立地できないところを分ける（立地場所の規制）」が41％，「地元商業者との話し合い」が32％で，上位にでている。

　ではまちの中心部が果たしている役割や中心部に対して望んでいることは何かと聞くと，「小売店舗，金融機関，役所，病院などの施設が集中し，まとまったサービスが提供されること」が32％ともっとも高く，生鮮食品などを中心とした生活必需品が買えること（27％），地元の人々が集まり，話し合うコミュニティとしての役割（22％），車社会に対応できない高齢者の生活の支援活動（買い物などの支援）（22％），公共交通機関が充実（電車やバスの増便など）すること（21％），まちの中心部やその周辺地域の防犯活動（商店街の商店主などによる防犯パトロール，緊急避難場所の確保など）（20％）などが続く。都市規模別

でみると「小売店舗，金融機関，役所，病院などの施設が集中し，まとまったサービスが提供されること」や，「車社会に対応できない高齢者の生活の支援活動（買い物などの支援）」などは小都市で，「生鮮食品などを中心とした生活必需品が買える」ことは大都市や町村で，「地元の人々が集まり，話し合うコミュニティとしての役割」は小都市や町村で，「公共交通機関が充実（電車やバスの増便など）する」ことは中都市で，それぞれ高い。

2 都市構造のあり方の転換

これらの世論の動きを受けて，産業構造審議会流通部会・中小企業政策審議会中小企業支援分科会商業部会合同会議は，2005年12月に「コンパクトでにぎわいあふれるまちづくりを目指して」の副題をもつ『中間報告』を取りまとめた。少子高齢社会でのまちづくりを進めるためには，税収減への対応として持続可能な自治体財政を確立し，コミュニティを維持しつつ交流が生み出す価値を高めるという中心市街地のコンパクトシティ戦略が打ち出された。この『中間報告』を受けて，商業機能だけでなく福祉，医療，保健，教育など都市機能のすべてを中心市街地に集めることをめざして，中心市街地活性化法が改正されることになった。

大店立地法については，騒音・廃棄物・渋滞など周辺生活環境問題について大型店設置者が適切な配慮を行うことや，施行後に新設された大規模小売店舗の方が，交通対策，防音対策，廃棄物対策，景観対策，歩行者の利便性確保等の対策が進んでいると評価されている。ただし規制対象を小売業以外の集客施設一般にも広げることや，大型店の退店問題にも適切に対応することが求められ，逆に中心市街地に立地しようとする大型店については大店立地法で要求している基準等を緩和できるようにすべきことなどがあげられた（山川，2005）。

中心市街地の衰退や空洞化の原因については，中心市街地は地価・賃料，道路アクセス，敷地の広さ，権利関係等の面で，廉価・大区画の用地供給が進む郊外部に比して条件が悪く，近年の消費形態に対応しにくいという，競争条件の違いが指摘された。また商店街は独立する主体（商店主）が細分化されて多数存在するという特性を持っているので，主体間の意向が食い違うケース

が多く，商業地区関係者が一丸となった取組みが極めて困難であること，まちづくりに協力的な地権者が少ないこと，店舗・用地の未利用と賃料の高止まりが並存するという問題点を抱えている。そのため個人的な取組みと共同的な取組みとがなかなかかみあわず，空き店舗とまちの魅力低下とが悪循環をなし，中心市街地はコミュニティとしての魅力も低下している。中心市街地には，歴史・文化，伝統等を含めた広い意味での社会関係資本が蓄積されており，人間関係を育み楽しめることこそがコミュニティたる中心市街地固有の魅力であるので，こうした特性をどのように回復していくのかが課題となっている。

　このような課題にどう答えていくのかが，中心市街地活性化法に求められた。たしかに中心市街地活性化法は，市町村が中心市街地活性化基本計画の策定等でイニシアティブを発揮できることとか，具体的な活性化事業に民間（まちづくり会社中小組合等）が取り組んだという意義はあった。しかしその法律の目的が「市街地の整備改善及び商業等の活性化を一体的に推進する」に限定されていたことなどから，商業施設以外の学校・市役所・高齢者福祉施設・保育施設・病院といった公共施設などの都市機能が対象とはなっていなかった。また基本計画は国や都道府県に送付されるのみで詳細な評価等がないとか，作成段階において地域住民や商業関係者のニーズの把握が不足していたとか，対象地域の選定がむやみに広く，しかも数値目標の設定がないなどの問題が指摘された。策定された計画についても，経済・社会情勢の変化に対応した適切な見直しがないとか，国や都道府県による支援が事業毎の個別評価にとどまるとか，支援策の効果や実績を報告させる仕組みがないとかの問題も指摘された。

　都市計画法はたしかに市町村の事情や特性に応じて独自のイニシアティブによって柔軟かつ機動的に土地用途規制を行い得る制度に改正され，特別用途地区制度及び特定用途制限地域制度なども導入された。しかし土地利用規制と広域的観点の反映について問題があった。土地利用規制の問題点としては都市計画区域外の地域（特に農地），市街化調整区域，白地地域，市街化区域における規制が，郊外に行けば行くほど緩やかな体系になっているので，郊外開発が比較的容易に認められていた。また都市計画手法が市町村に権限があるものが多く，広域的観点が反映されにくいとの問題もあった。ただし，こ

うした法律を活用して規制等を先行させた地方自治体もある。京都市や金沢市では，各エリアに建築できる施設の面積上限を定め，施設設置者に届出義務を課すゾーニング型条例を制定するなど，自治体が条例により立地制限を行おうとする動きが，まちづくり三法の改正に先立った。

　まちづくり三法は2006年5月に改正され，少子高齢社会でのまちづくりはいかにあるべきかが前面に掲げられた。すなわち高齢社会での税収減への対応に向けた持続的な自治体財政をどのようにはかるのか，また中心市街地のコミュニティの維持をはかりつつ，価値を生み出す交流をどのように促進するのか等をめざしている。まちづくりの方向性はコンパクトシティという言葉で端的に表現されている。ここには郊外ではなく中心市街地に商業機能の他，福祉・医療・保育・教育など都市機能全般を集約し，地域コミュニティが生み出す多様な価値を創出するとともに，中心市街地のにぎわいを回復させるという戦略がみられる。期待される効果は高齢者でも歩いて暮らしていけるという高齢社会対応であり，またマイカー中心社会の見直しをすることで地球温暖化対策に貢献できるとしている。

　中心市街地に都市機能を集約するには，特に郊外部での土地利用規制を強化する必要がある。2006年2月1日の社会資本整備審議会『新しい時代の都市計画はいかにあるべきか（第一次答申）』と『人口減少等社会における市街地の再編に対応した建築物整備のあり方について（答申）』とを受けて，都市計画法が改正された。大型店を含む1万㎡以上の大規模集客施設の立地可能な用途地域は商業地域・近隣商業地域・準工業地域に厳しく限定されただけでなく，準工業地域については特別用途地区制度の活用が付加された。事実上なし崩しになっていた第二種住居地域，準住居地域，工業地域，非線引き都市計画区域や準都市計画区域の白地地域での立地が原則的に不可となったのである（山川，2007a）。

Ⅳ　商業まちづくりへの取組み

1　福島県商業まちづくり条例の意義

　こうした動きを先取りしつつ，地域との共生をより強く求めているのが2006

年 6 月に制定された福島県商業まちづくり推進条例（以下，県条例）である（山川，2007b，2007c，2010）。県条例は持続可能な共生社会の実現を政策理念とし，立地ビジョンに基づき県内小売商業施設を適正配置することで，歩いて暮らせるコンパクトなまちづくりと環境負荷の少ない持続可能なまちづくりを推進するものである。県条例は持続可能な共生社会の実現を図る福島県の政策理念に基づいて制定された。

　目指そうとする持続可能な共生社会とは経済的効率性等を重視した競争の論理を優先してきた 20 世紀型社会経済システムからの転換を図ろうとする思想をもつ 21 世紀型社会経済システムとしての持続可能な共生社会は，多様な選択肢が保障された中で一人ひとりが「個」としての尊厳を認め合い，支えあうことによって人間が人間らしく生きられる社会であり，地球規模や未来世代にも配慮した社会的，経済的，環境的に持続可能な社会である。この持続可能な共生社会は，自然との共生，世代間の共生，人と人との共生，地域間の共生，価値観の共生の 5 つによって構成されており，地域固有の伝統や文化自然環境，さらには人と人とのつながりを大切にしながら，魅力と個性のある美しい地域の再生を目指すのである。

　県条例の第 1 の特徴は，小売商業施設の立地の誘導と抑制に関して，県と市町村とが売場面積に応じて役割を分担し，立地ビジョンを策定することにある。県は商業まちづくり方針を提示し，県が売場面積 6,000 ㎡以上の特定小売商業施設は立地の誘導と抑制を広域的に行うこととし，市町村には 6,000 ㎡未満の小売商業施設の立地の誘導と抑制を行うべき地区の商業まちづくり構想の策定を求めている。

　このモデルは基本的な方向として，人口減少や急速な高齢化の進行等の社会状況を踏まえ，広域的な見地から，都市機能が集積し公共交通体系が整備されている地区に小売商業機能の高度な集積を図るとともに，それ以外の地域においても生活に密着した最寄品が身近で買えるよう，小売商業施設が適正に配置された持続可能な歩いて暮らせるまちづくりの実現を目指し，住民，小売商業者，行政等が連携・協働し，商業の振興に関する施策に併せて，土地利用に関する施策を一体的かつ戦略的に取り組むことを明記している。まちづくりを推進する上で重要と考えられる企業，公共公益施設，公共交通，住

宅等についても適正な立地を求めている。

具体的には、第1に6,000㎡以上の特定小売業施設は広域的都市機能集積地区、6,000㎡未満の小売商業施設を地域的都市機能集積地区に集積させ、少なくとも食料品や日用雑貨品などの日々の生活に密着した商品（最寄品）を身近な場所で無理なく買うことができるまちづくりを推進しようとしている。都市機能集積地区には単に商業施設だけでなく、公共・公益施設等を積極的に立地・誘導し、賑わいを創出することが求められた。誘導地域では、「商業集積の中心となるべき中心核（中心市街地がある場合は、当該中心市街地の全部又は一部）」の他に、「各地域の核（複数も可）となるべき地区を設定」できる。こうしたことから、商業集積を図るために、商業基盤施設等の整備、賑わいの創出、居住人口の増加、公共交通の確保などのための施策の明記が求められている。

第2は持続可能なまちづくりを推進するためには、自動車を利用しないと日々の生活に密着した商品の買い物に支障を来たさないことや、将来にわたって自然環境への負荷や自治体の財政負担を増大させることなどがないよう、郊外部の無秩序な小売商業施設の立地を抑制することが必要である。小売商業施設の出店が抑制される地域は、市街化調整区域、都市計画白地、農用地区などである。一定規模（例えば100㎡以上で500㎡以下）に満たない小規模の小売商業施設については、市町村の判断で基本構想における誘導・抑制の要件の対象外とすることも可能とされた。ただし、準工業地域では延べ床面積1万㎡超の大規模集客施設の立地を抑制すること、農業振興地域では持続的な農業振興及び計画的土地利用の観点から制度の厳格な適用を図ること、さらに近隣商業地域においても用途地域の指定の状況を検証して見直しもあるとしている。

第3は都市機能の集積を図る地区と抑制される地区とが鮮明にされることから、生活圏内の非集積地区から都市機能の集積を図る地区にアクセスが容易にできるように、公共交通機関の確保が求められている。

第4は小売業が地域密着型の産業としての特性を持つので、小売商業施設設置者による自発的な地域への貢献活動を促進し、地域と小売商業施設の相互の連携・協働により共存共栄のまちづくりを進めることが期待されている。

2 地域商業から商業まちづくり

　小売商業は分散的な生活者に対する最終流通部門を担当していることから，その経済活動規模は零細性によって特徴づけられてきた。その零細性がゆえに自営業的色彩を強く持ち，その多くが家族経営であったこともあり，経済指標としての労働生産性は低い水準にあった。1960年代以降，都市の再開発と連動させた流通部門の近代化が進められた。それは一方では「流通革命」と称する規模経済を追求するスーパーマーケット業態の立地受入であり，他方では「地域商業近代化」と称する零細小売店が集積する商店街の基盤整備の促進として現れた。

　特に1970年以降，「商業近代化地域計画」が地方中枢都市から地方中核都市，そして地域中心都市に至るほとんどすべての地方都市において策定され，駅裏地区や中心市街地隣接地域における区画整理や商店街におけるアーケードの設置や街灯のリニューアルなどのハード事業が進められた。こうした近代化事業は商店街にとってはスーパーマーケットの立地を受入れたり，買回店を中心とするのか最寄店を中心とするのかといった種別化を受け入れたりする契機となった（山川，1988）。

　「地域商業」という業態には，小売が「業」としてのみでは存立できない意味を内包しており，「少なくとも理念的には，既存の商業者や商業者組織の維持・存続を目的とするものではなくなった。／小売業を地域社会の中に位置づけ，それにいかに貢献しうるかという視点から小売業を見直すことを意味していた。」（石原・加藤編，2005；5頁）。もちろん商店街は個店の立地選択の結果として形成される「商業集積」がその形成の契機となるのであるが，まちづくりには「総合性，計画性，競争公平性，現実性」（専修大学編，2003；30頁）などが政策的には含意されなければならない。

　同時にこのことは「商」にとっても「まちづくり」にいかなる貢献が可能なのかという「外部性」のあり方が問われることになる（石原，2006）。その外部性は個店における「売買の集中」から生まれる選択の多様性や店主の接客の良さや店舗空間としての魅力，個店の業種や業態の多様性や統一感あるファサードや安全に管理されている街並み空間としての魅力，そこで行われるイベントや

交流などによる賑わいのなかで自己を安心して表現することのできる文化的な魅力なのであり，単純に経済計算できない外部性である。

V　おわりに —— 地方都市中心市街地再生の視点

　中心市街地の活性化には何が必要なのであろうか。ジェイコブズは都市の多様性が都市を形づくるさまざまな経済効果の蓄積によって生み出されるが，都市が多様性をもつ条件として，生き生きとした下町のような土地利用における混在性，街角を多く持つ小さな建物ブロック，年代の異なった建物の併存と調和，そして何よりも定住による人々の密集性などが必要であると述べている（J. ジェイコブズ／黒川訳，1997）。

　中心市街地にとって何よりも重要なことは，多くの人たちが街中に居住することであり，それはコミュニティの維持発展の基盤となる安全・安心の生活環境を醸成する。中心市街地が定住に値するには，なによりも生活上での安全・安心の確保が必要である。近年，地方都市郊外で犯罪が多発しているにもかかわらず，中心市街地が意外に落ち着いているのは，まちなか町内会等による自主防犯活動が存続しているからである。安全・安心は中心市街地の持続的発展に不可欠で，これは商店街や自治会が定住人口を持たなければ確保できないのである（山川，2007d）。

　第2はサービス利便性の視点である。前出『世論調査』によれば，街中に住みたい理由でもっとも多いのは，日常の買物の利便性がよいから（以下，買物利便性）の70%で，これに医療や福祉などの利便性が良いから（医福利便性）の58%や通勤や通学の利便性が良いから（通勤利便性）の55%などが続く。買物利便性が相対的に高いのは，都市規模別では町村，政令指定都市，中都市など，性別では女性，年齢別では高い年齢層である。医福利便性は都市規模別では町村と政令指定都市で，性別では女性が高く，年齢別では年齢を重ねるに連れて急速に高まる。これに対して通勤利便性は都市規模別ではそれほどの較差がなく，性別では男性が高く，年齢別では20～40歳代までは高いものの，50歳代以降では急速に萎える。ただし理由での上位3位の順位が，小都市は他の都市とは逆転し，通勤利便性が1位，医福利便性が2位，

買物利便性が3位となっている(総務省, 2005)。

　第3は経済的機能である。中心市街地には商業施設や公共施設など交流機能やサービス機能が集積しており，これらが苗床機能を醸成して，NPOや新産業を創出し，時宜にかなった雇用機会を生み出している。さらに重要なのは中心市街地(商業地)が固定資産税を多く支払い，住民税とともに自治体財政を底支えしていることである。市町村民税は97年以降減少傾向にあるものの，固定資産税額は依然高止まりにあり，全国的には商業地が固定資産税の6割以上を負担している。また中心市街地の活性化は地方自治体への固定資産税の増加に寄与するだけでなく，コンパクト化と結びつくことによってライフラインの維持費用の軽減をもたらし(山本, 2006)，空き家問題への対応も可能となる(由井他編, 2016)。

　第4は歴史的文化的な豊かさの再発見である。歴史ある家屋等の修景事業が，まちなか観光資源として注目を集め，経済効果をもたらしている。例えば三重県伊勢市では，協議会を設立して，雑多な屋外広告物と乱雑な電線類で統一感のない街並みを，無電柱化，表示・掲出物の制限，建築物等の形態意匠の誘導などを行い統一感のある街並みへと変貌させている。またこうした修景がより多くの観光客を引き付ける契機ともなっている。

　第5はコンパクトで良好な中心市街地は地球温暖化対策に貢献できるという視点である。温暖化等の地球環境問題は国際政治問題でもある。京都議定書(2005年発効)で掲げたCO_2削減率6%を達成するには，産業分野だけではなく地域交通分野での削減も求められた。ここではマイカーからの公共交通機関への利用の転換がもっとも効果的である。欧米では都市再生戦略の一環として，マイカーの都心乗り入れ制限と郊外・都心を直結する路面電車LRT(Light Rail Transit)の整備が進んだ(村上, 2007)。国内でも広島市・熊本市・岡山市・函館市・富山市など地下鉄がない地方拠点都市で，路面電車に低床式新型車が導入(LRT化)された。また宇都宮市においてもLRT導入が決まっている。

　第6はコンパクトで良好な中心市街地は高齢社会における生活維持にとっても重要になっていることである。高齢者が自動車免許証を返納し，しかも歩行可能距離が短くなるので，「買物砂漠」と呼ばれるように生鮮食料品の調達

に困難な地域が出現する。これは中山間地域だけの問題ではなく，スーパーマーケットなどの商業施設が閉鎖されることを契機として都市地域においても出現してきている。近年，地価の下落で商業地域においてマンション建設・供給が進んでおり，こうした買物利便性の高い地域に郊外から街なかへの転居する高齢者が目立っているのである（岩間編，2013）。　　　　　（山川　充夫）

〈参考文献〉
石原武政・石井淳蔵（1992）『街づくりのマーケティング』日本経済新聞社。
石原武政・加藤司編（2005）『商業・まちづくりネットワーク』ミネルヴァ書房。
石原武政（2006）『小売業の外部性とまちづくり』有斐閣。
石原武政・西村幸夫編（2010）『まちづくりを学ぶ——地域再生の見取り図』有斐閣。
今田高俊・金泰昌編（2004）『都市から考える公共性』（公共哲学13）東京大学出版会。
岩間信之編（2013）『フードデザート問題：無縁社会が生む「食の砂漠」［改訂新版］』農林統計協会。
浮田典良編（2003）『最新地理学用語辞典［改訂版］』大明堂。
宇沢弘文（1994）『社会的共通資本と社会的費用』（宇沢弘文著作集Ⅰ）岩波書店。
宇沢弘文（2003）「社会的共通資本としての都市」宇沢弘文・國則守生・内山勝久編『21世紀の都市を考える——社会的共通資本としての都市　2』東京大学出版会。
大森彌・卯月盛夫・北沢猛・小田切徳美・辻琢也（2004）『自立と協働によるまちづくり読本』㈶地域活性化センター。
織田直文（1992）『まちづくり診断——地域再生のドラマを追って』清文社。
桑子敏雄（2005）『風景のなかの環境哲学』東京大学出版会。
小林重敬編（1999）『地方分権時代のまちづくり条例』学芸出版社。
J.ジェイコブズ著，黒川紀章訳（1977）『アメリカ大都市の死と生』鹿島出版会。
専修大学マーケティング研究会編（2003）『商業まちづくり——商業集積の明日を考える』白桃書房。
総務省（2004）『中心市街地の活性化に関する行政評価・観察結果に基づく勧告』。
総務省（2005）「小売店舗等に関する世論調査」。
園利宗（1994）『街づくりハンドブック』ビジネス社。
高見沢実編著（2006）『都市計画の理論——系譜と課題』学芸出版社。
竹内宏（2004）『「町おこし」の経済学』学生社。
内閣府政策統括官（経済社会システム担当）編（2007）『日本の社会資本，2007』国立印刷局。
中島耕（1999）「町並み連盟の軌跡が教えるもの」全国町並み保存連盟編著『新・町並み時代——まちづくりへの提案』学芸出版社。
林巨樹監修（1993）『現代国語例解辞典　第二版』小学館。
原田純孝編（2001）『構造と展開』（日本の都市法Ⅰ）東京大学出版会。
宮本憲一（1976）『社会資本論〔改訂版〕』有斐閣。
村上敦（2007）『フライブルグのまちづくり——ソーシャル・エコロジー住宅地ヴォーバン』学芸出版社。

山川充夫（1988）「福島の駅前再開発と商業近代化の流れ」福島大学東北経済研究所編『新しい時代の地域づくり』八朔社。
山川充夫（2005）「大店立地法の立地指針見直しとその課題」福島大学経済学会『商学論集』第 74 巻第 1 号。
山川充夫（2007a）「改正まちづくり三法がめざす都市構造とは」福島大学地域創造支援センター編『福島大学地域創造』第 19 巻第 1 号。
山川充夫（2007b）「福島県商業まちづくり条例の意義」日本地域経済学会『地域経済学研究』第 17 号。
山川充夫（2007c）「福島県商業まちづくり条例の意義と課題」『中小商工業研究』第 92 号。
山川充夫（2007d）「地域社会と共生する商店街」『地理』第 52 巻第 11 号。
山川充夫（2010）「福島県商業まちづくり条例の展開」福島大学経済学会『商学論集』第 79 巻第 2 号。
山本恭逸（2006）『コンパクトシティ――青森市の挑戦』ぎょうせい。
由井義通・久保倫子・西山弘泰編（2016）『都市の空き家問題なぜ？どうする？――地域に即した問題解決に向けて』古今書院。
吉川富夫（2004）『米国における地域経営の新展開――業績測定による成長管理』公人社。

第 10 章　地域経済と観光産業

I　高まる観光産業への期待

　2003年に政府により観光立国宣言がなされると，観光産業を日本の基幹産業として成長させることが明確に打ち出され注目を集めることとなり，当然ながら観光資源を有する地域における観光産業への期待も高まることとなった。国は観光プロモーション施策として外国人旅行者をターゲットにビジット・ジャパン・キャンペーンを展開し，ビザの段階的な緩和も実施したため，訪日外国人旅行者数（次頁図10-1）は観光立国宣言当時（2003年）の521万人に対して，2015年度には2,000万人間近に到達した。

　訪日外国人旅行者を対象としたインバウンド市場は，2012年以降は著しく拡大している。経済成長を遂げた中国からの観光客による「爆買い」と呼ばれる高額な旅行消費は，観光産業のみならず世間の注目を集めた。中国のみでなく，東南アジア諸国からの観光客数はここ10年で急増し，東京や大阪のみならず地方中核都市の一部で宿泊施設の客室数不足が発生している状況にある。2020年に開催される東京オリンピックまではインバウンド市場は拡大することが想定され，国は2020年の訪日外国人旅行者数の目標を4,000万人と打ち出している。こうしたインバウンドが追い風ともなり，観光産業の規模は拡大し，今やGDP比で2.3％を占めるまでに至っている。[1]

　いっぽう，日本の国民側にも変化も見られる。近年では生活における質の高さが問われるようになり，高度経済成長期以後の仕事中心の生活は敬遠され，仕事と私生活の両立のあり方が重要視されるようになった。私生活を充実させるための選択肢に旅行があるのは言うまでもない。こうした背景を受けて，国

---

(1)　産業連関分析による直接効果（国土交通省2016年）。

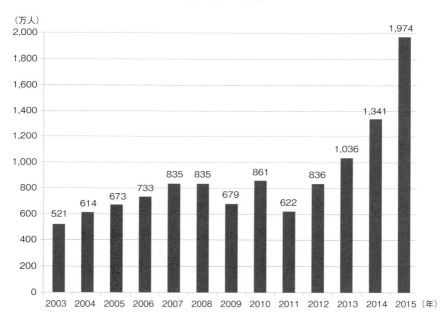

図10-1 訪日外国人旅行者数の推移（2003年〜2015年）

出所：日本政府観光局（JNTO）2016年。

では「ゆとり休暇」の促進を国土交通省や厚生労働省を中心として議論し，土日と祝日を合わせた連続休暇化などにより長期休暇を取得しやすくした。結果として生まれた秋の「シルバー・ウィーク」は定着しつつある。また2016年8月には新たな休日として「山の日」を設け祝日を増加させている。こうした意識の変化と社会環境の整備により，これまで以上に観光による旅行をしやすい環境が整ってきたと言える。

　こうした背景から，近年の観光産業を取り巻く環境はまさに追い風であり，観光客を受け入れる地域側では観光産業の育成を行っているところも多い。では地域はこれから観光産業とどうつきあっていくべきなのだろうか。また観光産業は地域の明るい未来の創造に向けて，どのようにあるべきなのだろうか。本章では，観光産業の定義を明確にした後，観光基幹産業についての歴史的

背景や現状を整理した上で，現在の問題と課題を明確にし，地域にとって望ましい在り方を指摘したい。観光基幹産業としては旅行業・宿泊業・運輸業を中心に，とりわけ地域への経済的・社会的効果の関連の深い分野を主として扱うこととする。本章は観光産業を産業分析のような視点から扱うものではなく，地域からの視点で扱うこととしているが，それがわかりやすいように適宜事例を交えながら説明を加えていくこととする。

Ⅱ　観光産業の範囲と特徴

1　地域から見た観光産業の範囲

本書における観光産業の範囲を定義しておきたい。観光産業という産業は日本標準産業分類に存在しないため，具体的にどのような産業を示すのかは明確ではなかった。観光庁の資料によれば「観光産業は旅行業と宿泊業を中心として，運輸業，飲食業，製造業等にまでまたがる幅の広い産業分野である」とあり，どの範囲までかは明確ではない。観光庁の発足とともに観光統計のあり方も整備されたが，観光産業をどの範囲まで扱うかにおいては，「(日本標準産業分類の)各分類ごとに観光に該当する割合はどの程度かを推計してそれを足しあげる」となっており，扱う産業の広さが窺える。産業における提供サービスの割合として観光目的が高ければ観光産業ということもできるだろうが，日本においてそのように観光産業を線引きしている機関はない。過去に観光産業があまり注目されてこなかった背景には，こうした観光産業の範囲が不明確であったことも指摘されている（溝尾，2015）。そこで本書では観光産業を地域経済との関わりから整理しておきたい。概念図は次頁図10-2の通りとなる。

観光産業における基幹産業は旅行業，宿泊業，運輸業と言える。日本のみならず世界の観光の大衆化を進めてきた立役者である。運輸業は範囲が広い

---

(2) 「観光産業の現状について」国土交通省観光庁，2012年。
(3) 「知って得する観光統計」国土交通省（http://www.mlit.go.jp/kankocho/column01_100827.html）2016年11月7日閲覧。
(4) 溝尾良隆（2015）『観光学：基本と実践』古今書院。

図 10-2　地域からみた観光産業の概念図

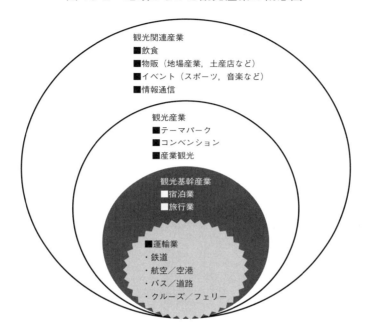

が，なかでも鉄道業・航空業・海運業（クルーズ）などが挙げられよう。これらの産業を本書では観光基幹産業としたい。

　観光基幹産業を中心として，広義に観光産業を捉えると，テーマパークとコンベンション，産業観光が含まれてくる。テーマパークはサービス業の一部に位置づけられ，コンベンションについてはMICE産業としてより広義に捉えられるようになったものの，産業分類の中に一つの産業としては収まりきらず，観光産業として捉えて良いだろう。産業観光は現代の産業施設から過去の産業遺産に至るまでを観光の対象としており，製造業を対象とする傾向にある。この外側に観光関連産業が位置づけられるが，観光地周辺の飲食・物販（地場産業，土産店など）・イベント（スポーツ，音楽など）・情報通信としている。これらの産業は，対象とする顧客の中心が必ずしも観光客ではないが，一部を含むといったものである。観光消費においては，飲食業であるレストランや喫茶店，小売業である土産品店での消費が必ずと言って良いほど行われる。そして

小売業と密接にかかわるのが地場産業である。情報通信は近年は映画・アニメやコンテンツ業がロケや観光を誘引したり，観光基幹産業の流通にも大きな役割を担い存在感が高まりつつある。

2　地域から見た観光産業の特徴

　ここでは地域から見た観光産業の特徴を整理しておく。あくまで地域との関わりにおいて述べているので，産業全体の特色すべてを網羅するものではない。
　観光産業は地域への経済波及効果が高い産業であると言われている。前項において観光産業の範囲を捉える時，かなり幅広い産業を横断して考えると述べたように，観光基幹産業の他にも多くの産業へ経済的な効果をもたらすのである。また観光産業はいわゆる人に頼る産業であり雇用効果が高い。社会経験が少ない若者，女性，シニアと様々な年齢層が活躍でき，また常勤でもパートタイムでも雇用されることが可能である。
　また経済効果に加えて重要なことがいくつかある。第1に，地域資源を活かした産業であるということである。観光資源となるものの多くは，その地域に根付いた歴史や文化，昔からある自然や景観に基づくものである。つまり新しい何かを作り出さなくても，その地域にもともとある資源を活用すればよい。従ってどのような地域でも観光産業には参入することができるのである。第2に，観光産業参入においては特殊な技術や施設を必要としないということである。勿論，地域資源を観光資源として見せるには，観光客への伝え方や見せ方に最低限の施設整備が必要となることもあるが，製造業の工場のような多額の資金を必要とするものではない。むしろ使われていない公的施設があれば，それにわずかな手直しをする程度で，観光資源を説明する資料館を作りあげることが可能である。第3に，地域の農林水産業や製造業などに観光を通して新たな付加価値を加えることが可能であるという点である。観光は地域の農林漁業や地場の小さな製造業を知る良い機会である。観光客が地域の生産物や製品に価値があると感じたのであれば，口コミとして地域の外へ情報が伝わるであろうし，その情報量が増えれば，農産物や製品がブランド化されて付加価値化につながる。第4は，地域における観光産業は新たな観光産業の市場を生み出すという点である。エコ・ツーリズムやグリーン・ツーリズムはこうし

た地域における観光産業のなかから生まれたアイデアとも言えるのである。

Ⅲ　旅行業・宿泊業・運輸業

1　旅行業

(1)　旅行業の変遷

　我が国の旅行業のルーツは江戸時代の巡礼観光にあるとされるが，産業として成立したのは明治以降のことである。開国した日本は西欧諸国から新しい技術や文化を取込むのに懸命であった。とりわけ産業革命を起こしたイギリスなどから多くの技術者を招き，鉄道を始め新しい交通網の整備に努めた。こうした外国人技術者や彼らが連れてくる家族などに向けて，政府は観光案内や宿泊施設などの案内を始めるようになった。先進的な技術・文化・制度・学問をもたらす外国人達は，当時の日本にとって招くべき客人であり，日本政府はこうした外国人旅行者を積極的に受け入れるために，当時の鉄道省内に1912年，観光案内や宿泊施設の紹介を目的としてジャパン・ツーリスト・ビューロー（後に国の機関から独立し日本交通公社となり，現在は大手旅行会社ジェー・ティー・ビーとなる）を設立した。外国人技術者や学識者達は日本で仕事をする傍ら余暇を過ごし，山間部に避暑地などを発見し日本国内に広めた。その後，日本で最初の民間の旅行会社である日本旅行や近畿日本ツーリストが設立され，いよいよ旅行業が誕生した[5]。

　現代旅行業の原型が生まれたのは第二次世界大戦後である。高度経済成長期には企業内の親睦を図る慰安旅行が旺盛となった。大勢がバスで温泉地などを訪れ，親睦を図る宴会を行うという団体ツアーで，これらを手配する旅行会社の規模も拡大することとなった。1950年代にジャンボ旅客機が就航し海外旅行が自由化されると，日本航空のジャルパックがハワイのツアーを実施して注目を集めた。当初は高額で富裕層しか手が届かなかった海外旅行だが，1980年代に航空運賃の団体割引が段階的に登場すると，バブル経済も手伝っ

---

(5)　旅行業の歴史については，溝尾良隆編著（2009）『観光学の基礎』および前田勇編著（2014）『現代観光総論』が詳しいので参照いただきたい。

て，海外旅行ブームが起きることとなった。高度経済成長期には余暇に家族旅行などできる環境は無かったが，この時期には家族や友人と気軽に安価に国内外の旅行を楽しめるようになった。いわゆる旅行の大衆化，「マス・ツーリズム」が起こったのであった。1980年代には格安航空券会社が登場し，それが旅行部門を拡大させて急成長した。代表的な企業はエイチ・アイ・エスである。1990年代にはバブル経済が崩壊し国内旅行の伸びも横ばいとなり，2000年代には海外旅行者数も横ばいとなったが，国がインバウンド政策を促進した結果，訪日外国人旅行者数は増加傾向にある。現在の旅行業者の多くはインバウンドを事業の重要な柱にしているところが少なくない。

(2) 地域から見た旅行業の問題と課題

　旅行業における産業としての特色を地域からの視点でまとめておく。これまで観光地であった地域の多くは観光客の誘致においては旅行業に大いに頼っていた。慰安旅行が旺盛だった時代には，大手旅行会社が積極的に大型旅館を整備するよう地域に助言し，観光客の選択肢を増やすために認知度が低い地域を観光地としてプロモーションすることもした。しかしながら観光客の志向が変化し，個人旅行化が進んだ現在，旅行会社に営業や宣伝を全面的に頼ることができなくなった。旅行会社自体も個人旅行化で離れる顧客を食い止めるために，質の高い観光地を探して宣伝するようになり，またかつてのような収益性を保つことも難しくなってきた。地域側はもう旅行会社だけに頼ることはできず，インターネットが登場してからは自身で地域を宣伝し集客しなければならなくなっている。地域側がどのような観光資源をアピールし，どのような観光客に訪れてもらいたいのか，自分でマーケティングしなければならない時代になっている。地域が自ら観光資源を評価し，それを商品化につなげていくことを国では「着地型観光」として推奨している。国は2012年に旅行業法を改正して地場の旅行会社がその地域を対象として旅行商品を企画できるようにした。実際，地域がこれまでに実施してこなかった旅行商品の企画を行う作業は困難もあるだろう。だが自分たちが生まれ育ってきた地域なのであるから，地域の若い世代や外部者の意見をうまく取り入れながら努力を続けて行くことで，これまで大手旅行会社が行ってきた以上の旅行商品が生まれることに期待

したい。

2　宿泊業

　宿泊業の定義は厚生労働省によれば，ホテル，旅館，簡易宿所，下宿となっている。宿泊施設の開業においては衛生上の観点から厚生労働省への登録が必要となっており，これは宿泊業法においても定められているところである。実際，下宿は宿泊者の目的が観光ではないから，観光産業からは除外して良いだろう。また自治体によっては，条例などを定めることで，都市部や農林漁村の一般家庭において民泊という形で宿泊サービスを提供することを認めていることがあるので，法的には宿泊業には定義されていないものの，今後は民泊を含めて宿泊産業を考える必要があるだろう。

　宿泊業は全国的にホテルが増加し旅館が減少している傾向にある（次頁図10-3）。ホテルには旅館より規模の大きいものが多いため，客室数的にはホテルが最も多い（次頁図10-4）。2000年以降には都市部に大型外資系ホテルが相次いで進出したことから，この数字を押し上げている現状がある。一方で地域におけるホテルの建設は都市部ほどの勢いはない。そして既存の観光地の宿泊施設で苦戦しているのは古い旅館と総合保養地域整備法（通称リゾート法，1987年施行）のもとに建設された大型ホテルである。歴史ある温泉地などでは団体旅行時代の大型旅館が残っており，個人旅行者をうまく取り込めずに苦戦した。総合保養地域整備法のもとで建設されたホテルの多くは，バブル崩壊後に多額の負債を抱えていた。こうして経営難となった旅館やホテルの多くは事業再生の対象となり，所有者や経営者が変わることとなった。事業再生における地域から見た最大の問題点は，宿泊施設単体として再生はしても，地域全体を再生するものではないということである。

　団体旅行の時代にできた旅館のなかでも，現在まで良質な経営をしているところもある。こうした旅館の多くは，早くから地域との連携を取ってきたことが特徴と言える。例えば，地域の農産物や農産加工品を食事に出し，また土産品として販売し，個人旅行化してからは1泊2食を1泊朝食のみにして地域を回遊させるようにし，その対応策として農山漁村における作業を体験化して提供してきた。また，ふるさとの景観を損なわないように，地域で大型宿泊施

図10-3　国内の宿泊施設数の推移

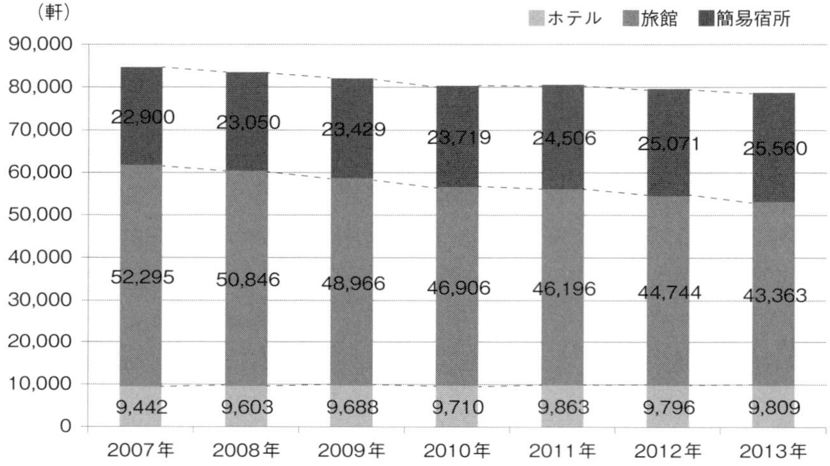

（軒）　　　　　　　　　　　　■ホテル　■旅館　■簡易宿所

年	簡易宿所	旅館	ホテル
2007年	22,900	52,295	9,442
2008年	23,050	50,846	9,603
2009年	23,429	48,966	9,688
2010年	23,719	46,906	9,710
2011年	24,506	46,196	9,863
2012年	25,071	44,744	9,796
2013年	25,560	43,363	9,809

出所：厚生統計要覧2014年より作成。

図10-4　宿泊施設における客室数の推移

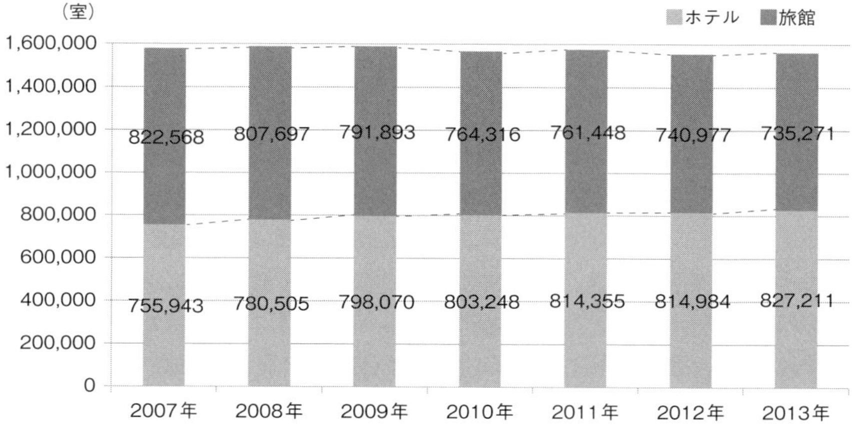

（室）　　　　　　　　　　　　　　■ホテル　■旅館

年	旅館	ホテル
2007年	822,568	755,943
2008年	807,697	780,505
2009年	791,893	798,070
2010年	764,316	803,248
2011年	761,448	814,355
2012年	740,977	814,984
2013年	735,271	827,211

出所：厚生統計要覧2014年より作成。

設の建設を止めるような動きをしてきたところもある。今後とも宿泊産業に必要とされるのは地域との連携であり，施設が地域資源のショールームのような役割を担うことが求められている。装置産業でもある宿泊施設は，建設してしまえばそれを簡単に壊すことができない。設計段階から地域と密な連携を取ることが求められるのである。

3　運輸業
(1)　現代観光の大衆化を後押しした運輸業

日本の観光市場の拡大に大きな貢献をしたのが運輸業といえる。とりわけ鉄道業や航空業の果たした役割は大きい。鉄道業においては，1978年に国鉄がデスティネーション・キャンペーンを行って以来，観光地のプロモーションを積極的に展開してきたし，女性グループやシニア向けの観光地への割引切符など，観光をする客層の拡大も図ってきた。航空業においては北海道や沖縄のような就航地を宣伝して一大観光地へと発展させた。いずれも観光の大衆化を促す意味で，多いに貢献した産業と言えよう。

地域から見れば，鉄道駅や空港の立地は，観光客の行動を大きく左右するため大きな関心ごととなり，新幹線駅を作るとなると地域間で誘致合戦がくり広げられる。しかしながら新幹線の開通は，これまで宿泊型の観光地であったところを日帰り圏にしてしまうこともある。また空港ができたとしても就航区間や本数は確約されたものではなく観光客数は増加もあれば減少することもある。日本の鉄道網は，幹線を国鉄が，地方線を私鉄が走るような形で整備されてきた。そういう意味では私鉄が観光地形成に及ぼした影響は大きい。私鉄の一部には顧客を観光客に依存するところもある。しかしながら多くの鉄道が輸送するのは生活圏の住民や商用客であり，鉄道業は必ずしも観光客ばかりを向いているわけではない。こうしたことから，観光地としての地域は観光客の送客を運輸業に頼りきり，口を開けて待っているというわけにはいかないのである。

(2)　注目されるクルーズ産業

インバウンドの拡大とともに，観光産業において注目されているのがクルー

ズ産業である。これまで観光産業研究においてもクルーズ産業について詳しく分析される機会は少なかったと言って良い。そこでここではクルーズ産業を取り上げ地域から見た問題や政策的な側面での課題をまとめておきたい。

　日本は第二次世界大戦前には世界屈指の海運国であった。開国してのち，明治政府は海事産業に力を入れ，官民で成長してきた。台湾には定期便を運航していたし，南北アメリカ大陸にも多くの日本籍船が就航していた。このころには大西洋を横断する定期船のデザインを模すなどして日本にも華やかな大型客船が現れ，出航時の港は大勢の見送り客が訪れて賑わいを見せた。しかしながら，太平洋戦争が勃発して間もなく戦況が怪しくなると，こうした民間の船の多くは徴用されることとなり，終戦間際には護衛船もつかないような状況で使用されていたため，ほとんどは敵軍に沈められ，船舶会社から徴用された船員にも多くの犠牲者が出ることとなった。戦後，残った隻数は非常に少なく，海運業はほぼゼロからの再出発となった。しかしながら戦後には鉄道や道路が発達し，旅客輸送の中心は陸路となり，海路は貨物中心にシフトすることとなった。こうした背景から日本ではクルーズ産業が大きく発展しなかったと言って良い。しかしながら戦前華やかだった客船の面影を残すべく，いくつかのクルーズ客船が造られた。商船三井の「ふじ丸」(1989年)，「にっぽん丸」(1990年)，日本クルーズ客船の「おりえんとびいなす」(1990年)，日本郵船の「飛鳥」(1991年)などである。日本の現代クルーズ産業が確立したのをこの時期とすれば，歴史はまだ20年ほどである。その後「ぱしふぃっくびいなす」(日本クルーズ客船1998年)，「飛鳥Ⅱ」(日本郵船2006年)が登場したが，バブル崩壊後の景気後退によってそれ以上の新造船はなく，現在の日本籍クルーズ客船の数は4隻のみとなっている。[6]

　クルーズ産業は19世紀にヨーロッパで富裕層のレジャーとして生まれたが，これを誰でも参加できる大衆的なレジャーに発展させたのは20世紀のアメリカである。クルーズは一般的に豪華なイメージがついてくるが，宿泊や移動の他に，食事や喫茶，船内のアクティビティなど全てが含まれたオールインクルー

---

(6)　五艘みどり (2008)「我が国のクルーズ・マーケットにおける発展過程と課題における一考察」日本観光研究学会全国大会論文集．

シブ料金であり，20万トンを超える世界最大級のクルーズ船を保有するアメリカのロイヤル・カリビアン社は，1泊あたりの室料は80ドルくらいの安価からある。もちろん，イギリスのキュナード・ラインのような老舗の豪華客船もあるが，現在運航される客船における価格設定は概してリーズナブルといえる。クルーズの期間は短期で2泊3日から長期は世界一周の約100日までと様々な期間設定がある。日本ではクルーズは長期というイメージがあるが，実際には外国船に乗る場合でも，外国の港まで航空機で移動する期間をプラスしたとしても7日間くらいからの行程を組むことができるのである。

　近年，外国籍のクルーズ船が日本に多く入るようになった。韓国の釜山と定期フェリーがあった福岡市はクルーズ船の受け入れに積極的で，2015年の寄港数は博多港が259回と国内最多である（国土交通省2015年）。クルーズ船は訪日外国人旅行者を多い時には数千人という規模で連れてくることもあり，着港する地域周辺への経済効果は非常に大きい。こうしたことから，政府もクルーズ船の誘致に積極的な姿勢を示すようになった。実際外国のクルーズ船の多くはこれまで日本の港で受け入れていたような船の大きさをはるかに超えるものが多く，岸壁の整備が必要となる。また着港料や水先料などの負担は世界的に高額と言われており，段階的な引き下げが求められるだろう。

　クルーズ船が就航した場合，地域側が留意すべき点について述べておく。クルーズ船が到着すると非常に多くの観光客が下船する。あまりの人数の多さに，地域側では現地係員やガイドの数が不足することが多い。また港の停泊は一般的に1泊程度であるから，多くの観光客はガイドブックで見た観光地にタクシーや送迎バスで行き，食事と土産品を購入して船に戻るだけという観光行動となる。地域とクルーズ船が連携していることはあまり多いとは言えず，観光客は同じところに流れるばかりで，周辺地域は期待したほど観光客が訪れないところもある。いわば典型的なマス・ツーリズムの観光行動をとることが多いので，クルーズを就航させる場合には地域は注意しなければならない。できることなら，クルーズ会社に地域を売り込むポート・セールスの段階から，地域の人材が連携して行動できれば理想的である。

Ⅳ　地域から生まれた観光産業

1　国内事例から学ぶ――京都府和束町

　和束町は京都府南部に位置する人口が4,000人程度の小さな町である。農業が中心で，高品質な宇治茶の生産地である。最寄りの鉄道駅（木津川市，加茂駅）まで奈良からは約15分，京都と大阪からは約1時間にもかかわらず，少子高齢化と人口減少が著しい過疎指定地域である。和束町では2006年頃から茶業の観光産業化への検討と取組みがなされてきた。これまでに地域に観光産業はなく，まったくゼロからのスタートであった，和束町の事例を紹介する。

（1）　生業である茶生産への危機感

　和束町の集落の形成は鎌倉時代に遡り，歴史は古い。京都と奈良の中間に位置するため，聖武天皇，後醍醐天皇，伏見天皇などゆかりの寺社や言い伝えが多く残る。しかし京都や奈良の中心部のように来訪者が多数訪れるほどの認知度はないのが実情だ。また茶栽培の起源も鎌倉時代と古い。生産量は現在も京都府の45％を占め，古今ともに茶栽培の町である。だが茶の多くは宇治茶として流通しているため，和束町の名が表に出ることは少なく，全国に茶産地として知られているわけではない。さらに和束町で産出される茶は，品質の良さから高価格で取引されるため，収入面からは農業として安定感がある一方で，日本茶のペットボトル飲料化が進み，和束産のような高品質な茶葉の市場が縮小していることは否めない。また生産者が高齢化している上に後継者が不足しており，耕作放棄地を拡大させている。こうした状況は，将来的な茶産地としての競争力低下を招く問題とされている。

　こうしたことから町では和束産の茶をこれまでの宇治茶から「和束茶」として流通させ，茶のブランド化と茶産地の知名度向上を図る取組みを進めてきた。さらに2006年頃から茶畑景観を活用した観光産業化を模索してきた。7割を森林が占める和束町では，茶畑は急傾斜地に存在しており，これは農家にとっては機械化が難しく多大な労力を費やす一因となったが，一方で至る所に広が

図10-5　和束町の茶畑景観（原山地区）

る急傾斜地の茶畑は美しい景観を形成し，ふもとの集落と合わせて独特の農村景観を生み出していた（図10-5）。和束町はこの茶畑景観を観光資源としたのであった。

(2)　和束町の取組み

　和束町が実施した観光産業化における取組みは多くの困難を伴った。農業中心で人口減少の著しい和束町は税収が少なく，当時の町職員は70名程度であった。多くの職員は既存業務をこなすだけで忙しく，観光産業創出など新規事業に割くマンパワーはほとんどなかった。それでもやらねばということで農村振興課から2名，商工会から1名のメンバーが集まり議論を重ねた。

　2011年には地域資源調査を実施して，茶畑景観のビューポイントと歩いて回る景観ルートを設定した。その後は茶文化の発信に力を入れ，揉み茶や茶摘みの体験，闘茶を起源に持つ茶香服（ちゃかぶき）の体験，また茶団子作りやおいしい茶の入れ方の体験など，住民が普段の生活にあるものを観光客向けの体験メニュー化していった。これまで観光産業と縁のなかった和束町には観光施設と呼べるものはなかったので，遊休化していた公共施設を改修して「和束茶カフェ」としてオープンさせ，和束茶，茶を加工した菓子類，地域に

住む作家による茶畑の絵画やハガキなどを販売する傍ら，茶の試飲と和菓子や洋菓子（夏には抹茶のかき氷など）を食べることのできる喫茶エリアを設けた。また「和束茶カフェ」から続く小高い丘を登ったところに「天空カフェ」を作り，茶畑景観を眺めながら茶を楽しめるスペースも増設した。これまで地域のためだけに行っていた秋の小さな祭りは，町外からの来訪者向けの「茶源郷まつり」としてリニューアルした。若手の生産団体である「おぶぶ茶苑」は茶畑のオーナー制度を開始し，茶摘みのツアーを実施するなど茶産業の観光化を展開し，さらに和束茶の認知度を海外へ広げようと欧米の各地へ出かけていき，今や世界中からインターンシップ生を受け入れるまでになった。官民両輪での観光産業化への取組みにより，かつては日本茶好きな一部の高齢者しか訪れなかったこの地域に，若者や外国人などの観光客が訪れるようになり，さらには観光まちづくりに興味を持つ自治体からの視察客まで訪れるようになった。

　和束町が茶業の観光産業化を成し遂げた背景には，取組みに関与した多くの地域側の人たちに"このままでは地域が持続するのが難しいのではないか"という危機感が共有されていたことが挙げられる。そして何よりも，担当者達は非常に熱心に活動した。打合せが必要ならどこへでも出かけ，時間がなければ土日にも業務を行い，土日に多い観光イベントも，当初はすべて2〜3人の同じ担当者だけで担っており，とても熱心に活動していたのであった。また「和束茶カフェ」での飲食の提供においては，地域の非農家婦人団体の協力を得たが，メニューの開発や「天空カフェ」といった構想は，彼女たちのアイデアなしには生まれなかった。こうした地域の熱意に押されるように京都府も地域の取組みを後押しし，Iターンした若者が援農および移住促進の活動を始めるなど，活動の輪が広がっていったのであった。

2　海外事例から学ぶ ── イタリアのアグリツーリズモ

　アグリツーリズモとはイタリアにおいて農家が行う観光事業を指す。イタリアでは1985年にアグリツーリズモ法が制定され，各州が独自の規定を加える形で農業の観光化による安定的な農村の発展を試みてきた。制定後30年が経過し，アグリツーリズモの発展した地域が明確になってきたが，なかでもトレンティーノ＝アルト・アディジェ州ボルツァーノ自治県における発展は著しいものが

図10-6 イタリア各州の農業におけるアグリツーリズモのシェア

出所：ISTAT, 2013年。

ある（図10-6）。ここではボルツァーノ自治県における農村の観光産業創出における取組を紹介したい[7]。

(1) イタリア農業の変遷とアグリツーリズモの登場

1861年に統一される以前のイタリアは複数の国に統治され，文化的背景も異なっており，農業においては気候や地形以上に地域の政治や文化が与えた影響が大きかった。統一後にも北部・中部・南部では農業の環境が大いに異なっており，北部はロンバルディア州やヴェネト州を中心に都市商人の投資に支援された先進的な集約的大農場経営がされる一方，南部は都市に住む貴族による「ラティフォンド（大都市所有制）」が残った関係で後進的な粗放農業が行われ，また中部では「メッツァドリア」という地主と小作人が作物を折半す

---

[7] ボルツァーノにおける調査研究はJSPS科研費15HD6622の助成を受けて実施している。

るような農家自立性を高める方向の農業が行われていた。こうした歴史は第二次大戦後の現代においても地域の農業の性格や安定性に影響を与えることとなった。1962年の時点でEU前身の組織であるEECにすでに加盟していたイタリアは、その後のEU農政の影響を強く受けることとなった。CAP政策と呼ばれるEU共通農業政策においては、農産物の市場統合と自由化が行われ、またCAPに由来するデカップリング政策においては、農家への所得補償を減らす代わりに、農法の転換支援に補助金を出すことを決定した。イタリアはこれを受けて農家への観光産業参入支援を積極化することができたのだった。

　アグリツーリズモはトスカーナ州の元貴族シモーネ氏により提唱され、1965年にはアグリツーリズモ協会が設立されている。シモーネ氏は、当時彼が有する広大な敷地が貧しい農村と化し、生産されたワインも安値で取引されていたことから、農業と観光の統合を目指し、イギリスやフランスの先進事例を学びながら試行錯誤で取組みを展開していった。これとは別に1973年、トレンティーノ＝アルト・アディジェ州トレント自治県の条例にアグリツーリズモが登場した。隣接するオーストリアでは農村観光が盛んで、影響を受けた取組みであったことが窺える。こうした動きを受け1985年にアグリツーリズモ法（第730号法）が制定された。制定当初はアグリツーリズモの促進が主な目的であったが、2006年の改正法では届け出の簡便化や、経営者の施設改修の簡素化などにより更なる促進を目指す内容となり、農場には農業関連設備や器具の展示をする、利用者のためのレクリエーションやスポーツ活動などのメニューを揃えるなど、地域の特色を反映させるような項目が並んだ。こうした国の制度設計に州が詳細な規定を設ける形で、全国のアグリツーリズモが広がっていくこととなった。

---

(8)　堺憲一（1988）『近代イタリア農業の史的展開』名古屋大学出版会。
(9)　五艘みどり（2015）「イタリアの農業観光の発展過程と多様化」『帝京経済学研究』第49巻第2号。
(10)　宗田好史（2012）『なぜイタリアの村は美しく元気なのか』学芸出版社。

(2) ボルツァーノ自治県のアグリツーリズモを後押しした南チロル農業組合

　ボルツァーノ自治県はイタリアに5つある自治州の1つであるトレンティーノ＝アルト・アディジェ州にある2つの自治県の1つである。言語はドイツ語26％，イタリア語74％，ラディン語1％で，地域の看板や標識にはドイツ語とイタリア語の併記がされている。国境沿いゆえに統治国が代わってきた背景から，特殊なアイデンティティを持ち，また山間の農村部では集落ごとに異なる文化がある。自治州／県は税収や法整備の面から自治の裁量が高く発揮できるよう保たれている。しかしこの優遇面がアグリツーリズモの発展を後押ししたわけではない。ボルツァーノは山間部を多く含むゆえに各農家の耕作面積が少なく，積雪による農閑期の長さから，農業における採算性は厳しい地域であった（次頁図10-7, 8）。だからこそ，農業を補完する意味で観光産業としてのアグリツーリズモに期待が寄せられる傾向があった。国境を接するオーストリアなど農村観光先進国である諸外国からノウハウを吸収しやすい立地にあったことも，その発展を後押ししたと言えよう。

　しかしそれだけではない。こうした立地という要因に加えて，農業と観光のマーケティングを担う南チロル農業組合「レッド・ルースター」の存在が大きい。観光を活用していかに農業を強くするか，その徹底したマーケティングと施策は目を見張るものがあり，その取組みを紹介したい。レッド・ルースターは1999年に設立され，ボルツァーノを拠点に活動を行っている。南チロル地方では農村における互助組織（コーポラティブ）が19世紀から存在し，その活動の歴史は古いのだが，1985年のアグリツーリズモ法の制定以後農村に観光産業が芽生えると，この活動を後押しすることが必要となりレッド・ルースターが設立されることとなった。現在6名の研究員がおり，それぞれに1〜2人のアシスタントがつく。ここの活動の中心は農業マーケティングであり，いわゆる日本の農協の事業内容とは異なっている。研究所のメンバーはオーストリアなど外国の研究者が多く，人的資源においては立地のメリットを最大限に活かしていると言える。次頁表10-1は，レッド・ルースター設立以後のアグリツーリズモの発展を示すデータである。レッド・ルースターが設立され農家を様々な方法で支援した結果，2011年の総ベッド数は1.48倍，来訪者数は2.78倍，宿泊日数は2.53倍となった（いずれも1999年比）。

図 10-7　ボルツァーノの街とドロミテの山々

図 10-8　傾斜地に広がるリンゴ畑

表 10-1　総ベッド数／来訪者数／宿泊日数の推移

	1999 年	2011 年	伸び率
総ベッド数（台）	15,067	22,288	1.48 倍
来訪者数（人）	108,535	301,302	2.78 倍
宿泊日数（日）	797,688	2,021,734	2.53 倍

出所：南チロル農業組合資料 Urlaub auf dem Bauernhof, Kriterienkatalog, Red Rooster より作成。

レッド・ルースターの活動内容は，アグリツーリズモのレーティング，生産物のプロモーション，農家向けのセミナーの3点に集約される[11]。アグリツーリズモのレーティングは，宿泊施設の規模や内容，バリアフリー対応，乗馬などのスポーツアクティビティ（次頁図10-9），通信環境や農産物の種類など約20点の項目について観光客が宿泊施設選択の目安にできるよう公開し，最も良い評価をエーデルワイスの花5つとして地域の宿泊パンフレットに掲載する。レーティングの目的は観光客の利便性と，アグリツーリズモの経営者によるサービスの向上である。生産物のプロモーションは，1農家1農産加工品の生産を支援し，加工品を観光客向けの農産物加工品冊子で紹介している。すべての農家がアグリツーリズモに参入できるわけではなく，農業のみで精一杯の農家も存在する。こうした農家は農産加工品を生産すればレッド・ルースターが冊子を通してプロモーションするので，立寄り観光客に販売することが可能となり，時には生産体験などのアクティビティを提供することができる。このようにアグリツーリズモを経営しない農家も観光産業の恩恵を受けることができるようにしているのである。農家向けセミナーの内容は，アグリツーリズモ経営の方法，アグリツーリズモの改修ノウハウ，農産物加工品の開発方法など多岐に亘る。農家は観光産業における経験は無いため，レッド・ルースターの研究員または外部から講師を招いて長期の研修を実施する。研修の期間は，1日あたりおよそ7時間で，短くて3日間位から長いと1カ月というものもある。低料金であるが農家から一定額を収受している。こうして農家が円滑にアグリツーリズモに参入できる支援体制を整えているのである。これらの3つの活動内容に加えて近年力を入れているのが，伝統的な工芸品であるクラフトの復興である。木材や羊毛を使用したクラフトは伝統的に盛んであったが，近年は衰退傾向にあった。これを観光客向けに土産品として販売するのみでなく，これまで以上の技術の向上を目指し，クラフト専用のプロモーション冊子を使用して紹介している。

　これらにおけるレッド・ルースターでの活動経費は農家からの広告収入と市

---

(11) レッド・ルースターの活動内容は南チロル農業組合のヘインズ博士ヒアリング（2016年3月）。

図 10-9　アグリツーリズモのアクティビティ

からの補助で成り立っており，研究員の人件費も賄っている。広告収入は協賛金という名目で，アグリツーリズモ紹介冊子に掲載するのに1アグリツーリズモあたり年間5ユーロ，農産物紹介冊子に掲載するのに1農家あたり年間6ユーロといった具合に収入を得ている(12)（2016年現在）。

(3)　農業組合が観光産業を推進することの重要性

　ここで取り上げたレッド・ルースターは南チロル農業組合であって，観光事業者ではない。日本においてもグリーン・ツーリズムの一環として農家民泊を推進している地域が少なくないが，プロモーションの役割が自治体の観光課や農政課であったり，観光協会だったりする。実際，公的機関にできるプロモーションは限られているから，プロモーションが不発でグリーン・ツーリズムがぱっとしないという地域は多いのではないだろうか。農業を核に観光産業を創出するときには，地域の農業を最も理解している組織が推進すべきであり，日本においては農協のような組織がより視野を広げてくれることに期待したい。農村で観光を推進する場合，農業と観光業は両輪としてバランスを保って進めることが不可欠であり，その間に入ることのできる組織が重要なのである。

（五艘　みどり）

---

(12)　五艘みどり（2016）「アグリツーリズモによる持続的農村の形成：イタリア南チロル地方ボルツァーノを事例に」地域活性学会第8回研究大会論旨集。

第11章　観光地域振興と地域経済政策

　この章では観光地域の盛衰に影響を与えてきた観光政策の変遷を明らかにしながら，時代と共に目的や内容がどのように変化したかを考察する。また，過疎や高齢化，地域の衰退といった問題を抱える農村地域に着目し，観光政策がこれまでどのように行われてきたかについて解説していく。さらに，現在における観光による地域活性化の動向および特徴を明らかにしながら，今後の観光地域振興政策について展望する。

I　観光地域政策の意義と目的

1　観光地域政策の意義

　観光地域政策は，観光を柱に据えて進める地域振興策のことであり，現在各地の経済政策の主流になっている。人口減少社会において地域間競争が激しさを増しているが，とりわけ，地方都市や町村においては，2000年代半ばをピークとした「平成の大合併」によって吸収合併された旧市町村地域では，行政機能やサービス低下が指摘されるなど，大都市あるいは中核都市への人口流出が顕在化した。さらに2014（平成26）年，大学教授や企業経営者からなる民間組織「日本創成会議」の人口減少問題検討分科会が2040年には現在の半数の自治体が消滅する恐れがあるとの発表を行った。こうしたなか，財政難のなかで多くの自治体は，地域資源をさまざまな形で活用した地域活性化策を模索するようになり，その旗印として，観光への期待がこれまでになく高まっている。そうした状況においては，観光地域政策についての広範な知識を理解することが求められている。

2　観光地域政策の目的

　地域において観光政策を実践する目的は，多くの場合観光による諸効果が

期待されていることがある。観光による諸効果を最大にするためには，以下に列記したような観光産業の特性や観光がもたらす地域効果の特性を把握することが必要である。

(1) 観光による経済効果の特徴

観光行動は，工業，農林水産業とは異なり，観光者（消費者）が観光地（生産地）を訪れて，消費活動をすることで成立する。したがって，観光行動に付随する宿泊や飲食，土産品購入などを通して地域波及効果が大きくなる。

さらに観光は既存の生産物の付加価値を高くする。生産―市場出荷する第一次，二次産業は消費地価格の何割減かで市場へ出荷するが，観光者相手の生産地では，卸売りが省かれる分だけ消費地の価格と同じで販売できる。さらに地場産業は生産工程を有料で観光対象にすることもあるし，かつその製品は販売対象にもなる。

観光あるいは旅行に伴う消費が地域の多くの業種に波及する。旅行者による観光地での滞在が長期になるほど，消費行動はホテルや土産物店，飲食店など観光関連産業のみならず，生活者と同じく薬局店，書店，衣料品店など，ふだん生活するのに必要なものを販売するさまざまな業種に波及していく。

観光産業は人的サービスに依存する労働集約型産業である。したがって，特に女性や若者の雇用の場になりうる。そのため，観光地化が進むにつれ，都市部の若者たちがＵターン，Ｉターンをする機会が多々みられる。

観光産業は生産イコール消費の産業で，在庫管理ができない。季節や曜日によるオンとオフの差が大きい。観光にとって在庫のないことは，同一のサービスでも料金を大きく変動させ，在庫を調整している。

(2) 観光による社会効果の特徴

観光の社会効果としては，地域アイデンティティの形成が挙げられる。地域への来訪者が増え，観光地の知名度が上がり，評判がよくなれば地域住民はみずからの地域に誇りを持つ。経済効果は多くのケースで一部の人々に限定されるのに対して，こうした効果はその地域に生活するすべての人にプラスをもたらす。また，特に長い伝統を持つ祭りなどでは，後継者不足などから，祭り

の伝承が困難になってきた地域も増えているが，ＴＶなどメディアで採り上げられたり，観光で注目されることによって地域の文化・伝統芸能が保存され復活することがある。

さらに，観光客や観光ビジネス参入などで外部からやってきた人が流入し，さらに視察やイベントなどで他の観光地と交流することで，閉鎖的あるいは同種の考えで固定されてしまう地域社会に異質の風が吹き，地域の人々が刺激を受け，人々の考えが一新したりするといった地域住民の意識変化もある。

(3) 観光の経済効果を最大にするために

観光による経済効果を最大にする方策の手段として，まず観光者の増加を目指すことが挙げられる。さらに，観光者の滞在時間を延ばすことである。観光者が多くても滞在時間が短ければ，ゴミ処理とし尿処理に追われ観光公害になる。滞在時間を増やすなかで，日帰りから宿泊へとつなげることである。さらに，長期滞在となれば生活者と同じ消費行動になり，さまざまな業種に波及する。この点において，保養のために数日間滞在するリゾート地では大きな経済波及効果が期待される。

観光行動は「見る」「学ぶ」「遊ぶ」「休む（泊まる）」「買う」「食べる」など多岐にわたるが，これらの行動にどれほど多く対応できるかによって経済効果の大小は決まってくる。とりわけ，「休む」つまり宿泊地になれば，滞在時間が増加するなかで，「食べる」飲食行動も生まれるため，経済効果は格段に大きくなる。

特に，現在では「コト消費」へ観光行動がシフトしてきており，体験や交流などを来訪者に提供できるかが，経済効果の大小に関わってくる。

観光入込の通年化を目指すことによって，繁忙期では交通や宿泊などのキャパシティ不足を，閑散期では多くの在庫が生じるといった問題の解消につなげる。

客層により観光消費の行動が異なる点を考慮する。若者より家族，家族より団体が消費が多い。また，観光目的の違いも消費の大小に影響する。

II 観光地域に関する政策の変遷

1 観光政策の始まりは国際観光

日本における観光政策のはじまりは明治初期であり，開国後の日本を外国へアピールするとともに，訪日した外国人のあっ旋を目的とした方策がとられた。

国内旅行では，有名社寺と都市圏を結ぶ鉄道の敷設が見られた。それにより，庶民の観光の主流であった社寺参詣者が増加した。例えば，伊勢神宮（近鉄），日光（国鉄日光線，東武鉄道），大社線（出雲電鉄），金刀比羅宮（琴平電鉄，国鉄），新勝寺（京成線，国鉄），高野山（南海電鉄）などである。

国立公園法は1934（昭和9）年に制定された。日本にある風光明媚な景勝地を保護し，外国人旅行者に提供することを目的とされたもので，最初に指定されたのは雲仙，霧島，瀬戸内海の3地域であった。次第に日本人の国内旅行者にも人気を博すようになり，各地で指定を目指す動きが強まり，第二次大戦終了前の1940年には国立公園数は12地域にまで広がった。

2 観光の各種法整備と土台作り

観光事業によって戦後経済の復興を目指す目的で，観光事業審議会が設置された。この審議会は1948（昭和23）年から1963年までに8期にわたって開催された。同審議会において決議された主な事項は，道路整備に揮発油税を新設し，財源に充てたこと，国際観光重点整備地域およびルートを選定したこと，GHQの接収ホテルを解除させたこと，東京五輪開催時に料理飲食等に伴う税金の非課税措置を提案したことなどである。

外国人の受け入れに関して，各種法律が整備された。1948年に温泉法と旅館業が制定されたのを皮切りに，1949年に通訳案内業法，国際観光ホテル整備法，1950年に京都，奈良を対象にした国際観光文化都市整備法が，別府や熱海，伊東などの温泉地を対象とした国際観光温泉文化都市建設法が施行された。1952年には，増加した悪質な旅行あっ旋業者の取り締まりを行うべく，旅行あっ旋業法が施行された。

戦後の復興とともに，多くの国民が観光旅行に参加しやすくするための条件

整備，いわゆるソーシャル・ツーリズムの振興が観光事業審議会でも議論されるようになった。そして観光事業審議会の中に設置されたソーシャル・ツーリズム研究部会で低廉な宿泊施設の整備が提言され，1956年に公営国民宿舎，1958年に公営ユースホステルが自然環境に優れた休養地に開設された。ユースホステルは1952年の13施設から，1963年の396施設に急増した。さらに，1962年に国立公園および国定公園内の総合的休養施設として国民休暇村の整備が開始された。

1963年に国の観光政策の基本方針を示す観光基本法が制定された。観光基本法では，観光による国際親善の増進，および国際収支の改善をはかり，国民経済の発展と国民生活の安定向上に寄与するなどが目標とされ，その達成のために国際観光地の整備と国内観光の振興や，観光資源の保護や観光施設の整備などについて定めている。翌1964年から観光の状況及び政府が観光に関して講じた施策を取りまとめた観光白書の作成が開始された。

3　大量・大衆観光時代の幕開け

1964（昭和39）年に開催された東京五輪と1970年に開催された大阪万博（日本万国博覧会）は国内の観光インフラを急速に押し上げる契機となった。この時期に開通した東海道新幹線，高速道路の整備によって各地から開催地の東京や大阪を結ぶ交通アクセスが格段に改善された。また，これらの国際的イベントの開催にあたり東京や大阪では大型ホテルの開業が相次いだ。1964年は「観光元年」とも評され，日本人の海外旅行が自由化されるなど，観光に関わる法整備や観光産業，交通インフラなどが大きく進展した。

1970年に開催された大阪万博は，半年間の会期中に入場者数は6,000万人を超える盛況ぶりで，その後の日本国内の旅行が大衆化したきっかけともなった。大阪万博終了後の旅客数減少対策として打ち出された国鉄によるディスカバージャパン・キャンペーンでは妻籠や萩，津和野などの伝統的な町並みが残る地域が大々的にPRされた結果，観光地として注目されるようになった。

1972年に打ち出された新全国総合開発計画では，観光開発が政策の一つに取り上げられた。さらに同年，当時の首相の田中角栄が『日本列島改造論』を著すと，各地での官民による観光開発が進んだ。行政では，厚生省に

よる大規模年金保養基地（グリーンピア），建設省によるレクリエーション都市として宿泊施設とレクリエーション施設一体型の滞在施設が各地に整備された。民間では，首都圏や大阪圏を中心としたゴルフ場開発，夏季に冷涼な地域での別荘地開発が進んだ。

4　地域主体型の観光政策の導入

1973（昭和48）年12月のオイルショックにより，それまで続いた高度経済成長は終焉し，低成長期に移行した。第三次全国総合開発計画（三全総）では「開発」から「整備」への用語へと使用も変化するなど，開発一辺倒の反省に立ち，「まちづくり」などソフト面を強調した地域づくりが行われるようになった。

この時期の観光政策は，それまでの国家全体に及ぶ国・省庁からの諸政策から，地域主体の開発へと転換がみられるようになった。

前述の国鉄によるディスカバージャパン・キャンペーンで町並み観光地が注目され，さらに岡山県倉敷市美観地区での景観保存運動などの高まりを背景として，1975年に文化庁の重要伝統的建造物群保存制度が制定された。伝統的な町並みを地域住民が主体的に維持管理するためのこの制度には妻籠や白川郷などが指定された。

1979年に大分県で当時の平松知事が「一村一品運動」を提唱すると，県内の各市町村では特産品や農産加工品の開発による地域おこしが広がった。この運動はその後全国的な運動に波及した。

また，1982年の東北新幹線，上越新幹線開業によって東京から東北や新潟方面へのアクセスが飛躍的に向上すると，沿線地域でのスキー場，ゴルフ場開発が相次いだ。

1981年に作家井上ひさしが『吉里吉里人』を発表した。これに伴い岩手県大槌町で「吉里吉里国」が誕生した。以降，各地にミニ独立国が広がり，1986年には全国127カ所の各地にミニ独立国が誕生した。

イベント行政のさきがけとして知られる1981年に開催された神戸ポートアイランド博覧会（ポートピア）は180日間の会期中に1,610万人の入場者を集めた。ポートピアの成功によって，以降バブル景気終焉までに各地で地方博覧会が

開催された。

5　リゾート開発とテーマパーク

　1983（昭和58）年に開業した東京ディズニーランド，長崎オランダ村はその成功により，後に各地でのテーマパーク開業ラッシュを引き起こした。しかし多くの場合，東京，大阪をはじめとした大都市圏から離れており，テーマパークの企画および施設運営にも欠陥があったことなどから，早いところでは数年で廃業に追い込まれるなどの課題を残した。

　1985年のプラザ合意をきっかけに円高が進行すると，日本経済はバブル景気に湧き，1987年に施行された総合保養地域整備法（通称「リゾート法」）で大規模リゾート計画・開発が各地で行われた。全国41都道府県がリゾート法に基づく開発計画の承認を受けるなどの盛り上がりを見せたが，一方で乱開発に伴う自然破壊なども指摘され，さらにバブル景気が収束するについて，開発や維持管理のための資金調達が困難になる地域も増え，過剰投資による財政破たんが相次いだ。

　1988年にはふるさと創生事業が導入された。人口の大小に関係なく全市町村に交付された一律1億円を元手に，地域の独自な発想のもとに交付金を使用するこの制度は，金塊を購入したり，日本一の石段を整備した地域が話題になったが，温泉掘削が最も多く取り組まれた。例えば青森県では全市町村の6割以上が温泉掘削による日帰り温泉入浴施設を整備した。

6　地域づくりとしての観光政策

　1990年代に入り，バブル景気が終わると，1993（平成5）年には実質経済成長率がマイナスを記録した。その後長引く景気低迷の時期に入ると，それまでの画一的とも言える全国一律の施設整備を中心とした観光施策に代わり，より地域の個性を生かした観光施策を模索し，実践する傾向が強まった。

　1995年，農山漁村余暇活動のための基盤整備に関する法律（通称「グリーン・ツーリズム法」）が施行されると，各地の農村では農業を観光に生かすべくグリーン・ツーリズムに取組み，地域活性化を図る動きが増加した。グリーン・ツーリズムは農家民宿，農業体験が主な柱で，都市住民に対して農村の

新たな魅力を提供する観光として期待されている。

　都市部では,「横浜みなとみらい21」に代表されるように,大都市における中心エリアの再開発の目玉として観光魅力が注目されるようになった。元来,都市は商業や工業の経済規模が大きく,仕事や就学などで多くの人が集まっていたが,1990年代初めからコンベンションへの注目をきっかけとして,観光都市としての側面が大きくクローズアップされるようになった。

　また地方都市においても商業機能の郊外化による中心商店街の衰退が各地で起こり,さらに人口減少,少子高齢化による経済の衰退が加速すると,地域経済活性化の旗印として観光への期待が高まり,各地で観光を取り入れた地域振興策がみられるようになった。大分県豊後高田市では中心商店街に残された数多くの昭和時代の店舗を観光に活用し,「昭和の町」として売り出し,多くの集客を呼んだ。2008年をピークに日本社会では総人口が減少し,2014年には政府による「地方創生」が打ち出されると,地域の特色を活用した各地での観光施策,交流人口の拡大による経済活性化を目指す動きがみられている。

　2003年に当時の小泉内閣が観光立国宣言をすると,以降インバウンドが観光政策の重要な柱として掲げられるようになった。訪日外国人旅行者数の目標をこれまでの倍増の1,000万人に掲げ,ビジット・ジャパン・キャンペーンのもとインバウンド政策を本格化させた。インバウンド政策は2007年の観光立国推進基本法制定,2008年の観光庁の新設においても主要な観光政策として掲げられた。なお,訪日外国人旅行者数は2014年に1,000万人を,2016年には2,000万人を突破した。

　2004年には景観法が施行された。この法律により地方自治体が定める景観に関する計画や条例,地域住民が締結する景観協定に法的な実効性を持たせることになり,美しい景観を維持し,創出するための取組みが増加した。

　2007年に環境省主導のもとでエコ・ツーリズム推進法が施行された。同法は地域の自然および文化環境の保全を図りながらエコ・ツーリズムを実践するための法的規定を設けたものである。

Ⅲ 現在の観光地域政策の特徴と今後の展望

　前節までは，国内の観光地域に関わる観光政策の変遷を振り返ってきたが，ここでは現在の観光地域政策の特徴について，いくつかのポイントを提示し，整理していく。

1　観光まちづくりの視点に基づく観光地域政策の増加
　1990年代からの平成不況時代が長く続くと，莫大な資金に基づくハード施設の建設，整備が困難になった。そこで各自治体では「観光地づくり」ではなく「観光によるまちづくり」の視点での観光地域政策の取組みが増加した。こうした「住みよいまちが，訪れたくなるまち」，つまり住民が暮らしやすい環境整備に力を入れながら，その結果美しくなる地域に外部から訪れてもらうといった観光まちづくりが各地で増加している。

2　観光地の多様化，観光地数の増大と観光地間競争の激化
　以前に比べて国内観光地の数が増えている。古くは温泉地・門前町全盛の時代であったが，戦後になると，スキー場，ゴルフ場などのレクリエーション地が増加した。また1980年代以降からはテーマパークが登場し，1990年頃のふるさと創生事業による温泉施設の増大，活性化を目指して観光事業への積極的な取組みをする農山村地域，観光や文化の重要性を認識して本格的に観光に取組む都市など，観光地が多様化しながら増加した。
　上記のように多種多様な観光および観光地が増えたことで，歴史のある老舗温泉地が毎年同じ宿泊者数を維持するのがいかに困難であるか理解できる。

3　高速交通体系の整備
　近年，新幹線網の拡大，地方空港の開設や，高速道路が縦貫道から横断道の整備に入ってきたことから，新しい地域間交流が生まれたことにより，高速交通に疎遠であった地域の立地が好転したりして，新たな地域で観光事業が進展している。

さらにインターネットの進展や，パック型旅行の低廉化，LCC（格安航空会社）の浸透によって北海道や沖縄が，東京や京阪神からの近距離観光地と同時競争に変化している。全国の観光地が価格やアクセスにおいて同一の立地条件のもとで勝負することになった。

4　これからの観光地域政策
(1)　インバウンドを視野に入れた観光地域づくり

2019（平成31）年のラグビーワールドカップ，2020年の東京五輪といった国際的ビッグイベントを前にして，国策ともいえるほど観光政策が注目されている。それとともに，とりわけ訪日外国人旅行客（インバウンド客）は急激に増加している。2015年は日本の歴史上過去最多の訪日外国人を記録し，2016年も2,000万人を軽く突破する勢いである。安倍総理は2020年に4,000万人，2030年に6,000万人を目標に掲げている。これからは，これまでに経験したことのない人数のインバウンド客が日本に訪れることを念頭に置いて，宿泊施設をはじめ，さまざまな受け入れ対応策を練っていく必要がある。

(2)　長期休暇制度の実現にむけて

日本国内で長らく望まれてきた長期休暇制度がいまだに実現する兆しはない。しかし，ここ数年来の政府主導でのインバウンド政策とそれに伴う国内地域の観光整備をみると，人口減少社会のもとで観光の市場規模を維持させるためには，国内旅行を活発化させることが必須の条件ともいえる。インバウンドが注目されているとは言え，国内旅行の市場規模でみると，訪日外国人客は1割にも満たない訳で，ほとんどを国内旅行者が占めることからも，長期休暇制度の実現が待たれる。

Ⅳ　農村地域の観光政策

1　高度経済成長期の政策

日本の農村では，第二次大戦以前から高度経済成長期までは積雪地域でのスキーやスポーツ合宿地域として観光・レクリエーション空間としても利用され

てきた。しかしながら，これらの現象はいずれも都市住民のレジャー・レクリエーション需要から発生したものであり，観光政策の対象として農村地域が位置づけられたのは1960年代の高度経済成長期の都市部への人口流出に伴う「過疎」が顕在化し，都市部の工業，商業と農村部での農業の所得格差が拡大してからである。

　1960年代後半から表面化した農業の低迷により，農村への政策もそれまでの農業生産の場という視点に加え，あらたな価値を見出した政策を打ち出すケースが目立つようになってきた。とりわけ，高度経済成長期を経て増大した都市住民のレクリエーション空間としての機能を強調した多くの施策が1970年代初期に開始された。例えば，自然休養村事業は1971（昭和46）年に農水省の農業構造改善事業の一環として開始された。その目的は，農業生産活動を観光的に活用することによって地域農業の振興と農家所得の安定を図ることであった。各地の事業は，観光農園の整備，ロッジ，キャンプ場など宿泊施設の整備が主な内容であった。特に，観光農園はほぼすべての自然休養村で整備されたこともあり，1974年の全国の観光農園数は5,697カ所と，1970年からの4年間で2倍以上に急増した。自然休養村は1971年の開始時には全国30カ所であったが，1975年までの5年間で200カ所が指定され，その後も現在までに全国500カ所以上にのぼっている。自然休養村事業は対象地域の住民や農家に新たな就業機会と恒常的勤務による所得の安定をもたらした。一方で，公共による施設整備であったため，観光農園用に農地を転用した一部の農家を除いて，従来の農地利用や農業経営への影響は少ないものであった。観光農園が急増した背景には，この時期の都市—農村の概念の急速な変化とそれをもたらした当時の政策の意向が大いに影響していると考えられる。所得倍増計画，全総などは，都市での経済発展に目を向けた政策であり，大量消費社会のもと農村が取り残されるなかで，都市住民のレジャー，レクリエーションの場として観光農園が提供されたのである。

2　ふるさと運動からリゾート開発へ

　わが国の経済は，1970年代前半まで高度成長を続けたが，その間による大都市への人口，経済集中の一方で農村地域は相対的に衰退していった。しか

し，オイルショックによる経済の低成長期に移行すると，大都市に偏重した思考は衰え，都市とは対極にある「農村」の価値が注目されてきた。つまり，農村の持つ文化，風習，自然環境，産業（農林業）などを包括した「ふるさと」として農村が脚光を浴びるようになった。1974（昭和49）年に福島県三島町が開始した「特別村民制度」に端を発した「ふるさと」の観光対象化の動きは，「ふるさと村」「ふるさとの味」「ふるさと制度」などといった用語のもと，急速に広まった（以降，「ふるさと」に関わる一連の動きを「ふるさと運動」として使用する）。三島町の特別村民制度を例にすると，年会費を支払うことで「村民」として認定した都市住民に「ふるさと」を提供する仕組みになっている。「村民」になることで，三島町の施設が利用できるほか，町民の家に宿泊することで「ふるさと」に触れてもらうという訳である。「ふるさと運動」は，都市住民と農村住民との交流という社会的効果を重視して導入されたこともあり，農家や農業経営，農地利用，農村景観への直接的な変化はみられなかった。しかし，格別な観光資源を必要としない「ふるさと運動」や都市農村交流の取組みそのものは，1980年代に入ると急増し，さらに大都市圏から遠く離れた地域にまで広がった。

　1980年代に入ると急激な円高を背景に，過剰な投機熱の高まりによってバブル景気を迎えた。土地への投資は農村地域にまで及び，「リゾート開発」が脚光を浴びた。リゾート開発の一つであるスキー場開発は首都圏に近接する地域で目立ち，さらに東北，北海道でも大規模なスキーリゾートが整備された。この時期には民宿の新規開業数は減り，むしろスキー場関連のサービス業への冬期の雇用が広がった。

　一方で，農村地域の農業の衰退や過疎化は1980年代に入っても依然として解消されることはなく，むしろ都市との経済格差の拡大や，若年人口の流出は深刻さを極めていった。さらに，狭小な土地条件という特徴は，大規模農業を展開する平地や大都市圏の近郊地域との競争力を失わせていった。群馬県下仁田町のコンニャクのように産地がブランド化した地域や，群馬県沢田農協や高知県馬路村農協のように農産加工で高収益を上げた一部を除いては，第二種兼業農家の増加に現れるように，農業離れが加速した。農山村に関する各種施策についても，1980年代からは，都市とは異なる農山村地域の多面

的機能に価値を見出した施策が主流になった．それは，これまでの都市住民のレクリエーション空間機能のほか，例えば，宮崎県綾町での照葉樹林や，新潟県安塚町での雪を活用した事例などである．

3　都市農村交流

1970年代半ばから始まった都市農村交流は1980年代に入って活発化し，その中身も多様化していった．

この時期に都市農村交流はブームとも言えるほどまでに全国的に展開した．その内容についてはさまざまであるが，「ふるさと会員制度」は282市町村，「オーナー制度」は164市町村，「ふるさと宅配便等の直送」は795市町村などである．ふるさと会員制度に関して，オーナー制度，ふるさと宅配便では，市場競争力を著しく低下させた農村地域の農業において，「ふるさと」という付加価値を付けながら農産物を消費者へ直接販売し，生産性の高い農業を実現しようとするものである．オーナー制度では，一定区画の農地やリンゴの木などのオーナー契約を結ぶ際に契約料が農家へ支払われるのが一般的である．それによって，契約した農家では収穫量や市場価格に左右されずに所得が保障されるというプラスの面がある．ふるさと宅配便では，農山村で収穫されたさまざまな農作物を注文した家庭への産地直送である．なかでも，多品種少量の農作物を必要とするため，農業経営規模が小さい農家で導入が進んだ．また，ふるさと宅配便では市場出荷と比べ，中間の経費を省いた分だけ農家に利益を生んだ．以上のような特徴から，ふるさと宅配便は農山村地域の農業に適合した事業であった．これらの事業では，行政や農協が中心となって実施する場合が多く，そこでは農家間に均等に配分するという考えが働く．したがって，参加した農家当たりの割り当ては所有する農地の一部だけにとどまり，従来の市場出荷型の農業を維持したまま，新たなスタイルでの農業を行うには手間がかかるという問題も残した．

以上のように，1980年代の都市農村交流は，「ふるさと」を都市住民へアピールする大きな要素としながらも，農産物や特産品の販路拡大に主眼が置かれていた．したがって，収穫時など，年数回の来訪を義務付けている一部のオーナー制度を除いて，都市住民による農村への来訪は伴われず，物質的な

交流であった。

4　農業・農村景観への注目

　1980年代後半にかけて盛り上がりを見せた「リゾート開発」は，ゴルフ場，スキー場，リゾートマンションなどのいわゆる箱モノ施設の整備に終始した。また，この時期にはブームにもなったテーマパーク，ミニ独立国などが農村各地に建設された。これらの施設の登場と周辺での飲食店，土産物店の開業によって，農村地域の景観は一変し，都市住民にとっての「ふるさと」としての農村の魅力が失われた地域も多い。

　上記の状況のなかで，農業景観や農村空間のあり方が見直されるようになった。そして，伝統的な，美しい農村の景観を評価し，保全しようとする動きも1980年代半ばから行われた。例えば，㈶農村開発企画委員会では「農村アメニティ・コンクール」を1986年に開始し，優秀地区を表彰している。また，都市住民の中からも，伝統的な農村空間のなかを散策したり，美しい農業景観を観賞するといった観光が注目されるようになった。北海道美瑛町では丘陵地帯にパッチワークのごとく広がる農業景観で以前から知られていたが，1987年に町が農業景観の観光を本格化させてから観光客が急増した。群馬県みなかみ町新治地区（当時は新治村）では，農村風景に点在する伝統的家屋を巡るスタイルの農村観光である「たくみの里」の整備を1985（昭和60）年に開始した。

　農業景観や農村空間が観光客にとっての強いアトラクションになって観光が成立する場合，従来の生活のなかでの風景に観光魅力が生まれたため，農家での経済活動や農地利用に対して影響を及ぼすことは少ない。農家への経済効果はほとんど産まないため，それまで農村振興政策においても，この種の視点が着目されてこなかったといえる。

5　グリーン・ツーリズムと農村の多面的評価

　1990年代初めにバブル経済が崩壊すると，バブル期とは反対に，農村らしさを観光資源に捉えたツーリズムが再び政策の中心として掲げられた。1992（平成4）年には農林水産省によりグリーン・ツーリズムが提唱されると，その後1994年に農山漁村滞在型余暇活動推進法（通称：グリーン・ツーリズム法）

が制定され、各地でグリーン・ツーリズムの取組みが広まった。この時期のグリーン・ツーリズムではとりわけ、民宿営業を許可された農家、いわゆる「農家民宿」への宿泊と農業体験が強調され、そのための諸施策が多く実施された。また、1995年から2001年ごろにかけてはガット・ウルグアイラウンド農業合意に伴う農業施策の一環としてグリーン・ツーリズムに関するハード施設の整備が各地で見られた。

　この時期は、これまでのバブル期から一転して、景気低迷期に入った時期であり、これまで都市に重点を置いた各種政策において、表面化してこなかった都市の諸問題が見え始めた時期と言える。それに加え、これまでの農業政策からの転換を模索する中で、農地の持つ水源涵養機能や生物多様性などに農村の新たな価値を見出そうとするなかで、グリーン・ツーリズムが注目されたのである。

　この期間は、農業体験と農家民宿に重点を置いた「グリーン・ツーリズム」に偏重していた前の期間から、本来のルーラルツーリズムの意味である、「農村を舞台に、農村の持つ地域資源を利用した余暇活動」(Sharpley and Sharpley, 1997) のような、農村が持つ多くの側面に着目した、多様な楽しみ方、滞在の仕方が広がりを見せた。

　これまでの農業体験、農家民宿といったいわゆる"農"の枠を超え、農村の豊かな自然環境のもとで散策し、動植物や気象現象などの観察を行うケースが増加した。また、地域独自の食や民話、建築などのさまざまな文化的要素を地域資源として再評価し、料理やイベントの開催によってツーリズムにつなげる地域も多くみられるようになった。

　さらに農村景観、農業景観の美しさを評価し、ツーリズムに結びつける取組みが増加した。例えば、北海道美瑛町はもともと波状丘陵地の地形を生かした大規模畑作の景観の美しさで知られていたが、2000年代に入り観光客の増加に呼応する形で宿泊施設も急増した。現在では旅行会社のツアーの定番商品にまでなっている。さらに、各地の山間部に点在する棚田の景観も注目を集めた。1999年に「棚田百選」が認定されるとメディア等での紹介なども増え、観光資源として定番化した。2005年に美瑛町などによって設立された「日本で最も美しい村連合」は、農村の持つ自然や文化を守り育てながら、

「美しい」農村を全国へ発信する試みである。

　ルーラルツーリズムを市町村行政の施策として行う範囲も，これまではいわゆる中山間地域に限られていたが，都市的地域においても農業を活用したツーリズムが各地でみられるようになった。多くの場合，農産物直売所や農家レストラン，市民農園などであるが，いずれも2001年開園の埼玉県杉戸町の道の駅「アグリパーク」や宮代町の農業体験型公園「新しい村」などのように農業そのものを観光資源として活用したツーリズムが各地で散見されるようになった。

　この時期は，都市住民によって農村を積極的に評価し，農村での新たなライフスタイルを試みようとする動きが広がった時期である。2003年に発行された書籍『スローフードな人生！』，『半農半Xという生き方』や，2010年頃から注目された「農ガール」「農ボーイ」はいずれも農村の新たなまなざしとして注目され，現在に至っている。さらに2008年のリーマンショックによって貨幣経済の脆弱さが浮き彫りになると，貨幣換算では測定できない農村の価値を求める動きが大きくなった。つまり，これまで長く続いた都市－農村といったヒエラルキーの枠組みから飛び出し，都市とは異なる独自の価値を持った農村へとまなざしが変化した。それがこの時期のルーラルツーリズムにおいても，各地で農村の多面的な魅力を発見する動きにつながり，農村でのライフスタイルをイメージさせる生活空間としての景観が注目されるように，形となって現れたと考えられる。

　2011年3月に起きた東日本大震災を契機として農村へのまなざしは大きく変化し，農村への積極的な価値がさらに加わる結果となった。例えば，都市部においては相対的に薄い「絆」が農村社会には残されているという評価であったり，大震災時には都市部では突然の食糧難に対応できなかったこともあり，食料供給基地としての価値も高まった。もともとルーラルツーリズムは家族が中心の旅行スタイルであるため，上述のような農村へ向けられる積極的な評価や，環境・エコへの関心の一層の高まりも重なり，より農村への関わりを深めたルーラルツーリズムが志向されていると考えられる。

6 外部との交流の必要性

　2000年代に入り，農村の衰退が顕著になり，都市部への人口流出が加速すると，地域活性化に取り組もうとしても，主体となるべく人的資源が不足するケースも多くなった。そこで，2009（平成21）年に総務省が「地域おこし協力隊」制度に乗り出し，2,3年間の契約で全国からの公募によって集まった「協力隊員」に地域を支えてもらおうとした。このように現在の農村の維持あるいは活性化に向けては，例外なく外部からの力，支援が必要とされており，これまでも多くの支援が行われてきた。その一つとして長らく実践されてきた都市農村交流はさまざまな形で行われており，現在では大学（生）との交流活動も多くみられる。大学（生）による交流は，農村にとっては，地域には少ない（あるいはいない）若者との交流機会であり，農村社会に多く残る伝統的慣習やステレオタイプの考えなどとは無縁の，枠にとらわれないユニークな発想，現代風で都市的な要素を多く含んだ言動をもたらしてくれる機会として期待されている。一方，大学（生）側にとっても，農村地域との交流によって，それらの地域の実情を間近に学ぶことができることや，地域に役立つ実践活動は，学内での講義や演習では得られない貴重な活動であり，教育効果としても評価されている。さらに，昨今の大学界でのキーワードである地域との連携，地域への貢献の分かりやすい形であり，今後も増加すると予想できる。

V　農村地域の観光振興政策——埼玉県秩父市大滝地区

　ここでは，観光地域政策の1つとして，今日盛んになりつつある大学生による都市農村交流事業の事例を通して，都市農村交流事業の可能性と限界について検討していく。

1　対象地域の概要

　まず，大学生による都市農村交流活動の現状を整理し，特徴および傾向を明らかにする。具体的には，埼玉県農林部農業ビジネス支援課が行っている「ふるさと支援隊」制度を活用している大学の取組みに焦点を当てながら分析する。さらに，「ふるさと支援隊」制度を活用している大学の事例として，筆

者が所属している帝京大学の活動および対象地域の状況を明らかにしながら，都市農村交流の今後の可能性と限界について考察を加えていく。

事例の埼玉県農林部が支援する「ふるさと支援隊」活動は2010（平成22）年度から開始された制度で，埼玉県内の中山間地域（市町村内の集落で，農業区分の「中間農業地域」「山間農業区域」に区分された地域。いわゆる農山村地域に該当する）を大学生の持つ行動力，専門技術，知識，新しい視点などの「外からの力」に期待して集落の活性化に取り組む大学生の活動を支援しているものである。

埼玉県秩父市大滝地区は埼玉県の西端に位置する。大滝地区の世帯数と人口は2014年10月時点で454世帯，860人となっている。1995年の739世帯，1,857人と比較すると，約20年間で世帯数は38％，人口は53％も減少している。また，2010年における65歳以上が占める割合は45％であり，周辺の旧秩父市23％，旧吉田村27％，旧荒川村26％と比べても大きな差となっており，高齢化が進行している山村地域である。

大滝地区の産業は，高度経済成長期以降はそれまでの林業に代わり，観光業が基幹産業として続いてきた。観光の形態としてはルーラルツーリズムが主で，自然環境を生かした登山，ハイキング，夏期のキャンプを目的に訪れる来訪客が多い。また古くから関東一円に信仰がある三峰山，三峰神社への参拝客も見られる。しかしながら，観光客数も平成期に入り，急激に減少し，最盛期には30軒あった宿泊施設は，現在では10数軒となっている。

筆者の所属する帝京大学が「ふるさと支援隊」として交流活動を行ったのは，大滝地区内にある栃本集落である。栃本集落は2012年時点では39世帯で，ほぼすべてが自給的な農業を営んでいる。住民は20歳代が1名，その上の世代は50歳代が数名で，60歳代から70歳代が最も多い。市営バスが一日5便。集落内には商店がなく，秩父市内から移動式の商店が週3日来る。栃本集落の最大の特徴は，急斜面上に集落が広がる立地環境と，江戸時代には山越えの要所として関所や宿が置かれたという歴史である。そのような平坦地がほとんどないという立地では農業条件が極めて不利である点や，歴史的資源を有したことから，高度経済成長期には民宿業に取り組む世帯も多く，最も多い時で10軒以上の民宿があった。また，10年前までは急傾斜上の畑地には春

先になると菜の花が一面に咲き，美しい山里の風景が広がっていた。しかし，後継ぎの不足，高齢化などにより，現在では恒常的な民宿業経営もなくなり，非農業化により耕作放棄地も増加しており，衰退の一途をたどっている。

2　帝京大学による大滝地区栃本集落での活動

　帝京大学では 2011（平成 23）年度から 2013 年度まで 3 年間にわたって栃本集落において「ふるさと支援隊」活動を行った。活動の内容は，急傾斜地の耕作放棄地での菜の花の植栽活動とイベント参加による住民との交流の大きく 2 つであった。このうち，菜の花の植栽活動に大きなウェートを置いて活動を行った。

　栃本地区での活動時には，帝京大学の学生数名と，地区の農業委員をはじめ，数名の地元住民とで農作業を通して交流が行われた。休憩時には地元の野菜を使った漬物や芋煮などの差し入れもみられた。活動を通して，栃本地区からは，「菜の花の植栽のニュースを聞いて，離れて住んでいる親類（子世代，孫世代）が帰省する回数増えたことが一番嬉しい」という意見をはじめ，地域が元気になったという評価も多く聞かれた。しかしながら，地区住民のほとんどが 60 歳代後半，70 歳代ということもあり，作業の継続性を疑問視する声も聞かれ，2013 年度で「ふるさと支援隊」活動は終了した。　　　（山田　耕生）

〈参考文献〉
寺前秀一編著（2009）『観光政策論』原書房。
溝尾良隆（2015）『改訂新版　観光学　基本と実践』古今書院。
十代田朗・原田順子（2011）『観光の新しい潮流と地域』NHK 出版。
島村菜津（2003）『スローフードな人生！――イタリアの食卓から始まる』新潮文庫。
塩見直紀（2003）『半農半Xという生き方』ソニー・マガジンズ。

第12章　企業会計と地域経済政策

　行政活動における企業会計的視点をどのように捉えればよいのだろうか。本章では先ず近年の民間委託やPFIの導入など公民連携の動きについて述べ，次に自治体会計制度への企業会計原理の導入を説明し，公共投資の採択など政策決定に資する管理会計的アプローチを実例に基づいて解説する。

I　民間活力の導入

1　民間活力導入の背景

　地域経済は公共投資を中心とする財政支出に大きく依存しているが，近年の財政状況の悪化や人口減少，少子高齢化，産業の空洞化などの進展から益々厳しさを増している。そのような下，財政支出の削減，行政の効率化といった行財政改革の必要性が叫ばれ，その対策として民間活力（民活）の導入，民営化，PFI（Private Financial Initiative）などの手法が活用されるようになって来ている。
　一般に公共部門においては競争原理が機能しにくく，構成員の動機・目的が効率や利潤以外のスラック（たるみ）を許容し，構成員の行動が官僚的"事なかれ主義"に陥る傾向にあるという（X効率論）。そこで1980年代以降の公共部門改革の理論的背景となったのがニュー・パブリック・マネジメント（NPM）であり，そこでは経済性，効率性，有効性，費用対効果などが重視される。歴史的には1980年代に復古した新自由主義の下，英サッチャー政権，米レーガン政権，日本の中曽根政権において，市場原理の尊重と小さな政府を目指して，国有企業の民営化や各種の規制緩和が実施された。我が国においてはこの時期，電々公社，専売公社，国鉄が相次いで民営化され今日に至っている。

2　公民連携と事例

公共部門への民間参画の形態は様々なタイプがありその区分は容易ではないがPPP（Public Private Partnership 公民連携）の概念を用いると整理しやすい。日本PFI・PPP協会によると，PPPとは公民が連携して公共サービスの提供を行うスキームをいう（表12-1）。

表12-1　公民連携の分類

	民間参画の対象	主な手法
PPP	新たな社会資本整備，公共サービス提供	PFI，公設民営，民設公営
	現在提供中の公共サービス	民営化，管理運営委託（指定管理者）
	公共サービスを行う行政内部の業務	業務委託（アウトソーシング）

出所：日本政策投資銀行地域企画チーム編著（2004）『PPPではじめる地域再生——地域経営の新しいパートナーシップ』ぎょうせい。

なおPPPの特徴を第3セクターのような従来型民活と比較すれば次の2点になろう。ひとつは従来型民活が公共領域（公共性が高く収益性が低い）と私的領域（公共性が低く収益性が高い）の中間的な領域をターゲットにしてきたのに対し，PPPではこれまで行政が独占してきた公共領域も対象にしていること。次に，従来型民活では行政（官）と企業（民）との連携により行われてきたのに対し，PPPは更にNPOや住民といった公的セクターとも連携している点である。

PFIとは，公共施設等の建設，維持管理，運営等に民間の資金，能力および技術を活用することにより，同一水準のサービスをより安く，又は，同一価格でより上質のサービスを提供する手法である。日本では1999年7月制定のPFI法に基づき実施され，2016年3月末現在で527件・契約金額4.9兆円の実績がある。分野は，文教・文化施設が182件で最も多く，廃棄物処理・医療施設，道路・公園・下水道施設，庁舎・宿舎など多岐に亘っている。

PFIのうち国や地方自治体が公共施設の所有権を維持したまま，運営権だけを民間に売却する手法をコンセッションと呼び，2016年には新関西国際空港，仙台空港，愛知県の有料道路などの運営権が民間に移った（表12-2）。運営権を得た企業は利用料金を設定・徴収し事業運営に充てる。今後も人口減

表12-2　最近のインフラ運営権民間売却

インフラ施設	現在の運営者	譲渡先（中核）	時　期	運営期間	譲渡額
伊丹空港 関西国際空港	国100% 出資会社	関西エアポート オリックス他	2016.4.1	44年間	2兆 2,000億円
仙台空港	国管理	仙台国際空港 東急グループ他	2016.7.1	30年間 MAX65年	22億円
愛知県有料道路	県道路公社	前田建設他	2016.10.1	30年間	1,377億円

出所：新聞記事等より筆者作成。

少等から需要の縮小が見込まれる上下水道や公営住宅などの分野においても売却が進むとみられている。

公の施設の管理に関しては2003年の法改正により，従来の管理委託制度に代わり広く民間事業者への委託を認める指定管理者制度が創設された。これに基づき栃木県では2016年4月現在，総合文化センター，県民の森，中央公園，県営住宅，体育館など42施設に対して導入されている。

PFIや指定管理者以外のPPPの実績としては，市立図書館の一部業務をNPOに委託した例（群馬県太田市），県営水道事業を地元企業に包括委託した例（広島県芸北町），町営病院施設を医療法人に貸与し公設民営とした例（北海道砂原町），市営ガス事業を民営化（兵庫県西脇市），市営バス事業を民営化（秋田市）した事例などがあげられる。

II　地方公会計の改革

1　地方自治体の会計

株式会社などの営利企業では，株主や債権者などの利害関係者に対して会計責任を果たす必要から決算などの情報開示制度は法規で詳細に定められている。しかし自治体の運営状況については，広く税金で賄っていることや役所が行っている公共性などから，従来あまり関心が払われてこなかった。しかし平成になってから1992年度に福岡県赤池町（現福智町）が財政再建団体の指定を受けて経営破綻し，その後も北海道夕張市が続くなど自治体の経営状況

につき住民が重大な関心または疑念を抱くようになる。

　自治体の会計は単一予算主義に基づきほぼ全ての業務に係る一般会計がベースになるが，水道，病院，交通，団地開発などの特定の事業で区分経理する必要がある場合には条例で特別会計を設置することができる。また特別会計のうち独立採算制を前提として地方公営企業法が適用される会計を企業会計と呼び，これを除いた特別会計と一般会計を合わせて普通会計ということがある（表12-3）。

表12-3　自治体の会計の区分

出所：吉田勉（2014）『はじめて学ぶ地方自治法』学陽書房，139頁。

2　官庁会計と企業会計

　自治体の普通会計と企業会計の差異を表12-4にまとめたが，最も大きな違いは経理の方式である。普通会計（官庁会計）は，広く徴収した税金の範囲内で諸費用を賄うことに主眼が置かれるため，現金の残高に留意すれば足りる。そのため現金の収入・支出を収益・費用の認識基準とする。これが現金主義である。ここで"認識"とは，例えば100万円の収入があったとき，それを収益（売上）とするか否かという判断をいう。他方，企業は独自の経営努力で得た売上から諸費用を控除し利益をあげなければ倒産してしまうため，より的確に収益・費用を把握する必要がある。現実の社会では，取引数や金額の巨大化などから，信用取引が増加しており，収益・費用の発生と現金の収支とのズレが生じている。そのため現金の出入りに拘わらず，収益・費用が発生した事実を以って認識基準とするのである。

　官庁では損益計算の概念がないため，収益や費用を各年度に割り振るという処理が不要であり，確実で客観性に優れ簡便な単式簿記を採用していた。しかし企業会計では，経営成績や財政状態を正確に把握するために，資産や負債の増減および収益や費用の発生を複合的にとらえる必要から複式簿記が

採用されている。

表 12-4　地方公共団体と民間企業の会計

	官庁会計	企業会計
作成目的	住民の福祉の増進	利益の追求
報告主体	首長	取締役
主な報告先	住民（提出先は議会）	株主（提出先は株主総会）
説明責任	議会の承認・認定 事前統制（予算）の重視	株主総会の承認 事後統制（決算）の重視
簿記方式	単式簿記	複式簿記
認識基準	現金主義	発生主義
出納整理期間	あり	なし
決算書類	歳入歳出決算書 歳入歳出決算事項別明細書 実質収支に関する調書 財産に関する調書	貸借対照表 損益計算書 株主資本等変動計算書 キャッシュフロー計算書

出所：総務省HP「統一的な基準による地方公会計マニュアル」3頁, http://www.soumu.go.jp/main_content/000426687.pdf, 2016年11月15日閲覧。

　2016年度に公用車クラウンを500万円で購入したとしよう。官庁では，「車両購入支出500万円」とのみ記載されるが，企業では，「(借方)車両500万円／(貸方)現金500万円」と記録される（仕訳という）。この500万円を「車両という資産の増加」と「現金という資産の減少」の二面性でとらえているのである。もしこの車が5年間使用できるものとすれば，500万円÷5年で年間100万円ずつ費用化するのが合理的である。なぜなら車を使用することが毎年の収益に貢献していると考えられるからである。官庁では2016年度の支出として500万円が全額計上されるのみであるが，企業では2016年度は100万円，その後2020年度まで毎年100万円ずつ費用として計上する。これを減価償却と呼ぶ。この償却費は毎年度の損益計算書に計上され，未償却額が資産として貸借対照表に計上されることになる。2016年度末（2017.3.31現在）の貸借対照表には，取得価格500万円－減価償却費100万円＝400万円が資

産・車両として計上される。このように複式簿記を採れば資産残高と損益計算の双方が適切に測定表示できる。

3　企業会計の導入

　夕張市の破綻等もあって1998年頃から，地方自治体が自らの財政状態を総合的・長期的に把握し住民など外部へ公表するための調査研究が行われるようになった。旧自治省では1999年度に貸借対照表の作成，2000年度には損益計算書に相当する行政コスト計算書の作成につき調査を実施している。2006年には，新地方公会計制度研究会が報告書を取り纏め，「地方分権の進展に伴い，自由かつ責任ある地域経営のためには内部管理強化と外部へのわかりやすい財務情報開示が不可欠である」とし，発生主義および複式簿記の導入，連結ベースでのモデル開発，貸借対照表／行政コスト計算書／資金収支計算書／純資産変動計算書の4表の整備を求めるに至った。2014年には「今後の新地方公会計の推進に関する研究会報告」において統一的基準による財務書類の作成が示されている。4表と企業会計における財務諸表との関係は表12-5のとおりである。次項で具体例として栃木県の財務書類を掲げ，適宜説明を加えることにする。

　会社法は，全ての会社が作成しなければならない計算書類として，貸借対照表，損益計算書，株主資本等変動計算書および注記表の4つを定めており，金融商品取引法では株式上場企業などに対して，更にキャッシュフロー計算書の作成を義務付けている。企業会計において，損益計算書は毎年（度）の経営成績を表し，貸借対照表は毎年（度）末の財政状態を表す財務書類である。前者はフロー（期間）の概念であり後者はストック（残高）の概念である。この

表12-5　自治体の財務書類と企業の財務諸表の対応関係

統一的基準による自治体の財務書類	企業会計における財務諸表
貸借対照表 Balance Sheet 行政コスト計算書 Profit and Loss statement 純資産変動計算書 Net Worth statement 資金収支計算書 Cash Flow statement	貸借対照表 損益計算書 株主資本等変動計算書 キャッシュフロー計算書

最も重要な2つの財務書類は，期中における取引を仕訳しその内容を総勘定元帳に転記，各勘定の決算整理後残高試算表から分離（誘導）して作成される。そのため双子のような不可分の関係にある。

統一的基準による自治体の財務書類において，民間企業の決算と最も異なるのは，財源の捉え方である。企業では売上高などの収益を損益計算書に記載するが，自治体は営利を目的としていないため手数料等の僅かな収入を除き売上に相当するものがない。そのため損益計算上は大幅な赤字になってしまう（それゆえ損益計算書といわず行政コスト計算書と呼ぶ）。自治体の収入である税金等の財源は売上・収益とはせず，純資産に直接加算する方式を採っている。換言すれば，財源は行政コスト計算書には計上せず純資産変動計算書に加算項目として計上するのである。そのため行政コスト計算書と純資産変動計算書を合算して表示（行政コストおよび純資産変動計算書）させれば広義の損益計算書になり，その表示方式では財務書類は3表になる。仕訳での相違は，現預金取引については従来の現金主義を踏襲しているため，勘定科目に現預金を用いずキャッシュフロー計算書の科目を用いている点，税収はP／L勘定ではなくN／W勘定を使う点にある。例えば住民税5億円を調定したときは，（借・B／S）未収金5億円／（貸・N／W）税収等5億円，と仕訳し，後日収入があったときには，（借・C／F）税収等収入5億円／（貸・B／S）未収金5億円，と仕訳する。

帳簿組織でいえば，仕訳帳と総勘定元帳を主要簿とするのは民間企業と同じであるが，自治体独自のものとして固定資産台帳と資産負債内訳簿を補助簿として位置づけている。

4　栃木県の財務書類

栃木県が公表している平成26年度（2016年2月公表）の財務書類をみてみよう。[1] 開示データは，普通会計，県全体，連結ベースの3種類で何れも，貸借対照表，行政コスト計算書，純資産変動計算書，資金収支計算書の財務4

---

(1)　「平成26年度栃木県の財務書類」2016年2月, 栃木県（http://www.pref.tochigi.lg.jp/b01/pref/zaiseijinji/kessan/documents/26honatai.pdf）2016年11月15日閲覧。

表が作成公表されている。ここでは，普通会計（一般会計および9特別会計）および公企業会計（病院，電気，水道，用地造成，施設管理，流域下水道，工業用水道）を対象とした県全体の財務3表を紹介するが，前項の統一的基準に満たない部分があるので注意を要する。

(1) 貸借対照表

表12-6のように2015年3月末現在の県全体の資産総額は3兆4,675億円であり，そのうち公共資産は93%を占めている。公共資産のうち有形固定資産は3.2兆円で，その内訳は，道路や河川施設等の生活インフラ・国土保全が2.3兆円で最も多く，農業基盤施設や治山・林道等の産業振興が0.31兆円，県立高校などの教育が0.28兆円となっている。負債の殆どは地方債で残高は1.1兆円である。純資産2.1兆円は公共資産に充てられた一般財源や補助金の累計額であり，借方の資産と両建てになっている。民間企業であれば受贈資本という概念に相当し，補助金が特別利益を構成しそれに対する課税を防ぐため圧縮記帳することがあるが，自治体では圧縮せず全額を計上する。自己資本比率は60%であり財政状態は比較的健全といえよう。

統一的基準では公共資産という項目はなく，有形固定資産，無形固定資産，投資その他の資産に分類表示することになっている。その有形固定資産は更に，事業用資産，インフラ資産および物品の区分に分けられる。

流動と固定の区分は，1年基準に基づき表示方法は固定性配列法になって

表12-6　栃木県全体の貸借対照表（単位：億円）

借　方		貸　方	
1．公共資産	32,143	1．固定負債	12,521
有形固定資産	31,928	地方債	10,606
無形固定資産	35	引当金	1,864
売却可能資産	181	2．流動負債	1,390
2．投資等	1,471	負債合計	13,911
3．流動資産	1,061	純資産合計	20,764
資産合計	34,675	負債・純資産合計	34,675

228

いる。

(2) 行政コスト計算書

統一的基準では，行政コスト計算書は「経常費用・経常収益」「臨時費用・臨時収益」に区分表示することとされており，企業会計と異なる点は費用が収益より前に表示される点である。

平成26年度における経常行政コスト総額は5,850億円であり，人件費や賞与・退職手当引当に係る「人にかかるコスト」が最多の2,180億円，減価償却費など「物にかかるコスト」，県が支出する補助金など「移転支出的なコスト」が続く。

各コストの行政目的別の内訳も開示されており，それによると教育が全体の3割を占め，福祉，生活インフラ・国土保全，産業振興と続く。

経常収益373億円のうち使用料・手数料は全て普通会計で，事業収益および「その他サービス収入」は公企業会計によるものである。コストと収益の差額として計算される純経常行政コストは5,477億円となっている。営利法人なら大幅な赤字ということになる。なおいわゆる受益者負担比率は6.4%であった。

表12-7 栃木県全体の行政コスト計算書（単位：億円）

区分		金額	構成比
経常費用	業務費用		
	人件費	2,180	37.3%
	物件費等	1,489	25.5%
	その他の業務費用	238	4.1%
	移転費用	1,944	33.2%
	合　計	5,850	100%
経常収益	使用料・手数料	84	22.6%
	分担金・負担金・寄付金	35	9.5%
	事業収益	200	53.6%
	その他サービス収入	54	14.4%
	合　計	373	100%
	純経常行政コスト	5,477	—

表 12-8　栃木県全体の純資産変動計算書（単位：億円）

	純資産合計
期首純資産残高	21,032
純経常行政コスト	▲5,477
財源	
地方税	2,497
地方交付税	1,278
その他財源	734
国等補助金	919
臨時損益	2
資産評価差額	30
その他	▲251
期末純資産残高	20,764

（3）純資産変動計算書

統一的基準に基づけば表12-8中の臨時損益は行政コスト計算書の「臨時費用・臨時収益」に計上すべきものとなり，純行政コストは2億円少なくなる。基準では，純資産変動計算書は，純行政コスト，財源，固定資産等の変動，資産評価差額，無償所管換等，その他　に区分表示する。

行政コスト5,477億円を一般財源と補助金受入で賄っている構図が理解できる。そして差額が純資産に反映され，当年度末の純資産は貸借対照表の金額と一致するのである。

Ⅲ　管理会計の視点

1　意思決定と管理会計

Ⅱで述べた官庁会計への企業会計の導入は会社法などの制度・ルールに基づくものであり，これを制度会計という。しかし会計は大別して財務会計と管理会計に分けられ，通常"会計もしくは会計学"というときには財務会計を指

し，これは環境会計など一部を除いて制度会計である。他方，管理会計は企業経営者など内部の管理者に対し，業績管理と意思決定に資する会計データを提供することを目的とした会計である。

意思決定とは，問題解決に関する複数の代替案から最善の一案を選択することであり，官庁でも企業でもまた個人でも日常様々な意思決定を行っている。意思決定には日常的・定型的なものと非日常的・非定型的なものがあり，また階層別に戦略的／管理的／業務的意思決定に分けることもできる。ここでは長期的・戦略的な意思決定の例として投資プロジェクトの採択を取りあげたい。事業主体がどのセクターであろうとも，金額が大きくその効果が長期に亘る公共投資，設備投資あるいはM&A案件の成否は，経営上最重要マターである。そのため投資案の採択については十分な検討を要する。その際，短期的な意思決定とは異なり，会計上の利益よりもキャッシュフローが重視され，資本コストおよび時間価値の計算が用いられることが多い。

2　投資案の評価

一般に，投資は収益率の高い案件から実行に移されるため，投資量が増えるにつれて投資の限界効率ρは低下していくものと考えられる。市場の利子率rを考慮すればρがrより低ければ，預金や債券など金融商品で運用した方が得なため投資は行われない。投資をどのような基準で採択するかについては幾つかの理論があるが，時間価値を考慮する方法と考慮しない方法に大別できる。実務では時間価値を考慮しない回収期間法がよく用いられる。

収支予想	
売上高	800
諸経費	600
減価償却費	100
利益	100
Cash Flow	200

いまある工場を1,000万円で新設し10年で定額償却するとしよう。この工場が稼働し定常状態に達したある年度の収支（単年度収支）は上表のような金

額であったとする。費用は 600 + 100 で 700 万円なので利益は 100 万円である。しかし減価償却費 100 万円は現金としては支出されないため企業の内部に留保される。そのためキャッシュフローは利益に償却費を戻して 100 + 100 で 200 万円になる。そして投資額 1,000 万円を年間のキャッシュフロー 200 万円で割った 1000 ÷ 200 = 5 年を投資回収年数という。5 年で元がとれる、という意味であり、この回収年数が短いほど良い案件という評価になる。厳密には表計算ソフトを用いて逐年次で計算し、投資額や借入額、金利などの感度分析を行ってケース毎の収支を予想している。

次に時間価値の概念を用いる方法を説明しよう。お金は運用すれば利息が付くため、現在の 100 万円は 1 年後には（利子率 5％とすると）105 万円になる。そのため来年の 100 万円は、現在価値に戻せば（割り引くという）100 ÷ (1 + 0.05) = 95.24 万円に相当すると考えることができる。これが時間価値の概念である。利息の計算には単利と複利があり、ファイナンス理論では 1 年後の利息を元本に加えて運用する複利計算を用いる。いま、将来 5 年間に亘って毎年 1,000 万円の利益（またはキャッシュフロー）を産み出す投資プロジェクトがあるとする。投資額 I を 5,000 万円とすれば時間価値を考慮しないとトントンとなって回収期間法では 5 年と計算される。

	1年後	2年後	3年後	4年後	5年後	PV 合計	NPV
	1,000	1,000	1,000	1,000	1,000	5,000	0
投資額 5,000	909	826	751	683	621	3,790	▲ 1,210

しかし金利を 10％とすると、1 年後の 1,000 万円は、1000 ÷ (1 + 0.1) = 909 万円、2 年後の 1,000 万円は複利の逆計算で $1000 ÷ (1 + 0.1)^2$ = 826 万円となり、利益合計の割引現在価値 PV (present value) は 3,790 万円にしかならない。PV から投資額 5000 万円を引いた額を正味現在価値 NPV といい、このケースでは大きなマイナスとなってしまう。NPV がプラスとなる投資案件を採択するのが正味現在価値法である。NPV がちょうどゼロとなるような割引率を内部収益率 IRR (Internal Rate of Return) といい、前例の投資額を 4,000 万円とすれば r = 7.93％程度と計算される。投資の内部収益率が高い

ということはその投資プロジェクトの採算性が高いことを意味し，IRR が大きい投資案件を優先的に採択する方法は良く用いられている。正味現在価値法と内部収益率法はともに DCF 法（Discount Cash Flow）とよばれる。前者は割引率，投資の資本コストをいくらにするかという問題があり，後者では投資規模が無視されるという欠点があることに注意したい。以上の理論は投資を事業や企業と置き換えた場合の事業価値，企業価値の算定にも用いることができる。

3　LRT 導入計画の採算性

現在，宇都宮市他において高規格型路面電車 LRT（Light Rail Transit）の整備計画が進められており，2015 年 11 月には第 3 セクター方式で運行会社が設立された。その事業概要を表 12-9 に示す。元来路面電車のような地下鉄とバスの中間的輸送モードの経営は非常に厳しく，国内で常に黒字基調な民営業者は伝統ある長崎と広島だけであり公営が 5 業者存在している。完全な新設は本件が初めてであり，それゆえ整備の必要性や効果，採算性を厳しく精査する必要がある。

表 12-9　LRT 事業概要

営業路線	15km，JR 宇都宮駅東口～芳賀高根沢工業団地，延伸計画あり，図 12-1
事業方式	公設型上下分離方式，整備は宇都宮市・芳賀町， 運行は宇都宮ライトレール㈱（資本金 1.5 億円，うち行政 51%，民間 49%）
概算事業費	458 億円
工事期間	平成 28 年度着工，31 年度開業予定
需要予測	平日 16,318 人／日
運行計画	17 編成，ピーク 6 分＋オフピーク 10 分間隔，午前 6 時台～午後 11 時台

出所：宇都宮市『広報うつのみや』2016 年 3 月号。

事業スキームとして低採算性から停車場やレール，電器設備等の一切を自治体が整備負担し運行業者に貸与するという公設型上下分離方式を採用している点は評価できる。従って事業者の当初設備投資負担，自己資本や借入金

図 12-1　LRT 計画の優先整備区間

出所：宇都宮市 HP「LRT 事業の優先整備区間の概要」2016 年 4 月現在 http://www.city.utsunomiya.tochigi.jp/movie/kotsu/1012538.html, 2016 年 11 月 18 日閲覧。

図 12-2　LRT 計画の導入予定車両

出所：福井鉄道株式会社 HP「福井鉄道からのお知らせ【電車】F1000 形第 2 編成車両の導入について」2015 年 2 月 5 日 http://www.fukutetsu.jp/news/4632.html, 2016 年 11 月 18 日閲覧。

などの資金調達, 資本費（支払金利, 減価償却費）の負担はなくなるが, 自治体の資金計画では半額を国費で, 残りの 9 割を地方債で賄うものとしている。

　この手の大規模プロジェクトは採算性を甘く見積もって実施した結果, 開業

後に大幅な赤字に陥り自治体が補填を余儀なくされたり破綻するケースが後を絶たない。本件においてもルートの変更等から需要予測は迷走し，平成14年度の調査に基づく21年3月の報告書では1日あたり44,900人としていたが，特許申請時点では16,318人と大幅に減少している。同報告書によると運行事業の収支予想は，1日あたり31,430人の下方修正ケースでも，単年度黒字に開業後14年，繰越欠損解消・債務償還に31年を要する試算となっている。一般的には，単年度収支の黒字化に開業後5年以内，繰欠解消ないし債務の償還に開業後15年以内というのが採択合否ラインの目安とされているため，採算に乗るとは言い難い。

またこのデータから整備主体・自治体側の収支は，事業者からのリース収入が毎年5億円，負債の利子だけで起債200億円×2％＝4億円，償却費を230億円÷20年と見積もって11億円，差し引き10億円の赤字と試算され，隠れ欠損になる。現在の広報ではリース料を1億円に減額調整するなどして，開業初年度から運行収支は黒字，繰越欠損は8年目に解消できるとしている。しかし前節で述べた企業会計の連結ベース決算を導入すれば"隠れ欠損"は顕在化し，本件プロジェクトの真の姿が明らかになる（次頁表12-10）。

4　費用便益分析

それでは本件のように採算に乗らない事業は実施すべきではないのだろうか。そうではない。道路や公園などの公共財は，通常収入がないため民間事業としては整備されないが，住民にとって必要なインフラだ。それゆえ公共が広く税金で整備供給しているのである。そこで公共事業を採択するときの基準として費用便益分析（Cost Benefit Analysis：CBA）または経済的評価が行われる。しかし民間事業のような売上・利益という概念がない公共財についてどのようにして便益を測るかという問題が生じる。経済的評価は財務的評価（事業収支）を包含したより大きな概念であり，非金銭的な便益を金銭換算するテクニックが必要となってくる。一般道路のように公共投資によって走行コストが減少するならば，コストを価格とみなして消費者余剰の増加分を便益とみなすことができる。このような方法を消費者余剰法というが他にもいくつかの手法があり，対象となる財の性質によって適切な評価方法を選択する必要がある（表12-11）。

表 12-10　連結基準でみた LRT 事業の収支

開業後3年目 金額単位：億円	運行部門	自治体部門	連結 LRT 事業
収　入	10	1	10
人件費	5	—	5
経費	2	1	3
リース料	1	—	—
償却費	—	11	11
金利	—	4	4
費用	8	16	23
法人税	1	—	1
損益	1	▲15	▲14

出所：第10回「芳賀・宇都宮基幹公共交通検討委員会」資料 2015年11月12日 http://www.city.utsunomiya.tochigi.jp/kurashi/kotsu/lrt/houshin/1006078.html, 2016年11月18日閲覧をベースに筆者作成。

表 12-11　費用便益分析の各手法比較

評価手法	内容と特徴	適用例
消費者余剰法	消費者余剰の増加分を計測，需要曲線が推定できるものに限られる	道路
ヘドニック法	土地の価格の変化から便益を推定する	緑地，大気の質，公園
トラベルコスト法	そこへ行くための費用で価値を推計	河川 レクリエーション施設
代替法	同等の便益を生む私的財の価格や支出額で代替	騒音
仮想的市場評価法	支払意志額をインタビュー調査，バイアスが大きくなるリスクがある	自然環境 オプション／遺贈／存在価値

出所：中村英夫編『道路投資の社会経済評価』より筆者作成。

日本では原則として公共投資の前にCBAを行うことが義務付けられており，計測期間，割引率，原単位，選択基準などがマニュアル化されている。原単位とは，たとえば時間価値37円／分，大気汚染292万円／トン，騒音240万円／デシベル／キロ／年，温暖化2,300円／C-Tなどである。選択基準としては純便益の絶対額ではなく，費用便益比B÷Cが用いられることが多いようである。

さきほどのLRT計画については検討委員会によると表12-12のような便益が計測されるとしている。このうち前項で述べた部分が供給者便益に相当する。年間34.6億円の便益を30年間累計し社会的割引率4%で現在価値に換算すれば総額494億円と計算される。他方同期間における総費用は423億円と試算されることから，B494÷C423＝1.2倍となり1を超えるため投資に値するという判断になる。

表12-12 LRT事業の便益（金額は年あたり億円）

便益の区分	主な効果	金額
利用者便益	総所要時間の短縮 交通費用の減少	22.0 5.6
供給者便益	運行事業者収益の改善	1.4
環境等改善便益	道路交通事故の減少 局所的環境の改善（NO_x排出量削減・騒音改善） 地球的環境の改善（CO_2排出量削減）	3.6 1.8 0.2
合　計		34.6

出所：第10回「芳賀・宇都宮基幹公共交通検討委員会」資料2015年11月12日
http://www.city.utsunomiya.tochigi.jp/kurashi/kotsu/lrt/houshin/1006078.html，2016年11月18日閲覧。

欧州で美しいLRTを視察し「かっこええから導入や」という首長や自治体は少なくないが，宇都宮のLRT計画は現知事・市長の公約でもあり"まずLRTありき"的な印象を受ける。採算性を検討したというよりGOのための数字を創ったと表現してもよかろう。

そもそもこのプロジェクトには500億円近い巨額の公費の使途として代替案

の検討がなされていない。LRT に公費を注ぎ込むなら福祉なり観光なり他により便益の高い施策がある筈である。噴火や震災への対策は十分だろうか？また費用対効果・費用便益以前の問題として，本当に新交通システムが必要なのか，モードとして安価な BRT（バス）では何故だめなのか，整備計画前にロードプライシングなどの交通需要政策を実施したのか（必要な手順を踏んだか），などなど疑問は多い。

（浅井　康次）

〈参考文献〉
日本政策投資銀行地域企画チーム編著（2004）『PPP ではじめる実践"地域再生"──地域経営の新しいパートナーシップ』ぎょうせい。
公益事業学会編（2005）『日本の公益事業──変革への挑戦』白桃書房。
吉田勉（2014）『はじめて学ぶ地方自治法』学陽書房。
中村英夫編（1997）『道路投資の社会経済評価』東洋経済新報社。
総務省（2015）『統一的な基準による地方公会計マニュアル』同省 HP。
栃木県（2016）『平成 26 年度栃木県の財務書類』同県 HP。
井出正介・髙橋文郎（1997）『ビジネス・ゼミナール企業財務入門』日本経済新聞社。
新交通システム検討委員会（2009）『新交通シテスム導入に係る事業・運営手法と施設計画の検討結果報告』。
芳賀・宇都宮基幹公共交通検討委員会（2015）『特許申請の需要予測と整備効果について』。
芳賀・宇都宮基幹公共交通検討委員会（2015）『収支計画について』。
宇都宮市『広報うつのみや』2016 年 3 月号。
日本 PFI・PPP 協会 HP（http://www.pfikyokai.or.jp/about）。
内閣府民間資金等活用事業推進室 HP（http://www8.cao.go.jp/pfi/pfi_genjo）。

第13章　産業連関分析と地域経済政策

I　はじめに

　本章は，地域経済政策における産業集積の波及効果について，産業連関的観点から取り上げるのが目的である。中小企業庁（2000）に従うと，産業集積とは，地理的に接近した特定の地域内に多数の企業が立地するとともに，各企業が受発注取引や情報交流，連携等の企業間関係を生じている状態のことである。経済産業省（2011）に従うと，産業連関とは文字通り生産活動における産業間のつながりのことであり，波及効果とは，産業連関の構造上で生じる生産の連鎖反応のことである。これらの定義を踏まえると，地域経済における産業集積の波及効果とは，特定の地域内に多数の企業が立地し，立地している企業が複数の産業部門にわたっており，その地域に立地している各企業が相互に取引や情報交流などを行い，その取引や情報交流などが複数の産業部門にわたっているために，ある企業（ある産業）に対する財・サービスの需要が，その企業（その産業）の売り上げや利潤の増加につながるだけではなく，その企業の取引関係を通じて他の企業（他の産業）に対する需要につながり，他の企業（他の産業）の売り上げや利潤の増加につながってゆく，という効果のことを意味するのであろう。

　よって，産業連関的視点から地域経済政策を考える際には，その地域にどのような企業が立地しているのか，立地している企業はどのような産業に属するのか，立地している企業の売り上げや利潤はどうなっているのか，立地している企業間の取引は盛んなのか，立地している企業間の取引は複数の産業にわたるような取引になっているのか，といった点に関する現状把握を行うことが，まず必要となるだろう。このような，産業連関的視点からの地域経済の現状把握を行う際に有効な道具の1つが産業連関表である。よって，本章では

産業連関表と，それを用いた分析の概要について取り上げる。

　ところで，日本における財・サービスの生産活動は，日本でのみ完結している訳ではない。経済産業省（2012）は，1955年以降の財貿易の変遷を輸出額や輸入額，貿易収支の対GDP比などを用いながら確認しており，2000年以降に中間財の輸出が増加していること，加工度の低い中間財の輸入が増加しているのと同時に，加工度の高い中間財の輸入も増加していることを記している。そして，資源を輸入して最終財を輸出するという，いわゆる「加工貿易」とよばれる貿易構造からは，日本の貿易構造は変化していることを記している。つまり，第2次世界大戦終了後という期間だけをみても，日本における財・サービスの生産活動は日本でのみ完結している訳ではなく，いろいろな変遷を経ながらも外国とのつながり，つまり外国を含めた形での産業連関を持ちながら行われていることは留意すべきであろう。そして，外国とのつながりというのは，いわゆる大都市を抱える地方自治体のみが関係している訳ではない。栃木県産業労働観光部（2016）は，栃木県内の企業における輸出入の状況や海外進出の状況に関するアンケート調査の結果を報告しており，平成26年度の輸出額が9,074億円，輸入額が3,197億円であることを示している。また，輸出または輸入を行っている企業は105社にのぼり，その105社のなかには栃木県に本社を置く企業が61社含まれていることを示している。この点からも，地域経済について産業連関的視点から現状把握や分析をするうえで，外国とのつながりを過小に位置づけるのは適切ではないだろう。

　とはいえ本書は，地域経済政策について何らかの分析を行い，その分析に基づいて何らかの提言を出すことを試み始めた人々に対して，出発点となるようなテキストの1つとなるのを目的としている。そして本章は，地域経済の現状把握を産業連関的視点から行う際の有効な道具の1つである産業連関表について紹介するのを，主な目的としている。現状の日本で作成・公表されている産業連関表は，国レベル（中央政府レベル）の産業連関表と都道府県・市町村レベル（地方自治体レベル）の産業連関表に大きく分けられる。国レベルの産業連関表には，総務省が中心になって作成・公表される産業連関表（いわゆる全国表），日本を9つの地域に分割したうえで，それぞれの地域を対象として，経済産業省によって作成・公表される地域産業連関表がある。また，日本と

外国との産業連関について明らかにするのを目的とした国際産業連関表が，経済産業省やアジア経済研究所によって作成・公表されているが，国際産業連関表も国レベルの産業連関表である。一方，都道府県・市町村レベルの産業連関表については，すべての都道府県が1990年の段階で都道府県産業連関表を作成していることが，萩原（2011）によって確かめられているものの，市町村になると作成されていないケースが多くみられる。このような産業連関表の作成・公表の状況と本章の目的を踏まえると，外国とのつながりを意識すべきとはいえ，本章での地域というのは，暗黙のうちに都道府県レベルを意味している点に留意が必要である。また，本章で取り上げる内容は産業連関表の概要にすぎない。産業連関表を用いた具体的な分析において必要となるテクニカルな内容については，本章ではあまり踏み込まない。その点にも留意が必要である。なお，産業連関表を用いた具体的な分析と，その際のテクニカルな作業に関しては，浅利・土居（2016）や入谷（2012）を参照するのがよいだろう。入谷（2012）は，市町村産業連関表の作成方法について解説をしているので，地域というのを市町村レベルに設定し，そのレベルで産業連関的視点から経済の現状を把握するのを試みる場合は有効であろう。

　本章の残りの構成は以下の通りである。第Ⅱ節では，産業連関表について概説する。第Ⅲ節では，産業連関表を基にして作成される統計表について概説する。第Ⅱ節と第Ⅲ節は，国レベルで作成・公表されている産業連関表を念頭においた概説である。第Ⅳ節では，国レベルの産業連関表を基にして作成・公表される都道府県産業連関表について概説する。第Ⅴ節では，都道府県産業連関表の結果の概要について，栃木県（2016）を基にしながら概説する。第Ⅵ節は，結果の解釈について，栃木県のケースを用いながら議論する。第Ⅶ節はまとめである。

Ⅱ　産業連関表とは

　産業連関表とは，国内経済において，一定期間（通常1年間）に行われた財・サービスの産業間取引を一つの行列（マトリックス）に示した統計表のことである。第Ⅰ節で記したように，日本では国レベルと都道府県・市町村レベル

第13章　産業連関分析と地域経済政策　241

で産業連関表が作成されるが，いわゆる全国表とよばれる産業連関表は5年に一度，西暦の末尾が0と5の年を対象年として，総務省統計局によって作成され，公表される。2016年7月の時点で，最新の産業連関表は2011年を対象年として作成されたものである。西暦の末尾が1となっているのは，産業連関表を作成する際の資料の1つである「経済センサス－活動調査」が2011年を対象に実施されたためである。産業連関表の種類としては，行518部門×列397部門のほか，190部門に統合したもの，108部門に統合したもの，37部門に統合したものがある。産業連関表の具体的な構造については，図13-1を参照されたい。

　確かに，縦のライン（つまり，列）を見ることで，ある産業において生産され

図13-1 産業連関表の構造

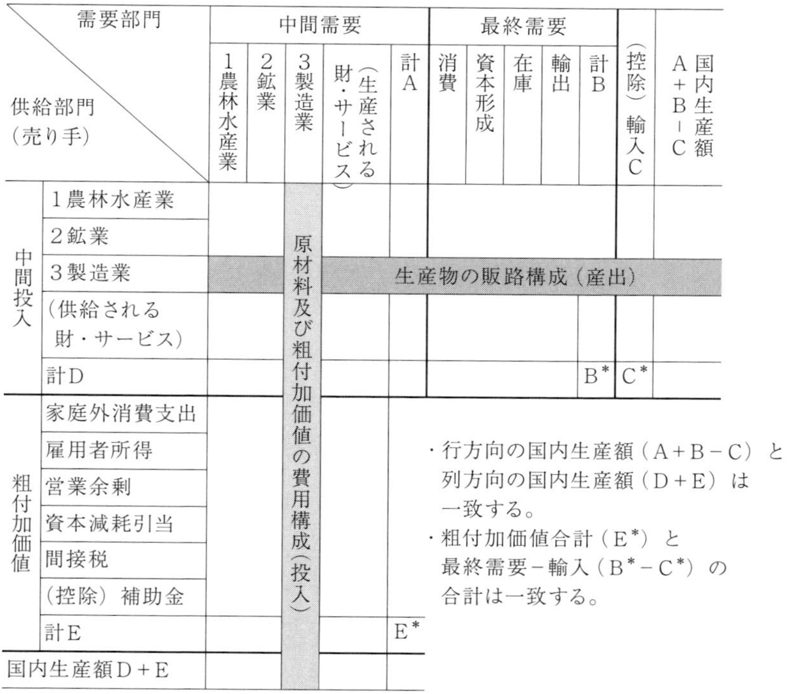

需要部門 供給部門 （売り手）	中間需要				最終需要					（控除）輸入C	国内生産額 A+B−C
	1農林水産業	2鉱業	3製造業	(生産される財・サービス)	計A	消費	資本形成	在庫	輸出	計B		
中間投入	1農林水産業				原材料及び粗付加価値の費用構成（投入）	生産物の販路構成（産出）						
	2鉱業											
	3製造業											
	(供給される財・サービス)											
	計D										B*	C*
粗付加価値	家庭外消費支出											
	雇用者所得											
	営業余剰											
	資本減耗引当											
	間接税											
	（控除）補助金											
	計E				E*							
国内生産額D+E												

・行方向の国内生産額（A+B−C）と
　列方向の国内生産額（D+E）は
　一致する。
・粗付加価値合計（E*）と
　最終需要−輸入（B*−C*）の
　合計は一致する。

出所：総務省HP http://www.soumu.go.jp/toukei_toukatsu/data/io/system.htm。

ている財が，どの産業の財・サービスを材料（つまり，中間財）として利用しているか把握できる。そして，横のライン（つまり，行）を見ることで，ある産業において生産された財が，どの産業に向けて販売されているかを把握できる。よって，産業レベルでの経済構造をつかむことができ，その意味で有益な表である。

III 関連する統計表

先に記したように，産業連関表は産業レベルでの経済構造をつかむ上で有益な表である。しかし，産業連関表自体は非常に規模の大きい表である。それゆえ，ただ眺めているだけでは何も分からない可能性が高いだろう。そこで，作成・公表された産業連関表をベースとして，いくつかの指標が計算される。本節では，その指標について紹介する。

1つ目は，取引基本表である。これは，産業相互間や産業と最終需要（家計など）との間で取引された財・サービスの金額を行列形式で表示したものである。経済が2部門の産業で構成されていると仮定し，数値例を用いる形で取引基本表の構造を表すと，図13-2のように表される。

2つ目は投入係数である。これは，取引基本表の中間需要の列部門ごとに，原材料等の投入額を当該部門の生産額で除して得た係数のことである。図13-2で用いられている数値例を用いると，投入係数表は図13-3のように表される。

3つ目は，逆行列係数である。これは，ある産業に対して新たな最終需要

図13-2 取引基本表

		中間需要		最終需要	生産額
		A産業	B産業		
中間投入	A産業	30	150	120	300
	B産業	60	250	190	500
粗付加価値		210	100		
生産額		300	500		

出所：総務省HP http://www.soumu.go.jp/toukei_toukatsu/data/io/system.htm。

図 13-3 投入係数表

	A産業	B産業
A産業	$0.1 \left[= \dfrac{30}{300} \right]$	$0.3 \left[= \dfrac{150}{500} \right]$
B産業	$0.2 \left[= \dfrac{60}{300} \right]$	$0.5 \left[= \dfrac{250}{500} \right]$
粗付加価値	$0.7 \left[= \dfrac{210}{300} \right]$	$0.2 \left[= \dfrac{100}{500} \right]$
計	$1.0 \left[= \dfrac{300}{300} \right]$	$1.0 \left[= \dfrac{500}{500} \right]$

出所：総務省 HP http://www.soumu.go.jp/toukei_toukatsu/data/io/system.htm。

（以下「新規需要」という。）が1単位発生した場合に，その産業（つまり，新規需要が発生した産業）での生産のために必要とされる（つまり，中間投入される）財・サービスの需要を通して，各産業の生産がどれだけ発生するかを表した係数である。つまり，逆行列係数を見ることは，直接・間接の生産波及の大きさを見ることを意味する。ある産業に対する新規需要が，直接・間接に他の産業での生産にもたらす影響を，ある国の経済においてA産業とB産業の2産業が存在するケースについて例示すると，その影響は次頁図13-4のように表される。なお，図13-4において参考表2という単語が出てくるが、これは図13-3で表されている投入係数表のことである。

　図13-4では，A産業に対する新規需要1単位が，最終的にA産業何単位分の生産の増加につながり，A産業で生産される財の中間財を生産しているB産業何単位分の生産の増加につながるかを表している。同様の計算は，B産業に対する新規需要1単位が各産業の生産にもたらす効果についても実施できる。その結果を行列にまとめたものが逆行列係数表であり，この数値例においての逆行列係数表は次頁図13-5で表される。

図 13-4 新規需要の発生に伴う生産波及

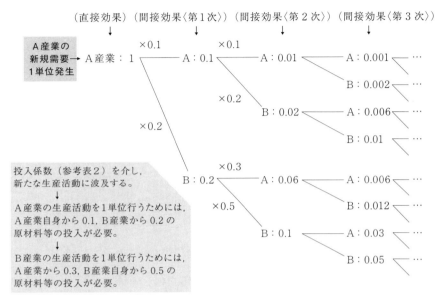

A産業への波及合計 = 1 + 0.1 + (0.01 + 0.06) + (0.001 + 0.006 + 0.006 + 0.03) + … = 1.282
B産業への波及合計 =   0.2 + (0.02 + 0.01) + (0.002 + 0.01 + 0.012 + 0.05) + … = 0.513
　　　　　　　　　　（間接効果〈第1次〉）（間接効果〈第2次〉）（間接効果〈第3次〉）

出所：総務省HP http://www.soumu.go.jp/toukei_toukatsu/data/io/system.htm。

図 13-5 逆行列係数表

	A産業	B産業
A産業	1.282	0.769
B産業	0.513	2.308
列和	1.795	3.077

出所：総務省HP http://www.soumu.go.jp/toukei_toukatsu/data/io/system.htm。

Ⅳ　都道府県産業連関表

　これまでは産業連関表の概要および関連する指標について，国レベルで作成・公表される産業連関表（いわゆる全国表）を念頭にしながら記してきた。一方，各都道府県は，国レベルで作成・公表された産業連関表に続いて，都道府県産業連関表を作成し公表する。第Ⅰ節で記したように，1990年以降は全都道府県で都道府県産業連関表が作成されており，例えば栃木県は，2011年を対象年とした栃木県産業連関表を2016年3月に公表している。さて，各都道府県での財・サービスの生産活動は，各都道府県だけで完結している訳ではない。ある財・サービスを生産するために必要となる材料（つまり，中間財）を，分析の対象となる都道府県以外の場所から調達するのは，ごく普通に行われる。特に，都道府県間の取引は，国家間の取引（つまり，貿易）とは違って関税などの措置がないため，分析の対象となる都道府県以外の場所から中間財を調達するのは，ごく普通である。逆に，分析の対象となる都道府県で生産された財・サービスが，分析の対象となる都道府県以外に供給されるのも，ごく普通に行われる。そのため，経済の現状を産業連関的視点から把握するのを，都道府県・市町村レベルで行う場合には，対象とする都道府県・市町村の境界を挟んだ取引を明確に意識する必要がある。よって，都道府県産業連関表については，国レベルの産業連関表とは違った特徴が数点ある。

　違った特徴の1つ目は，都道府県・市町村レベルの産業連関表では，移入・移出という用語が出てくる点である。移入とは，他の地域からこの地域への財・サービスの販売を意味する。移出とは，この地域から他の地域への財・サービスの販売を意味する。例えば栃木県を例にとると，栃木県以外の都道府県から中間財を調達することが移入である。そして，栃木県で生産された財が，栃木県以外の都道府県に供給されることが移出である。一方，栃木県に立地する企業が中間財を外国から調達した場合は輸入となる。もちろん，栃木県で生産された財が，外国に供給された場合は輸出となる。

　違った特徴の2つ目は，産業連関表を作成する際の域外財の扱いである。域外財の扱い方の1つは，競争移輸入型とよばれるものである。競争移輸入

図 13-6 競争移輸入型の産業連関表

	第1財	第2財	域内最終需要	移出	輸出	移入	輸入	産出高
第1財	x_{11}	x_{12}	F_1	L_1	E_1	$-N_1$	$-M_1$	X_1
第2財	x_{21}	x_{22}	F_2	L_2	E_2	$-N_2$	$-M_2$	X_2
粗付加価値	V_1	V_2						
産出高	X_1	X_2						

出所:浅利・土居 (2016) 表 1-1-2。

型では,同じ財であれば,域内財と域外財を区別せずに,需要項目ごとに同じセルに入れる。そして,域外財については,移入と輸入の欄を設けて,マイナスで計上する。栃木県が作成・公表している栃木県産業連関表は,競争移輸入型を採用している。2財(2産業)のケースで,競争移輸入型を採用している場合の産業連関表は,図 13-6 のように表される。

違った特徴の3つ目は逆行列係数についてである。都道府県産業連関表では,対象となる都道府県以外からの中間財の調達(つまり移入)と,外国からの中間財の調達(つまり輸入)の双方があるため,2種類の逆行列係数がある。1種類目の逆行列係数は,開放型逆行列係数とよばれるものであり,移入および輸入を考慮して,県内産業だけに対する波及効果を考える場合に使われる逆行列係数である。もう1種類の逆行列係数は,封鎖型逆行列係数とよばれるものであり,財・サービスの移入および輸入がないと仮定した場合の生産波及効果を考える場合に使われる逆行列係数である。

V 結果の概要

本章は,産業連関的視点から地域経済政策を考える際に,対象とする地域の経済活動について現状把握をするための1つの材料として,産業連関表を取り上げている。既に第I節で記しているように,日本で作成・公表されている産業連関表の現状と本書の目的を踏まえ,本章における地方とは,暗黙のうちに都道府県レベルと位置づけ,都道府県産業連関表を紹介してきた。具体的な分析を進める際には,作成・公表されている産業連関表のデータ,つまり数値そのものを,どのように処理してゆくかという点に関して,知識や手法を身

につける必要があろう。そして、具体的な処理方法に関する手法を身につける際には、実習を行う必要があろう。しかし、具体的な処理方法については浅利・土居（2016）や入谷（2012）といった文献で詳細な紹介がなされている。よって、本章に与えられている紙幅も考慮すると、本節で取り上げるべき内容は、産業連関表に注目するのを通じて、どのような事柄がわかるのか、概説することであろう。第Ⅰ節で記しているように、すべての都道府県は1990年以降、都道府県産業連関表を作成・公表しているが、ここでは栃木県を取り上げる。2016年3月に公表された栃木県産業連関表に関する結果の概要を、栃木県（2016）に基づいて、取り上げることにしたい。

まず、県内生産額は16兆180億円であり、2005（平成17）年と比較して5.5％減少している。このうち、2005年と比較して、第1次産業の生産額は10.4％の減少、第2次産業の生産額は11.9％の減少、第3次産業は3.5％の増加となっている。県内需要については、15兆7,178億円であり、2005年と比較して1.5％の減少となっている。移輸出は7兆3,335億円であり、2005年と比較して11.5％減少している。移輸入は7兆334億円となり、2005年と比較して3.6％の減少となっている。県内需要に対する移輸入の割合、つまり、県内で消費もしくは投入されている財・サービスのうち、外国を含めた県外から調達している割合は44.8％となっている。また、県内の産業全体の中間投入率、つまり、県内の産業全体の中間投入額を県内生産額で割った値は51.7％であり、2005年より0.2％減少している。

第Ⅳ節で取り上げた開放型逆行列係数は全産業平均で1.3546となっており、2005年よりも0.0425ポイント増加している。また、封鎖型逆行列係数は全産業平均で1.9968となっており、2005年と比較して0.0453ポイント増加している。県内のある産業に対する1単位の移輸入の増加は、県内の産業に対する生産誘発効果と県外の産業に対する生産誘発効果を持つ。この2つの係数を比較するのを通じて、どの程度、県外の産業に対する生産誘発効果を持つか、つまり、県外流出率を計ることができる。県外流出率は全産業平均で32.2％であり、2005年と比較して0.6％減少した。つまり、県内の産業への生産波及は、全産業平均で若干上昇していることになる。

続いて、特化係数、つまり、県のある産業の生産額を県の産業全体の生産

額で割った値(つまり,県の構成比)を,全国のその産業の生産額を全国の産業全体の生産額で割った値(つまり,全国の構成比)で割った値について検討する。ある産業の特化係数が1を超えているということは,その都道府県のその産業は,全国を1地域とみなした場合のその産業の構成比よりも高いということを意味する。つまり,その都道府県では,その産業の生産が相対的に集中していることを意味する。全産業を37部門に分類した場合の,栃木県の各部門の特化係数と,上位5業種および下位5業種は,次頁図13-7のようにまとめられている。

　これまで,全産業を37部門に分類した産業連関表を基にして算出された数値を一部紹介してきた。これらの数値を用いて,各都道府県の産業を分類することができるが,栃木県のケースについて,栃木県(2016)を基に2つ紹介してみる。1つは,中間投入率と中間需要率の関係を用いて栃木県の産業を分類したものであり,結果は次頁図13-8のようにまとめられている。もう1つは,県際収支を基にして分類したものであり,結果は次々頁図13-9のようにまとめられている。

Ⅵ　結果の解釈

　第Ⅴ節で取り上げた内容を基に,栃木県の産業構造について産業連関的視点から解釈を試みると,少なくとも以下の事柄は言えそうである。

　まず,図13-9において移輸入率と移輸出率がともに高い産業を確かめ,さらに,図13-8において最終需要的産業と位置づけられている産業を確かめると,栃木県の製造業は単なる組み立て工場の側面が強いのかもしれない。製造業に属する企業は,栃木県を単に組み立て工場の立地としては適切,と評価しているのかもしれない。もし仮に,その評価が正しいのであれば,現在,栃木県に生産拠点を立地している製造業は,栃木県に特有の理由により生産拠点を立地しているのではなく,単に費用最小化の観点で立地しているのかもしれない。よって,その解釈が仮に正しいのであれば,栃木県以外に費用最小化の観点でより適切な立地が現れたら,生産拠点を栃木県から移すという決定が企業によってなされる可能性があるのは十分考えられる。さらに,木村

第13章 産業連関分析と地域経済政策 249

図13-7 部門別特化係数

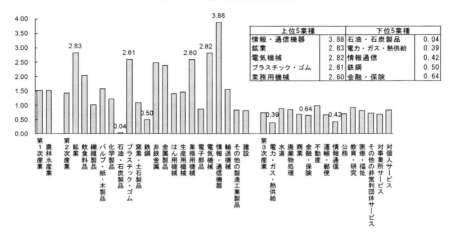

図13-8 中間投入率と中間需要率

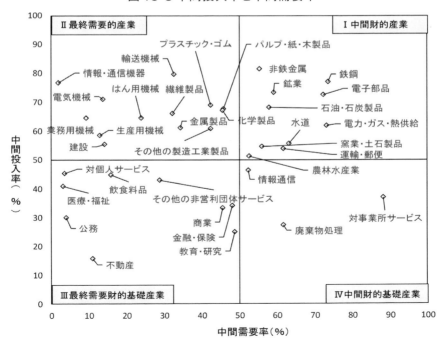

図13-9 県際収支からみた産業の類型化

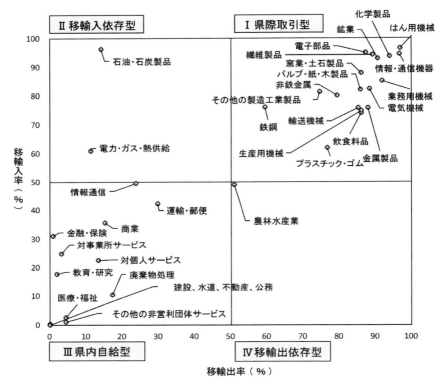

図13-7,8,9 出所：栃木県『平成23年（2011年）栃木県産業連関表報告書』2016年3月24日公表，7,11,13頁。

(2003)で言及されているような「スマイルカーブ化現象」（加工組み立て型製造業を中心とした製品の素材・部品－加工組み立て－販売－サービス等というバリューチェーンにおいて，加工組み立ての付加価値率がグローバルな競争の進展のもとで低下する現象）が，栃木県の製造業で成り立っている可能性も考えられる。これらの可能性は，栃木県の当該産業および直接および間接に関係している産業に，栃木県でもたらされる付加価値のさらなる減少という形で現れるかもしれない。さらに言うと，先に示した産業は，栃木県における特化係数の高い産

業も含まれているため，一般的な認識よりも脆弱な県内経済構造と解釈できるかもしれない。

　第Ⅴ節で取り上げたように，栃木県の第3次産業の生産額は，2005年から2011年にかけて3.5%の増加となっており，存在感を増しつつあるとの一般的な認識があるかもしれない。しかし，都道府県産業連関表を用いた現状把握や分析というのを意識するのであれば，栃木県の第3次産業に需要をもたらしている産業部門を，逆行列係数表などを通じて確認する必要があろう。図13-9を踏まえると，栃木県の第3次産業は自給自足型と位置づけられており，移輸出率は高くない。しかし仮に，栃木県の第3次産業に需要をもたらしている主な産業が第2次産業に属する産業であるならば，栃木県の第3次産業の盛衰は，栃木県の第2次産業によって大きく影響を受けることになる。先に記したように，栃木県の第2次産業は，移輸入率と移輸出率の双方とも比率が高く，中間需要率が低いのが確かめられている。この結果が，先に記したように，単に組み立て工場としての位置づけで製造業の生産拠点が立地されている結果を反映しているのであれば，企業の利潤最大化行動（つまりは費用最小化行動）の結果として，栃木県に立地している生産拠点を閉鎖する（つまり，栃木県から撤退する）という意思決定がなされた時に，その影響は第2次産業と第3次産業の双方に及ぶ可能性が否定できない，ということになろう。また，先に記したような「スマイルカーブ化現象」の反映である場合も，同様の影響は否定できない。よって，ある産業にのみ集中的に対策を取るという政策が，実を結ばない（期待された政策効果をもたらさない）可能性を十分に持つという認識を，栃木県の地域経済政策の立案に携わる人々は持つべきかもしれない。言い換えると，一見遠回りに見える政策を敢えて立案し，実行するのが，最終的に栃木県の産業や経済を再生・活性化するのに資するかもしれない，という認識や可能性を否定すべきではない，ということかもしれない。

Ⅶ　まとめ

　これまで，地域経済政策について考察するうえでは産業連関的視点が必要との認識から，産業連関的視点で地域経済の現状を把握する，現状把握に基

づいた分析を行う，分析に基づいた提言をするといった活動を行うための出発点となる道具の1つとして，産業連関表を取り上げて概要を記してきた。あくまでも本書は，地域経済に関する現状把握や，現状把握に基づく分析に基づいて何らかの地域経済政策を生み出そうと試み始める人々への入門書という位置づけである。その位置づけに従うならば，本章で取り扱った範囲を基にして，取り組む意義のありそうな課題や留意点はどのようなものか記すのが，本章のまとめとして適当であろう。

まず，産業連関表を基にした分析結果や結果の解釈は，どの種類の産業連関表を用いた議論になっているのかを確認しながら読む必要がある点である。例えば，全産業を13部門に分類した産業連関表を基にした議論が，そのまま全産業を37部門に分類した産業連関表を基にした議論でも通用するかどうかは分からない。よって，結果の解釈の妥当性を確かめるために，13分類のみで示されている分析結果を，37分類の産業連関表を用いて再検討するといった作業が必要になるケースは，往々にして起こるであろう。

本章の第Ⅵ節では，産業連関表を基にして導出された各種の数値を踏まえて，どのような結果の解釈ができるかを記してみた。その際に栃木県産業連関表を基にした結果の解釈を記してみた。しかし，都道府県産業連関表は各都道府県で作成・公表されており，各都道府県は作成・公表した産業連関表に基づいて，何らかの結果の解釈や分析を行っていると思われる。仮に，ある都道府県の経済構造について分析し，何らかの特徴を見出したいと考えた場合は，分析したい都道府県の産業連関表と，他の都道府県の産業連関表，それに付随する結果の解釈や分析を見比べるのが，差し当たり取り組む事柄だろう。しかし，結果の解釈や分析について，各都道府県で取り上げるのが義務付けられているような事柄は，筆者の知る限り見当たらない。よって，ある都道府県の産業連関表および付随する分析と，他の都道府県の産業連関表および付随する分析を見比べた際に，取り上げている事柄が共通しているとは限らない。その場合は，作成・公表されている産業連関表を基にして，具体的な分析を行う必要があろう。また，現状の都道府県産業連関表は，都道府県外との取引は外国も含めて1地域とみなして計上している。つまり，栃木県産業連関表でいえば，どの地域との取引であるのかに関する分類は，栃木県内

での取引か栃木県外との取引か、という分類でしかなく、栃木県外には外国も含まれる。仮に、栃木県の経済構造に対して、栃木県外との取引がどのような影響をもたらしているのか分析する際には、どの地域との取引が大きく影響をもたらしているのか明らかにしたいと考えるかもしれない。その際に、現状において作成・公表されている都道府県産業連関表をそのまま用いることはできず、一定の追加作業が必要となる点に留意が必要である。具体的に必要となる作業の内容や手順については、浅利・土居（2016）を参照する必要があろう。

　さらには、地域経済政策といっても、いろいろな政策目標が考えられる点には留意が必要だろう。その意味では、本章で取り上げている産業連関表を用いた分析というのは、現状で設定されている地域経済政策について、政策目標の設定が適切なのか、設定し忘れている政策目標がないのか、実行している政策は適切なのか、といった事柄を、あくまでも産業レベルでの取引の集計値をもとに確かめる、といった程度の役割しかないかもしれない。例えば、産業連関表を用いた分析を通じて、ある都道府県の経済構造が域外の経済状況によって大きく影響を受けるのが分かったとして、その認識をもとに、その都道府県の再生・活性化を目的とした政策を立案するとしたら、その都道府県に生産拠点を立地しないと生産できないような中間財を生産する（開発する）のが必要な政策である、といった見解がでるかもしれない。そのような見解が適切な見解と位置づけられたと仮定して、具体的にどのような中間財を生産すべき（開発すべき）なのか、といった問いに対する答えは、産業連関表を眺めているだけでは出てこないであろう。経済学に限らず、どのような学問分野の、どのようなトピックに関する分析においても、1つの分析ですべてを語るのはできない。その意味では、本章で取り上げた産業連関表を用いた分析においても、その分析を通じて主張できることや示唆できることには範囲の限定がある点には、留意が必要であろう。

〈参考文献〉
浅利一郎・土居英二（2016）『地域間産業連関分析の理論と実際』日本評論社．
入谷貴夫（2012）『地域と雇用をつくる産業連関分析入門』自治体研究社．
木村達也（2003）「わが国の加工組立型製造業におけるスマイルカーブ化現象――検証と対

（溝口　佳宏）

応」富士通総研経済研究所研究レポートNo. 167 (http://www.fujitsu.com/downloads/JP/archive/imgjp/group/fri/report/research/2003/report167.pdf) 2017 年 1 月 29 日アクセス。
経済産業省編 (2011)『2011 年版通商白書』山浦印刷。
経済産業省編 (2012)『2012 年版通商白書』勝美印刷。
中小企業庁編 (2000)『中小企業白書 2000 年版』大蔵省印刷局。
栃木県産業労働観光部 (2016)「平成 27 年度栃木県国際経済交流調査報告書」(http://www.pref.tochigi.lg.jp/f04/work/shoukougyou/kokusaikeizai/documents/27houkokusho.pdf) 2016 年 5 月 31 日アクセス。
栃木県 (2016)『平成 23 年 (2011 年) 栃木県産業連関表報告書』(http://www.pref.tochigi.lg.jp/c04/pref/toukei/toukei/documents/h23totigikensangyourenkanhyou.pdf) 第 2 章については 2016 年 7 月 6 日アクセス,第 3 章については 2016 年 7 月 7 日アクセス,その他の章については 2017 年 1 月 29 日アクセス。
萩原泰治 (2011)「47 都道府県間接続産業連関表の作成と分析」『神戸大学経済学研究年報』58 巻,33-46 頁。

第14章　地理情報と地域経済政策

I　地理情報の活用の広がり

　地理情報システムまたは GIS という言葉を聞いたことがあるだろうか？　地理情報システム（Geographical Information System，以下 GIS）は，地理的な位置に関する情報を持ったデータ（以下，地理情報）(1)を扱い，地理情報を総合的に管理したり，加工したり，視覚的に表示したり，高度な分析や迅速な判断を行える。

　いまや，地理情報を活用した政策形成は当たり前の如く認知されるようになってきた。政府レベルでの地理情報の本格的な活用は，1995年の阪神淡路大震災時に種々の情報を効果的に活用できなかった反省から始まってきた。国土地理院や国土交通省を始め，国による地理情報の整備が進められてきたが，2007年に地理空間情報活用推進基本法が定められたことで(2)，地理情報の活用が加速化している。最近では，地方自治体においても，国と連携した地理情報の運用事例が出てきた。例えば，栃木県と国土地理院は2015年10月21日に，双方の地図データや航空写真データなどを情報共有し，相互活用・災害対応協力・技術支援を進める協定を締結している(3)。

　地域経済に関連する分野においても，地理情報の活用が進んできている。経済学を対象として GIS 分析の論文数が2000年代半ばから増加傾向が強ま

---

(1)　地理情報（Geographical Information）のほかに，空間情報（Geo-Spatial Information）など表現の仕方は多様である。詳細は浅見ほか（2015）を参照のこと。また，国は地理空間情報（G 空間情報）という表現を用いてもいる。
(2)　この法律は，地理空間情報を高度に活用することで豊かな経済社会を構築しようとするものである。
(3)　国土地理院「栃木県との地理空間情報活用促進のための協力に関する協定を締結」（http://www.gsi.go.jp/chizujoho/chizujoho60001.html）2016年8月31日最終アクセス。

っていることを河端（2014）が明らかにしているし，政策形成の場面においても，公共施設の適正配置について GIS を用いて分析した新潟市の事例や地域情報や行政情報を可視化した「横須賀データマップ」の事例が報告されている。[4]

本章では，地域経済政策づくりには欠かすことができないオープンデータとしての地理情報をどのように活用すべきか，理解を深めるために，地理情報システムとはどのようなものなのか（2節），オープンデータの普及が地理情報にどう関わっているのか（3節），地域経済政策に地理情報がどう活かせるのか（4，5節），地域経済政策の可能性を紹介する。

II　地理情報システム

1　地理情報システムとは何か？

まず，GIS の特徴を簡単に解説する。なお，ここで示す GIS の特徴は，紙面の関係上，その全体の一部に留まる。GIS についてより深く，または全体像を理解されたい方は節末に示す参考文献を参照していただきたい。

GIS で取り扱う地理情報のデータ形式を分類すると，衛星画像や航空写真のようにラスター形式のデータとポイントとライン，ポリゴンのようにベクター形式のデータに区別できる。前者はセル数によって解像度が決まり，セルの大きさよりも小さな空間スケールでの分析は不可能である。[5]リモート・センシング（Remote Sensing）を用いた植生分析や土地利用分析などが代表的である。後者はポイントやライン，ポリゴンといったベクター形式の図形データとそれぞれにリンクする属性データがデータベース（Database）形式で格納されており（次頁図 14-1），密度解析，ネットワーク解析，クラスター分析などが代表的な分析手法である。

---

(4) ESRI ジャパン「人口減少社会が新潟市へ与える影響とアセットマネジメント」（http://www.esrij.com/industries/case-studies/48962/）2016 年 8 月 31 日最終アクセス，および，ESRI ジャパン「GIS を用いた行政情報の『見える化』」（http://www.esrij.com/industries/case-studies/69556/）2016 年 8 月 31 日最終アクセス。

(5) 身近なラスター形式に，テレビ画面や PC モニターを挙げられ，フル HD ＝ 1,920 × 1,080 のセル数がなじみ深い。また，デジタルカメラなどでは，総ピクセル数などの表現も見られ，先ほどのフル HD であれば 207 万 3,600 ピクセルとなる。

第14章　地理情報と地域経済政策　257

図 14-1　ベクター形式の地理情報の構造

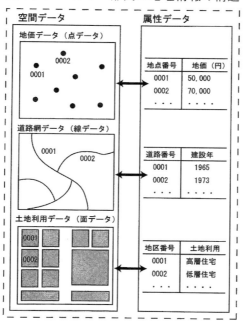

図 14-2　レイヤー構造の概念

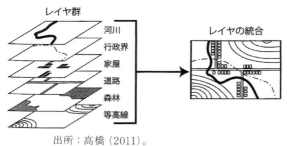

出所：高橋（2011）。

　GIS の最大の特徴がレイヤー構造である。これにより，一枚の地図に複数の情報を重ね合わせて表現，分析ができる（図14-2）。位置情報を基にレイヤー構造を構築することで，様々な情報の関連性が可視化できるようになる。位置情報を基にするので，ラスター形式・ベクター形式いずれのデータ形式を用

いてもデータを重ね合わせ，情報を集約できるのである。

例えば，独居高齢者の分布を示すレイヤーと避難所の位置を示すレイヤーを重ね合わせることで，避難所へのアクセスが不便な人，すなわち災害時要支援者の人数を洗い出すことができるようになる。GISを用いてデータを整備し表現すれば，このような結果は瞬く間に導き出すことができる。必要に応じたデータ整備ができれば，集落単位や町丁目単位，避難所から1km以上離れている地域など任意の地区別に該当する高齢者の人数を集計することが可能であり，また独居高齢者一人一人の名前や必要とする支援内容をリストアップすることも可能となる。加えて，住宅の情報（構造や築年数など）や周辺の道路情報（幅員）を重ね合わせればより正確な災害時要支援者の全体像を把握できるようになる。

2　地理情報の可視化

レイヤー構造によって表現しようとする地図の多くは，特定の主題を強調して表現することを目的としている。これは主題図と呼ばれるもので，その代表的なものに都市計画図や土壌図，人口分布図が挙げられる。

位置情報がしっかりと記録されていれば，どのようなデータであれレイヤー構造を構築することができる。しかし，地理情報の可視化を行う際に，分析の空間スケールと地図表現について配慮が必要となる。これはGISのデメリットの代表的なものである。例えば，GISを用いた代表的な分析対象スケールに都道府県や市区町村といった地区単位を挙げることができるが，分析の対象によっては都道府県単位が空間的に過大な地区単位である場合があるし，他方で市区町村の境界は市町村合併によって刻々と変化をする問題を内在する。

地区単位の空間スケールが主題図作成に及ぼす影響を確認するため，次頁図14-3に空間単位を変化させた同じデータ（2010年国勢調査における高齢者人口比率）を掲載した。地図の凡例が不統一なことに留意する必要があるが，都道府県から市区町村，町丁字へと空間スケールが小さくなるにつれ，地域ごとのばらつきを確認でき，地域の高齢化をより正確に把握することができる。しかし，町丁字もまたその境界が頻繁に変更されるため，時系列での比較・分析が難しくなる。

図14-3 空間スケールによる表現の違い

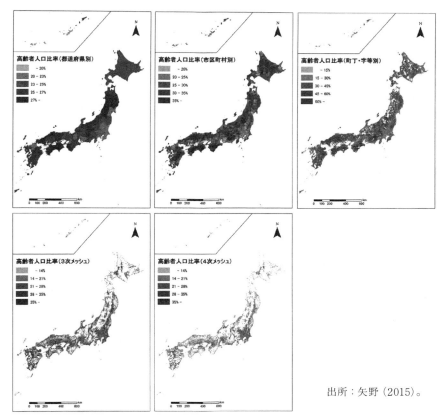

出所：矢野（2015）。

このような問題を解決できる手段として地域メッシュ統計が開発されている。図14-3にその一例（3次メッシュ，4次メッシュ）が示されている。白抜きで示される箇所が町丁字よりも数多くあるが，これらの場所には高齢者がいない，または居住人口そのものがいない所である。それだけ日本は急峻な山地が存在し，可住地域が狭い。

ここで提示したメッシュデータとは，等間隔に配置されたポリゴンデータである。メッシュとは，一定の経度，緯度で地域を網の目状に区画したものであ

り(図14-4)，位置情報が与えられている。最も広くデータが整備され活用される基準地域メッシュ（3次メッシュ）は約1km×1kmのスケールとなる。ただし，地球は球体なので，このメッシュは正方形とはならない。こうして網の目状に作られたメッシュそれぞれに規則的に振られたIDが，市区町村界や町丁目界に相当する地区単位として機能する。

図14-4　地域メッシュの構造

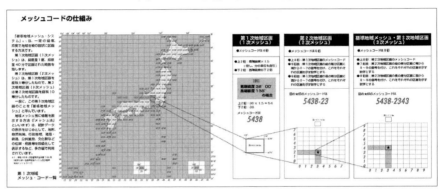

出所：環境省自然環境局生物多様性センターHP http://www.biodic.go.jp/kiso/col_mesh.html，2016年11月21日最終アクセス。

　以上，GISの特徴をほんのわずかだがお伝えした。重要な点を再度整理しておくと，地理情報システム（GIS）は，位置情報によって一枚の地図に集約化された様々な地理情報を総合的に管理，加工したり，また視覚的に表示したり，さらには高度な分析や迅速な判断を行えるものである。地域経済政策を考えるにあたり，最も重要なことは最後に挙げた高度な分析や迅速な判断をどのように進めるか，ということにあろう。これについては4節以降で紹介することにしたい。

　GISについてさらに理解を深めたい場合には，浅見ほか（2015）や橋本（2011），河端（2015）などを手がかりにするとよい。またGISに関する理論的な背景を理解したい場合には，村山・柴崎（2008）や杉浦（2003）がオススメである。

Ⅲ　オープンデータの普及と地理情報の活用

1　オープンデータの普及

　近年，オープンデータ（Open Data）の普及が加速してきている。「Link Data.org」によると，2016年6月30日時点で30の都道府県，176の市区町村がオープンデータを推進している。政府によると，オープンデータとは「機械判読に適したデータ形式で，二次利用が可能な利用ルールで公開されたデータ」であり「人手を多くかけずにデータの二次利用を可能とするもの」である。これにより，行政の透明性・信頼性の向上，国民参加・官民連携の推進，経済の活性化・行政の効率化が三位一体で進むと期待されている。2013年に「世界最先端IT国家創造宣言」を政府が発表したことで，オープンデータの動きは加速している。また，このような二次利用を可能とするオープンデータの推進に，クリエイティブ・コモンズ（Creative Commons）による著作権管理が普及してきたことも重要な点である。

　なお，行政がオープンデータとして公開する公共データの中には，例えば栃木県が公開するトラフィックカウンターや青森県が公開する映像資料のように地理情報とは関連しない公共データも含まれる。一方で，多くの市区町村で公開している避難所の一覧やAED設置箇所の一覧など，その位置情報が大変重要となる公共データもある。多少専門的な話になるが，たとえ位置情報として緯度経度が与えられていたとしても，現在広く使われている世界測地系ではな

---

(6)　LinkData.org「日本のオープンデータ都市一覧」（http://linkdata.org/work/rdf1s127i）2016年8月31日最終アクセス。
(7)　総務省「オープンデータ戦略の推進」（http://www.soumu.go.jp/menu_seisaku/ictseisaku/ictriyou/opendata/）2016年8月31日最終アクセス。
(8)　クリエイティブ・コモンズ・ジャパンによると，クリエイティブ・コモンズは，クリエイティブ・コモンズ・ライセンスを提供している国際的非営利組織とそのプロジェクトの総称である。クエリエイティブ・コモンズ・ライセンスはインターネット時代のための新しい著作権ルールで，作品を公開する作者が「この条件を守れば私の作品を自由に使って構いません。」という意思表示をするためのツールと位置づけられている。
(9)　ここでは測地系の概念を説明する紙面がないため，先に示したGISの参考図書を参照していただきたい。

く,改正測量法の施行以前に用いられてきた日本測地系で計算された緯度経度のデータもある。日本測地系と世界測地系の間には最大で約 450m のずれが生じるため,GIS の運用において致命的なトラブルとなりうる。そのため,国や地方公共団体においてオープンデータの作成基準の統一化が期待される。現に,オープンデータ推進コンソーシアムは 2014 年 7 月 31 日に「オープンデータガイド第 1 版」を発行している(10)。

地理情報に関連したオープンデータ化の動きを整理しておこう。オープンデータの機運が高まるはるか以前から,地理情報に関するデータの整備・公開は国レベルで進められてきた。国土交通省国土政策局国土情報課が管轄する「国土数値情報ダウンロードサイト」は,全国総合開発計画等の策定の基礎となるよう 1974 年から整備されてきたデータを一般に無償提供するため,2001 年に開設された。当サイトでは,河川や土地利用,行政区域,公共施設,道路,鉄道など様々な地理情報のデータが用意されている(11)。

また,国勢調査や経済センサス,農林業センサス,人口動態調査などの統計情報を関連付けた地理情報を,総務省統計局が「地図で見る統計(統計 GIS)」にて公開している。当サイトでは,WebGIS を用いて様々な統計データを背景地図と重ね合わせて表示することができるほか,統計データと地理情報のデータをダウンロードすることもできる。

オープンデータと地理情報についての資料はそれほど多くの蓄積がないが,興味のある方は関本・瀬戸(2013)から読み始めるのをオススメする。

2 オープンソース化する GIS

地理情報がオープンデータ化する動きとともに,地理情報を管理・表示・分析する GIS ソフトウェアそのものもオープン化する動きがみられている。従来,

---

(10) オープンデータ情報ポータル「流通推進コンソーシアム,オープンデータ公開の『作法』まとめたガイド発行」(http://opendata.nikkei.co.jp/article/201408042874943391/) 2016 年 8 月 31 日最終アクセス。

(11) 最近では,国が整備する地理情報以外にも民間によるデータ整備を非常に進んでおり,経路検索など様々なインターネット上の GIS のサービスが生まれている。なお,道路や河川,緑地などの地理情報そのものを,誰もが使用でき,また誰もが編集できるオープンデータ,OSM(Open Street Map)の整備が世界で広まりつつある。

ArcGIS や MapInfo, PostGIS など有償ソフトウェアを用いなければ，地理情報の可視化もできず，ましてや空間解析もできなかった。非常に高価なソフトウェアであるため，社会一般にはあまり浸透してこなかったといえる。わが国では幸運にも，研究者の手によって無償ソフトウェア「MANDARA」が開発されており，一般的にも広く認知されている[12]。さらに，GIS そのものもオープンソース化し始めており，FOSS4G (Free Open Source Software for Geospatial) が浸透しつつある。その代表的なものが Quantum GIS (QGIS) で，関連する入門書は日本語でも数多く出版されており (例えば橋本 2015；今木・岡安 2015)，自治体レベルでも導入した事例が報告されている (植村・丸田 2010)。

オープンソースの GIS ではないが，オープンデータの普及に合わせて WebGIS の開発も進められてきた。総務省統計局では，以前から「地図でみる統計」として提供していたが，2015 年に「地図でみる統計」の進化版とも言える「jSTAT」をローンチした。「jSTAT」はユーザ登録制であるが，「地図で見る統計」以上の高度な GIS 分析機能を有しており，簡易なネットワーク解析や任意のエリアにおける統計情報の集計を得ることができる。また同年，内閣官房まち・ひと・しごと創生本部も地域経済分析システム (Regional Economy (and) Society Analyzing System, 以下 RESAS) を公開している。RESAS の目的は地域経済の見える化であり，背景地図と重ねて表示できるため，WebGIS と位置づけられる。RESAS については第 5 節でその詳細を取り上げる。

このように，ICT 技術の進歩に伴い，地理情報の活用の可能性はますます広がっている。GIS 技術もまた進化を続けており，様々な分野で GIS の活用が進んで行くと考えらえる。無論，地域経済政策の立案に対する GIS の活用が当たり前となる時代は目の前にあると言える。

以上を踏まえ続く第 4 節では，地理情報の分析を通じた地域経済政策の考えを紹介する。また第 5 節では，オープンデータを用いた地域経済政策の立案について紹介する。

---

[12] MANDARA については，谷 (2011) や後藤ほか (2013) を参照していただきたい。

Ⅳ 地域経済政策に関わる地理情報
――製造業の集積の広がりを計測する

　本節では，地理情報の分析を通じた地域経済政策の検討を紹介する。ここでは，丹羽（2015）を基に，全国市町村単位での製造業の集積の広がりを計測する。さらに，栃木県宇都宮市を一例として政策展開の可能性を探る。

　具体的な分析手法として，ローカル・モランⅠ統計量を用いた空間的自己相関を取り上げる。ローカル・モランⅠ統計量は，Anselin（1995）により開発された空間的自己相関の測定手法であり，分析対象地域全体の空間的自己相関を測定するグローバルⅠ統計量（Moran 1948）と対をなす分析手法として認知されている。近年では，井田（2006）や，福本（2010），若林・小泉（2014），山田（2015）などによって空間的集積に関する具体的な研究成果がみられるようになってきた。ローカル・モランⅠ統計量や空間的自己相関に関する詳細な記述を行う余裕がないため，興味のある方は河端（2015）や杉浦（2003）などを参照していただきたい。

　ここでは 2012 年経済センサスのデータを使用して，市区町村別に製造業小分類 171 業種の事業所数の特化係数を用いて，ローカル・モランⅠ統計量を算出する。ローカル・モランⅠ統計量が統計的に有意であるならば，当該市区町村は表 14-1 に示されるような 4 つの集積のタイプに分類でき，またローカル・モランⅠ統計量が統計的に有意でない場合，当該市区町村に産業集積は

---

(13)　ローカル・モランⅠ統計量以外にも，Getis-Ord の General G 統計量や Geary の C 統計量などが用いられている。なお，本論で用いるローカル・モランⅠ統計量の検定では，多重検定問題と空間依存性問題を解消するため，FDR（False Discovery Rate）補正を行う。FDR 補正は，統計的な有意差の特定における誤判定の数を推定し，それによって p 値を調整する手法である。

(14)　政令指定都市は市単位でまとめている。

(15)　特化係数とは，地域のある産業の規模（地域内の全産業に占めるある産業の割合）と全国の同産業における規模（全国の全産業に占める全国の同産業の割合）の比を求めた数値である。1 を上回れば，全国よりも特化していると解釈できる。また，海外への輸出度合いを考慮に入れた修正特化係数も使われているが，本稿では簡略化のため，単純な特化係数を用いる。

表 14-1　ローカル・モラン I 統計量による集積のタイプ

タイプ	地域 i のローカル・モラン I 統計量	地域 i 周辺のローカル・モラン I 統計量	産業集積としての特徴
HH	High	High	地域 i とその周辺がともに高い値を持ち，広域的産業集積が認められる。
HL	High	Low	地域 i はその周辺に比べ高い値を持ち，単独の産業特化が認められる。
LH	Low	High	地域 i はその周辺に比べ低い値を持ち，広域的産業集積の圏外と考えられる。
LL	Low	Low	地域 i とその周辺がともに低い値を持ち，産業特化，集積に乏しい。

認められないと解釈できる。

　最も多くの市区町村で広域的産業集積が確認される産業小分類は，「自動車・同附属品製造業」(136 市町村) であった (次頁図 14-5)。愛知県や静岡県，群馬県，広島県，大分県内の市区町村に広域的産業集積が認められる。これらの市区町村は，自動車メーカーとそのサプライヤー企業が集積する地域である。このほか，広域的産業集積が多くの市区町村で確認される業種で「製材業，木製品製造業」(100 市町村) が興味深い[16]。北海道中央部，和歌山県，奈良県，徳島県，高知県，宮崎県といった，豊かな山林に囲まれた地域に広域的産業集積が形成されている。

　宇都宮市に目を向けると，広域的産業集積が確認できる産業小分類は，輸送用機械器具製造業の「管理・補助的経済活動を行う事業所」および「航空機・同附属品製造業」であり，実質的には航空機産業のみが集積していると評価できる (次々頁図 14-6)。航空機産業が宇都宮市に集積している背景には，戦前の中島飛行機宇都宮製作所 (現，富士重工業宇都宮製作所) の展開とその下請企業群の戦中疎開にその起源があり，宇都宮市発の産業ではないことも

---

(16)　当該産業以外に，「その他の生産用機械・同部品製造業」(108 市町村)，「計量器・測定器・分析機器・試験機・測量機械器具・理化学機械器具製造業」(108 市区町村)，「金属加工機械製造業」(106 市町村) を挙げることができる。

図14-5　業種による広域的産業集積の違い

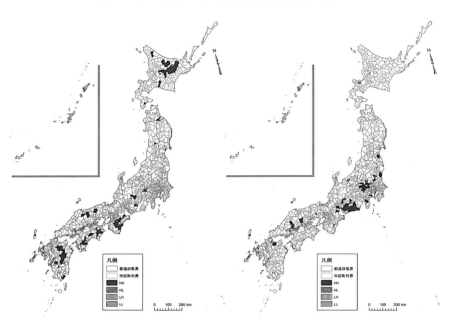

左：製材業・木製品製造業，右：自動車・同付属品製造業
出所：2012年経済センサス，総務省統計局HP http://www.stat.go.jp/ より作成。

事実である。なお，当該産業は高い技術を有するが，厳しい品質基準と長期的な取引関係が維持されており，新規参入が容易ではない閉鎖的な産業である[17]。航空機産業については，他市も強力に振興している産業であるため，宇都宮市もその競争力を失わないための支援は不可欠である。

他方，光学機械器具・レンズ製造業は県北部を中心として広域的産業集積が確認できる。宇都宮市内には清原工業団地にキヤノンを有しながら，この

---

(17) この点は，山本（2011），日本政策金融公庫総合研究所（2011）に詳しい。すでに航空機産業に参入している企業の多くは，当該産業における国際認証であるJISQ9100やNadcapを取得するなど，取引先の信頼を得る取組を進めており，新規参入企業に対する参入障壁となっている。

図 14-6　栃木県内の広域的産業集積

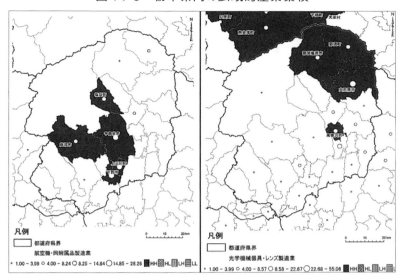

左：航空機・同付属品製造業，右：光学機械器具・レンズ製造業
出所：2012 年経済センサス，総務省統計局 HP http://www.stat.go.jp/ より作成。

集積範囲に含まれなかった。これは，キヤノンと地元企業の取引関係が限定的で，元請下請の垂直的ネットワークが形成されていないことを示唆する。同時に，同業種における力ある中小企業もほとんどないことから中小企業同士の水平的ネットワークも構築されていないことが考えられる。本来ならば，地元企業とキヤノンの取引を強化するとともに，地元企業同士の取引ネットワークの構築が経済政策として期待されるところであるが，達成できていない。ただし，宇都宮市内で産学連携が機能し，また専門技術労働力を提供できている点は評価すべきである。宇都宮大学にオプティクス教育研究センターが設置されているし，2015 年 4 月には大学院工学研究科に先端光工学専攻が新設された。地域経済政策として，産学連携から高度技術労働力のスピンオフによる新規起業や地元企業への人材還流を促すことができれば，今後宇都宮市でも光産業の集積形成が期待できる。

V 地域経済政策に関わる地理情報
―――オープンデータの利用と地域経済政策

　ここでは，RESAS を用いた地域経済政策の可能性を検討する。RESAS は，「いわゆる『ビッグデータを活用した地域経済の見える化システム』を，経済分野に限らず様々なデータを搭載することで，地方自治体が『地方版総合戦略』の立案等をする際に役立てる」システムである。

　RESAS には，2016 年 8 月現在で 52 のマップが公開されているが，ここでは，丹羽（2016）を基に，産業マップの「稼ぐ力分析」と「特許分布図」を用いて栃木県宇都宮市のものづくり政策に関わる課題を検討してみる。

　次頁図 14-7 には，「稼ぐ力分析」から栃木県全体の産業別雇用者シェア（横軸）と 1 人あたり現金給与総額（縦軸）を示した。栃木県では「公務」が最も給与水準が高く，「農業・林業」で最も給与水準が低い。1 人あたりの給与水準は両者の間に 4 倍の開きがある。また，産業ごとに示される個々の面積の大きさが給与総額でみた際の産業の規模を表しており，最も規模が大きい産業が「製造業」で，以下「卸売業，小売業」，「医療，福祉」と続く。

　最も規模が大きい製造業の産業競争力を高めるためには，本社機能の移転や新規創業，研究開発機能の強化などの産業振興政策が求められる。ここでは，研究開発機能について考察していく。「特許分布図」を用いて，全国，栃木県，宇都宮市の製造業の特許件数を業種別の割合として示したものが次頁図 14-8 である。

　全国的な傾向に比べ，栃木県と宇都宮市の特許はともに「生活必需品」の分野に極めて高い集中をみせていることがわかる。「生活必需品」分野をさら

---

(18)　政府は，2014 年 11 月 28 日に「まち・ひと・しごと創生法」を制定し，全国版の「人口ビジョン」および「創生総合戦略」を策定するとともに，地方自治体にも「地方版人口ビジョン」および「地方版創生総合戦略」を策定することを義務づけた。
(19)　まち・ひと・しごと創生本部「RESAS（地域経済分析システム）とは」(https://www.kantei.go.jp/jp/singi/sousei/RESAS/pdf/h27-10-13-what-RESAS.pdf) 2016 年 8 月 31 日最終アクセス。

図 14-7　栃木県における産業別雇用者シェアと1人あたり現金給与額

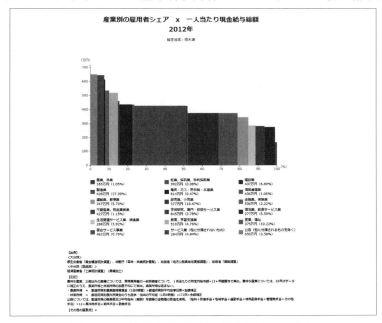

図 14-8　技術分野別特許分布図（2014 年）

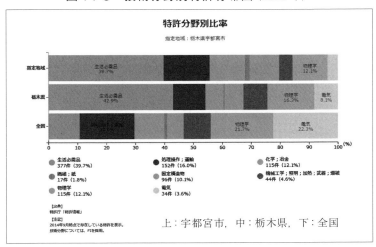

上：宇都宮市，中：栃木県，下：全国

出所：RESAS 地域経済分析システム HP https://resas.go.jp/，当該画面をそのまま転載，2016 年 11 月 21 日閲覧。

図14-9　生活必需品分野における特許分布図（2014年）

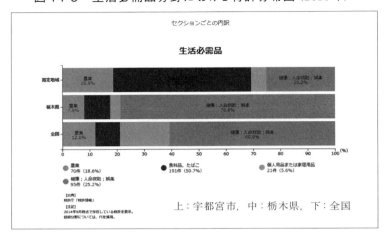

出所：RESAS地域経済分析システムHP https://resas.go.jp/，当該画面をそのまま転載，2016年11月21日閲覧。

に細かくみると，栃木県は「健康・人命救助・娯楽」の分野に特許が集中しており，他方で宇都宮市は「食料品・たばこ」の分野に集中している（図14-9）。「特許分布図」では任意の自治体における特許の一覧も簡単に閲覧できる。「食料品・たばこ」分野に該当する宇都宮市内の特許件数は167件であった。このうち140件の特許を特定の1社が有している。

　この点は，宇都宮市内に「食料品・たばこ」分野で強い競争力を有する企業が存在することを示している一方で，宇都宮市内に当該分野の開発能力のある企業が限定されることも意味している。他方，栃木県の特許一覧からは，県内で「健康・人命救助・娯楽」分野の特許が医療関連に集中していることがわかる。医療関連産業は現在，国でも栃木県でも宇都宮市でも優先的な振興が図られており，重要な産業に位置づけられる。ただし，栃木県全体で医療関連産業の競争力が高まっているとは一概に言えない。宇都宮市の状況と同じく，県内の医療関連の特許も特定の企業に集中しているためである。

　いずれにせよ，栃木県では医療関連産業の競争力の源泉である特許の件数が集中していることが確認できるものの，宇都宮市では確認できない。宇都

宮市における医療関連産業の特許の構成比は全国水準より低く，早急に魅力的な振興策を打ち出していくことが必要である。

Ⅵ　地理情報を活用していくための視点と今後の展望

　以上，地理情報とオープンデータの最近の状況，また地理情報を活用した地域経済政策の可能性について議論してきた。これから先も GIS の有する機能，特に高度な地域分析や政策形成の判断支援が社会的にも求められる。そのような中，GIS に関する基礎的な知識および技能を有するかどうか，すなわち GIS リテラシーを有するかどうかが，地域経済政策を成功させる鍵となる。

　本稿で議論してきた点を踏まえ，GIS リテラシーを高めるために求められる視点を整理する。そもそも地域経済に関する分析は GIS 上で完結することは稀であり，基本的な表計算ソフトの操作が大前提となる。その上での GIS リテラシーということになろうが，基本的な GIS の操作に，そこまで多くの知識，技能は求められない。ただし，自ら地理情報を収集したり大規模なデータセットを整理（データベース，Data Base）したりするようになれば，測地系など地理学の基礎的知識が必要となってくる。また大規模なデータベースを運用したり効率的な分析を遂行したりするならば，IT に関する知識が必要となってくる。なお，現在ユーザ数の多い ArcGIS や QGIS ではプログラミング言語「Python」が使用でき，IT の能力が高ければ高いほど GIS を使いこなすことができる。

　地理情報に関する今後の展望として，オープンデータの流れは今後も加速していくとみられる。特に今熱い視線が注がれているのが，人の位置情報に関連するビッグデータであろう。GPS データに代表される人の位置情報に関するデータは地域経済の観点に限定したとしても，買い物行動の把握や商店街の通行量の把握など，現実の商圏の判定や買い物難民の実態把握に資するものである。すでに東京大学「人の流れプロジェクト」では「大規模人流データを用いた商業地域来訪者の特性分析」や「人の流れデータを用いた駅勢圏の詳細推計および駅勢圏内の特性分類に関する研究」などが取り組まれ始めている。政策立案サイドでも国土交通省が GPS データを活用して保育所や図書館

などの最適立地を実現し，コンパクト・アンド・ネットワークの社会を構築する計画を示している[20]。ただし，人の位置情報は多分にプライバシーに関する情報を含むため，その活用に当たってはプライバシーの保護が充分に確保される必要がある[21]。経済産業省からは2016年8月8日に，改正個人情報保護法で規定された「匿名加工情報」の作成マニュアルが発表され，今後の動向が注目される[22]。

このように地理情報に関わる環境が変化を続ける中で，地域経済政策が今後も発展していくためには，地域や位置など地理情報に関連する様々な事象を経験や勘，思い込みによってではなく，客観的な情報や知識によって判断していくことが肝要となる。すなわち，"Evidence Based Policy Making" を目指すことが大切である。そのため，これからの地域経済政策には地理情報を活用する必要があり，その基盤としてGISリテラシーが必要である。

（丹羽　孝仁）

〈参考文献〉
浅見泰司・矢野圭司・貞広幸雄・湯田ミノリ編（2015）『地理情報科学——GISスタンダード』古今書院。
井田憲計（2006）「GISを活用した工業集積の空間統計学的分析——大阪における町丁目別工業出荷の集積性」『経済学論叢』57巻3号，295-318頁。
今木洋大・岡安利治（2015）『QGIS入門』古今書院。
植村哲士・丸田哲也（2010）「フリーオープンソースGISソフトウェア（FOSS4G）の地方自治体への導入可能性と課題」『NRIパブリックマネジメントレビュー』2010年3月号，7-14頁。
岡部篤行（2015）「地理情報科学」浅見泰司・矢野圭司・貞広幸雄・湯田ミノリ編『地理情

---

(20) 国土交通省「国土交通省生産性革命プロジェクト（パンフレット）」国土交通省生産性革命プロジェクト第3回会合，2016年8月31日（http://www.mlit.go.jp/sogoseisaku/point/sosei_point_tk_000021.html）2016年9月15日最終アクセス。
(21) JR東日本がICカード乗車券「スイカ」の乗降履歴データを販売しようとして，プライバシーの観点から延期になったことは，記憶に新しい。日本経済新聞「スイカ乗降履歴データの外販，JR東が当面見送り」2013年9月20日（http://www.nikkei.com/article/DGXNASDD200GC_Q3A920C1TJ0000/）2016年8月31日最終アクセス。
(22) 経済産業省「事業者が匿名加工情報の具体的な作成方法を検討するにあたっての参考資料（『匿名加工情報作成マニュアル』）を取りまとめました！」（http://www.meti.go.jp/press/2016/08/20160808002/20160808002.html）2016年8月31日最終アクセス。

報科学——GIS スタンダード』古今書院，1-7頁．
河端瑞貴（2014）「経済学における GIS 活用の現状と課題」『GIS——理論と応用』22 巻 1 号，47-52頁．
河端瑞貴（2015）『経済・政策分析のための GIS 入門』古今書院．
後藤真太郎・谷謙二・酒井聡一・坪井塑太郎・加藤一郎（2013）『MANDARA と EXCEL による市民のための GIS 講座——地図化すると見えてくる！』古今書院．
杉浦芳夫編（2003）『地理空間分析』朝倉書店．
関本義秀・瀬戸寿一（2013）「地理空間情報におけるオープンデータの動向」『情報処理』54 巻 12 号，1,221-1,225頁．
谷謙二（2011）『フリー GIS ソフト MANDARA パーフェクトマスター』古今書院．
日本政策金融公庫総合研究所（2011）「航空機産業における部品供給構造と参入環境の実態——機体・エンジンから個別部品分野に至るサプライヤーの実態」『日本公庫総研レポート』2010-3 号，1-137頁．
丹羽孝仁（2015）「産業集積の GIS 分析——宇都宮市を事例として」『兵庫地理』60 号，57-66頁．
丹羽孝仁（2016）「地域経済分析システム（RESAS）の活用と政策形成」『市政研究うつのみや』12 号，69-78頁．
橋本雄一編（2011）『GIS と地理空間情報——ArcGIS10 とダウンロードデータの活用』古今書院．
橋本雄一編（2015）『QGIS の基本と防災活用』古今書院．
福本拓（2010）「東京および大阪における在日外国人の空間的セグリゲーションの変化——『オールドカマー』と『ニューカマー』間の差異に着目して」『地理学評論』83 巻，288-313頁．
村山祐司・柴崎亮介（2008）『GIS の理論』朝倉書店．
矢野桂司（2015）「既存データの地図データと属性データ」浅見泰司・矢野圭司・貞広幸雄・湯田ミノリ編『地理情報科学——GIS スタンダード』古今書院，41-49頁．
山田育穂（2015）「高齢者人口の空間分布の変遷に関する分析——地域メッシュ統計の活用」『統計』2015 年 1 月号，21-26頁．
山本匡毅（2011）「日本における航空機産業の動向と新規参入に向けた展開——地域レベルでの動きを中心として」『機械経済研究』42 号，43-57頁．
若林芳樹・小泉諒（2014）「バブル経済期以降の東京 23 区における人口変化の空間的パターン」『地学雑誌』123 巻 2 号，249-268頁．
Anselin, L. (1995)：Local Indicators of Spatial Association-LISA, "Geographical Analysis", 27, pp.93-115.
Moran, P.A.P. (1948)：The Interpretation of Statistical Maps, "Journal of the Royal Statistical Society. Series B", 10 (2), pp.243-251.

第15章　NPOと地域経済政策

はじめに

　NPO／NGOなどを中心とした「非営利革命」が世界各地で進みつつある。日本でも認証されるNPO法人がうなぎ登りに増えている。グローバルな非営利革命の背景には何があるのか。ひとつは利潤動機に基づく市場原理と政府の計画原理のいずれもが行き詰っているとの認識が広がったことだろう。

　1960年代から70年代にかけて先進各国は古典的な自由放任主義を捨てて，福祉国家を目指した。やがて，それは大きな政府を出現させ，高い税や社会保障負担増，インフレの高進，勤労意欲の低下などによって行き詰った。代りに1970年代の終わりから80年代にかけて登場したのが「小さな政府」を目指す，英国のサッチャー政権や米国のレーガン政権である。彼らが目指した市場メカニズム重視型の諸改革は成功したものもあるが，経済のマネーゲーム化など行き過ぎた市場崇拝をもたらし，貧富の格差が拡大した。

　一方，旧社会主義国では80年代の終わりごろから市場経済化の波が押し寄せた。ソビエト連邦の崩壊，東欧諸国の民主化，中国の社会主義市場経済の導入などである。政権の崩壊で，それまで中央政府が担ってきた公共サービスを，だれが担うのかという問題に直面した。一方，西欧の福祉国家でも，福祉水準を引き下げずに高負担構造を是正することが大きな課題になった。

　こうした中で期待が集まったのがNPOなど非営利組織である。リストラが進む政府に代わって公共サービスを提供する，政府のパートナーとして活動する，あるいは政府に敵対しながら新しいサービスをつくりあげていくといった役割が期待されている。

　欧米で非営利革命が進んだ80年代，バブル経済の真っただ中にあった日本は非営利革命に出遅れた。しかし，90年代後半になると，改革が一気に

表15-1　NPO法人数の推移

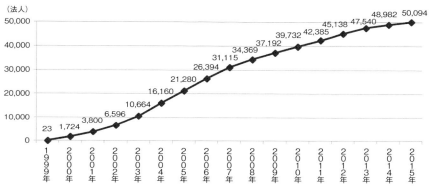

出所：内閣府。各年3月末。

進んだ。特に高齢化社会や社会的ニーズの多様化に伴い，政府の画一的な公共サービスに代わって，小回りが効くNPOのサービスが重要になってくる。この章では非営利革命が起きた背景を中心に，中央政府や自治体の動きを追っていく。

I　NPOの現状

1　増大するNPOの役割

　日本でNPOがポピュラーになったのは，1995年の阪神淡路大震災でのボランティアの活躍からである。政府は1998年12月に特定非営利活動促進法（NPO法）を施行。同法に基づき認証されたNPO法人の数は2015年3月末に5万法人を超え，2016年6月末には51,048法人に達した。99年以降，月平均200～300件のペースで増えている勘定である（表15-1）。

　高齢化に伴う介護需要の増大など，NPOが提供するサービスへの需要は，今後増大してくるとみられる。経済の成熟化に伴って国民の価値観が多様化しており，政府の一元的で画一的なサービスだけでは公共的ニーズのすべてを満たすことはできなくなり，NPOのきめ細かなサービスが求められている。さらに規制緩和，民営化，地方分権といった政府・公共部門のリストラが進展する

と，NPO の役割はますます重要性を増してくる。

2　NPO とは何か

　NPO（nonprofit organization）とは非営利組織，つまり収入から費用を差し引いた利益を関係者に分配することが制度上，あるいは事実上できないような民間組織を指す。こうした NPO 固有の制約を「非分配制約」と呼ぶ。非分配制約とは，利潤を外部に分配しないということで，NPO が利潤を得てはならないとか，決算での利潤がゼロになるということではない。もし，剰余金が発生したらそれは NPO の将来のミッション（使命）に再投資できる。

　NPO 研究の第一人者で米ジョンズ・ホプキンス大学のレスター・サラモン（Lester M.Salamon）教授は，NPO の特徴を①利潤を分配しない（not profit distributing）②非政府（nongovernmental private）③フォーマル（formal）④自己統治（self-governing）⑤自発的（voluntary）な組織——と定義している。非政府とは政府の一部ではなく，政府から独立した存在であること，フォーマルは規約や役員など組織の体制を整えていること，自己統治とは他の組織に支配されず，独立して組織を運営しているという意味だ。

　NPO のもうひとつの特徴は，それぞれが明確なミッションを持ち，その実現のために事業活動を行う組織である点だ。ミッションとは，その組織が達成すべき究極の目標であり，NPO で働く人たちがその崇高さを認識し，組織の外部の人たちからの支持を得るためのメッセージである。経営学者のピーター・ドラッガーは「ミッションは簡潔，しかも明瞭に語らなければならない」と述べている。

3　多様な NPO

　日本では NPO というと草の根的な公共奉仕組織を指すが，民間で営利を目的にしないのが非営利組織という枠でくくると，多様な組織が含まれる。民法の一般法に基づく一般社団，一般財団，そのうち公益法人認定法により認定を受けた公益法人（公益社団，公益財団），民法の特別法である社会福祉法による社会福祉法人，私立学校法による学校法人，宗教法人法による宗教法人，更生保護事業法による更生保護法人，そして特定非営利活動促進法によ

図15-1　非営利組織の範囲

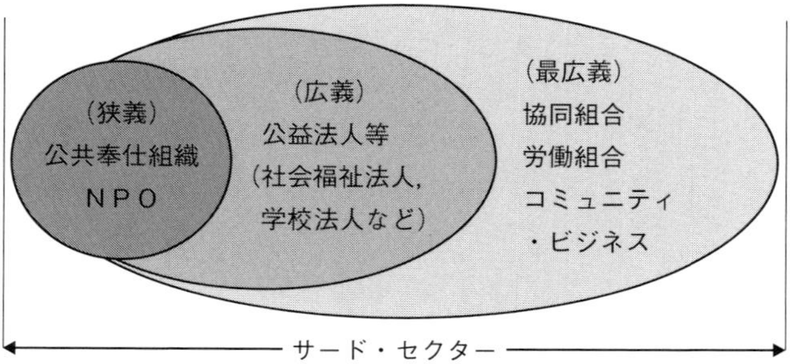

（狭義）公共奉仕組織 NPO ／ （広義）公益法人等（社会福祉法人，学校法人など） ／ （最広義）協同組合　労働組合　コミュニティ・ビジネス

←──────── サード・セクター ────────→

る特定非営利法人（NPO法人）などがある。

　また，公益追求を目的にしないが，営利を目的にしないという点では，協同組合や共済組合など中間的な法人を含めることもできる。欧州では地域の人々の生活維持を事業の目的にした協働組合などを「社会的経済」と呼び，非分配制約のある非営利組織と合わせて，サード・セクターと呼ぶ論者もいる（図15-1）。

　NPOセクターの考え方は1970年代以降に米国で生まれた非営利セクター論の影響を受けている。これまでの公共は第1セクター（政府）と第2セクター（企業）によって支えられてきた。しかし，経済学でいう「市場の失敗」「政府の失敗」が明らかになり，2つのセクターだけで公共を担うことには限界がみえた。

　このため新たな主体として第3セクター（民間非営利セクター）が重要になってきた。この第3セクターとは日本の官民出資の公営企業ではなく，サード・セクターのことである。政府からも企業からも独立し，社会変革のミッションを掲げて第1，第2セクターと連携しながら活動する。市民社会に向けてNPOが公共の領域に参加し，他のセクターとバランスをとりながら政策形成や実施することが期待されている。

4　非営利組織のマクロ統計

　非営利組織の経済規模はどのぐらいあるのだろうか。マクロ統計の国民経

済計算では，経済主体をその性格別に家計，営利法人企業，一般政府，対家計民間非営利団体（nonprofit institutions serving households = NPISH）に大別している。対家計民間非営利団体には私立学校や民間病院の一部，社会福祉団体，財団，芸術文化団体，労働組合，宗教団体，政治団体などが含まれ，主に家計にサービスを提供している。

対家計民間非営利団体のサービス生産者が生み出す産出額は，2014年で16兆309億円と2000年に比べ29.1％増えた。産出額から中間投入額を引いた付加価値は11兆456億円で国内総生産（GDP）の2.1％を占めている。この比率は1990年代から徐々に増加しており，長期的に非営利セクターの経済に占める割合が高まっている。

一方，対家計民間非営利団体の2014年期末資産は103兆3,969億円，資産から負債を引いた正味資産は74兆6,557億円で，日本全体の純資産（国富）の2.4％を占めている。

ただ，国民経済計算の対家計民間非営利団体は，NPOの範囲を実態より狭く捉えすぎているとの指摘もある。ひとつは収入の相当部門を政府から得ている組織は一般政府に分類されるが，こうした組織のなかには政府から独立を保っているNPOも少なくない。

もうひとつ，国民経済計算ではボランティア中心の組織をしばしば家計部門に分類しているが，これでは草の根のNPOが家計部門に入ってしまう。そこで国連の統計局は新たな定義を使って，国民経済計算の中に，独立した非営利セクター勘定を設けるよう提唱している。

II　世界的な非営利革命

NPOの台頭は日本だけの現象ではない。世界的にNPOは注目されている。レスター・サラモン教授は，これを「世界的非営利革命（global associational revolution）」と呼び，「19世紀後半にわれわれが目撃した国民国家の興隆に匹敵する重要な現象」と，インパクトの大きさを強調している。この革命はグローバルな「公共経営革命」と「NPOの台頭」の形で起きている。

1 ニュー・パブリック・マネジメント（新公共経営）

OECD（経済開発協力機構）の「公共経営動向調査」(1990年版, 93年版)によると，すべてのOECD加盟国で多かれ少なかれ，公共経営革命が進んでいる。英国の行政学者，クリストファー・フッドはこうした動きを1991年の論文で「ニュー・パブリック・マネジメント」(New Public Management＝NPM，新公共経営)と名付けた。

NPMとは1980年代に英国やニュージーランドなどアングロサクソン諸国が導入した公共マネジメント手法で，改革の方向は経済性(Economy)，効率性(Efficiency)，有効性(Effectiveness)の頭文字をとった「3つのE」を掲げている。具体的には①徹底した競争原理の導入②業績・成果による評価③政策の企画立案部門と現業部門の分離——である。

1970年代，欧米先進国の多くは行政部門の肥大化と財政悪化が共通の課題になっていた。さらに産業構造の変化による失業者の増大，地域経済の衰退，財政による景気刺激策，福祉国家志向などは財政を悪化させた。政府の経済政策が意図した政策をあげられず，かえって非効率化してしまう「政府の失敗」が指摘された。

たとえば，1970年代の英国では労働党政権が企業の国有化によって産業をコントロールしようとした。だが，斜陽産業を国有化して失業の発生を抑える政策は，産業構造の転換を遅らせ，景気は低迷，財政は一段と悪化した。

こうした状況が限界に達していたころ，1979年に就任した英国のサッチャー首相は「小さな政府」を目指して，公営企業の民営化や公営住宅の払い下げといった政策を進めた。まず公的部門が独占していた公益事業を民間に委託して，公的部門の負担を小さくした。また，民間の力を公的部門に積極的に導入。民間資本を活用して社会資本を整備するPFI(Private Finance Initiative)や公的施設の運営を民間に任せる「公設民営」方式などを進めた。

さらに，政府の政策部門と現業部門を分離。現業部門を政府から切り離して別法人のエージェンシーとし，トップには民間人の登用を可能にした。もうひとつは公的部門に民間企業の経営手法を導入し，そのマネジメント能力を高めて財政やサービスの内容を立て直すことを目指した。市場原理を導入した効率化の徹底である。

2　公と民のパートナーシップ

　サッチャー政権は同じ保守党のメージャー政権に引き継がれ，その後，労働党のブレア政権に移ったが，NPMの流れは継続された。そのブレア政権が強調したのは，公と民のパートナーシップである。英国では，労働党の掲げたPPP（Public Private Partnership）政策はPFIとほぼ同義語として受け止められているが，PFIがインフラ整備中心なのに対し，PPPでは医療・福祉，教育なども対象にしている。

　一般的にPPPは，NPOなど非営利組織を含めた民と公とのパートナーシップを指す。公と民のパートナーシップとは，公と民が，それぞれ技術や人材といったリソース（資源）を持ち寄って，相互に補完する協働のことである。資金は公的セクターに依存しても，公民でリソースを折半すれば対等の関係が築け，事業は効率よく進めることができると考えられた。

3　公共経営革命の背景

　NPMについて，オランダのウォルター・キッカート教授はアングロサクソン諸国と欧州大陸などで異なるものの，①企業経営手法の導入②サービス志向，顧客志向③競争など市場メカニズムの導入——の3点は共通すると分析する。この共通の特徴を持った公共経営革命がグローバルに展開しているといえよう。

　公共経営革命が世界的に広がるのはなぜか。米メリーランド大学のドナルド・ケトル教授は著書「グローバルな公共経営革命」のなかで，4つの政治的，経済的な要因を挙げている。

　第1は政治的圧力である。東西冷戦の終了後，旧社会主義国，西側の先進国，発展途上国はいずれも国家の役割を問い直すようになった。先進国では公的組織に対する信頼が低下し，政治家は政府の縮小を主張した。だが，市民は政府のサービス低下を求めたわけではない。政府を縮小しながら，サービスの維持・拡大が求められるようになった。

　2つ目は社会的圧力だ。新しい社会的ニーズの出現や情報化社会の到来によって，政府に改革を迫るようになった。たとえば，生活水準の低迷による共働き世帯の増加や少子高齢化などはその典型例だろう。

3つ目は経済的圧力だ。企業経営者は税金や規制が，企業の国際競争力を低下させていると主張。政府は規制緩和や民営化などによって経済成長を促し，雇用を創出することを求められるようになった。

4番目は制度的圧力である。政治，経済のグローバル化の進展で，国連や世界銀行，IMF，WTO（世界貿易機関）など国際機関の役割が増大した。一方，グローバル化と同時にローカル化が進展し，NPO／NGOのサービス提供の役割が拡大している。国民国家の政治権力や政策実施機能は，国際機関など上方に吸収されると同時に，地方や市民社会に分散化する新たな制度が求められている。[1]

4　NPOの台頭

公共経営革命とともに台頭したのが，NPO／NGOなど非営利セクターである。政府を縮小しながら公共サービスを維持するには，NPO／NGOの力が欠かせない。特に冷戦の終結後，旧社会主義国では中央政府が担ってきた福祉サービスなどを誰が肩代わりするかという問題に直面し，NPOが注目されるようになった。西欧の福祉国家では福祉水準を下げないで，高負担構造をいかに是正するかという点で，NPOに期待が集まった。

新たな社会的なニーズに対応するにもNPOの役割が重要だ。政府が直接供給するサービスは無個性で画一的になりがちだが，小回りの効くNPOは"少量多品種型"のサービスが提供でき，多様化する需要に対応しやすい。

市場経済化もNPOの台頭を促した。1980年代，米国のレーガン政権や英国のサッチャー政権が実施した市場重視型の経済は成功した面もあるが，経済のマネーゲーム化やバブル経済の発生など行き過ぎた市場崇拝をもたらし，貧富の格差拡大といった弊害を生んだ。こうした課題を解決するためにもNPOが供給する公共サービスを政府も市民も真剣に考え始めている。

1990～94年に世界12ヵ国の非営利団体を調査したジョンズ・ホプキンス大学非営利セクター国際比較プロジェクト（代表レスター・サラモン）によると，先

---

(1)　後房雄（2009）『NPOは公共サービスを担えるか――次の10年への課題と戦略』法律文化社。

進国，旧社会主義国，途上国ともにアソシエーション（結社，協会）が急増しているという。

たとえば，米国では非営利セクターの雇用が全雇用の6.8％を占め，フランスやドイツ，英国は3～4％，サービス業の雇用の9～10％に達している。ハンガリーには5年前まで非営利セクターはほとんど存在しなかったが，いまでは2万以上になり，ブラジルでは20万を超える規模に膨らんだ。

こうした現象をサラモンは非営利革命（associational revolution）と呼ぶが，それを引き起こす要因を3つ指摘している。

第1に普通の人が物事を自分の手に握り，自らの状況を改善して基本的な権利を組織化しようという「下からの圧力」。

第2にカトリック教会や途上国で活躍するNPOやNGO，世界銀行やOECDなどの国際援助機関による「外からの圧力」。

第3にサッチャー英首相やレーガン米大統領などが政府の社会支出を削減する戦略の中心的要素として非営利セクターを支援した「上からの圧力」である。

サラモンは3つの「圧力」の背景には4つの危機と2つの革命があると指摘する。危機とは①福祉国家の危機②途上国における開発の危機③地球環境の危機④社会主義の危機——である。また，2つの革命とは①識字率の向上やコンピューターの普及によるコミュニケーション革命②1960年代から70年代の経済成長によって都市中間層が拡大した所得革命——である。[2]

名古屋大学大学院法学研究科の後房雄教授は「公共経営革命とアソシエーション革命（NPOの台頭）は，共通の圧力を背景にして相乗的に展開」しているとしたうえで「公共経営革命は，政府と行政というシステムを全体として市民がより有効にコントロールできるものにしようとするという意味で，共通の方向性をもっている」と指摘している。[3]

---

(2) L.M.サラモン著，江上哲監訳（2007）『NPOと公共サービス——政府と民間のパートナーシップ』ミネルヴァ書房。
(3) 後房雄，前掲書。

Ⅲ　日本の非営利革命

1　日本政府のリストラ

　グローバルな公共経営革命とNPO台頭の波は日本へも押し寄せた。ジョンズ・ホプキンス大学の国際調査（1990〜94年）では日本について「政府とは距離を置いた，そしてある程度は政府に対立して存在する独立した民間のボランタリー・セクターという概念は日本には存在しない」と記している。つまり，1990年代前半までの日本には，サラモンが定義するようなNPOはほとんど存在していなかったということになる。

　当時，日本には各種の公益法人などが多数存在していたが，それは所轄の官庁ごとに外郭団体化し，自立したセクターと認識されていなかった。従来の中央政府は，許認可権などを通じて地方自治体，民間非営利団体，町内会，地縁組織，企業など業界団体などを規制し，自分の「手足」として利用してきた。日本の中央政府が各国に比べ小さな政府を維持できたのは，この「手足」を使って多くの業務をこなせたからである。つまり，従来の公共サービス市場は行政によって厳しく規制された非競争的な市場だった。

　こうした中央集権型政府は日本が欧米に追いつこうというキャッチアップ型の成長を目指した高度成長期には効率よく機能した。しかし，価値観が多様化する現代には，前時代の遺物になってしまった。日本は政府自身の業務改革や民営化と並んで，民間活動への規制の緩和・撤廃，公的サービス市場の透明化，さらに中央政府に従属的だった地方政府や民間公益団体の自立を促すことが，重要なテーマになった。

2　NPMの導入

　先進国が改革に取り組んだ80年代，バブルの真っただ中にあった日本は，NPMの導入や公共サービス改革で国際的な流れに大きく遅れをとった。ようやく動き出したのは，橋本内閣（1996〜98年）と小泉内閣（2001〜06年）からだ。橋本内閣は行政改革と地方分権の流れに布石を打ち，小泉内閣が本格的にNPMを取り入れた。

まず,橋本内閣の1996年11月には行政改革会議が発足した。翌年12月に公表された,同会議の最終報告では「官から民へ」「国から地方へ」との基本原則を定め,民間ができるものは民間に任せるという官民の役割分担を明確にした。国と地方の役割分担では地方分権を進めるため機関委任事務の廃止,国から地方への権限移譲,国の関与や必置規制の廃止・縮小,補助金の廃止・縮小,地方財政の自立の強化などに努めなければならないとしている。

この方針を具体化した法律が,英国のエージェント制をモデルにした「独立行政法人通則法」で,1999年に成立した。これは中央省庁から現業部門を切り離し,独立行政法人格を与えて,事業の効率化,質の向上,自立的運営を目指すことを狙っている。

ニュー・パブリック・マネジメントという言葉が公文書に登場するのは,小泉内閣時代である。2001年6月に閣議決定された「今後の経済財政運営及び経済社会の構造改革に関する基本方針」(骨太の方針)では官民の役割分担を進める構造改革の新しい手法としてNPMを紹介。NPMは世界の潮流であり,①民営化,独立行政法人化の推進②業績や成果に関する目標③予算と責任の明確化——などをあげている。

3 特殊法人の改革

こうした方針を受けて公益セクターの改革では,特殊法人と認可法人の改革が進んだ。特殊法人などは,国に代わって公的な事業を行う特別法によって設立された法人だが,①民間企業と競合し民業を圧迫している②非効率な赤字経営を続け国の財政を悪化させている③役人の天下り先となっている④すでに役割を終えた特殊法人もある——として1990年代半ばから改革が叫ばれていた。

小泉内閣が発足すると,構造改革の柱として特殊法人改革が注目された。2001年6月には「特殊法人等改革基本法」が成立,同年12月には「特殊法人等整理合理化計画」が閣議決定された。2001年11月には7法人(日本道路公団などの道路4公団,住宅金融公庫,都市基盤整備公団,石油公団)の廃止・民営化が決まった。それまでに7法人には郵便貯金,公的年金などの資金が約120兆円つぎ込まれ,2001年度当初予算でも1兆4,000億円もの税金が

投入されていた。

　この整理合理化計画により，163の特殊法人のうち共済組合45法人を除く118法人について17法人が廃止，45法人が民営化，38法人が独立行政法人に移行した。さらに2002年には石油公団など49の特殊法人の廃止や独立行政法人化，あるいは民営化するよう法律が改正された。2005年1月までに全163の特殊法人のうち136法人の組織形態が変更され，最終的には日本放送協会以外の特殊法人は，すべて組織形態が変わった。

　認可法人も86あったが，日本銀行，日本赤十字社，預金保険機構，農水産業協同組合貯金保険機構の4法人を残して，すべて特殊法人と同じ措置をとることになった。

　社団法人や財団法人など公益法人制度にもメスが入った。社団法人などは主務官庁が，法人の設立と公益性の判断を一体的に処理していたため，「主務官庁の許可」の規定に縛られ，事実上，行政の手足にさせられることが多かった。そこで「民による公益の増進」を目的に，主務官庁制・許可主義を廃止し，法人の設立と公益性の判断を分離する公益法人制度改革関連3法が2008年末に施行された。

4　公共サービス改革

　公共サービスの改革も矢継ぎ早に打ち出された。1997年には児童福祉法の改正で認定保育所が措置制度から利用契約制度に改められた。同年には介護保険法が成立している。

　1998年には「特定非営利活動促進法」（NPO法）が施行され，翌99年には公共施設の建設，運営に民間資金を導入する「民間資金等の活用による公共施設等の整備等の促進に関する法律」（PFI法）が成立した。2000年には社会福祉事業法が大幅に改正されて「社会福祉法」が成立。措置制度を廃止し，契約に基づく福祉サービスの利用制度が導入された。同じ2000年には公的介護保険制度がスタートしている。

　2003年4月には障害者福祉サービスで支援費支給制度（契約制度）が始まった。行政が障害者福祉サービスでの責任を放棄し，民間業者に託す制度だ。同年6月には地方自治法を改正して指定管理者制度を導入，これまで公共的

な団体に限定されていた公の施設の管理運営を民間業者などに任せることができるようになった。

2005年には障害者自立支援法が成立。2006年には「競争の導入による公共サービスの改革に関する法律」(市場化テスト法)が成立した。市場化テスト法とは公共サービスを提供するには官と民のどちらが期待に応えられるのかを国民に判断してもらう官民競争入札制度である。2009年には公共サービスの基本的な枠組みや事業を定めるための「公共サービス基本法」が制定されている。

表15-2　公共サービス関連の改革

年	主な内容
1997	児童福祉法改正で保育所に利用制度導入
〃	「介護保険法」が成立
1998	「特定非営利活動促進法(NPO法)」が成立・施行
1999	PFI法施行
2000	社会福祉法改正～契約による福祉サービスの利用制度導入
〃	公的介護保険制度がスタート
2002	構造改革特別区域法が成立
2003	障害者福祉サービスにおける支援費支給制度がスタート
〃	地方自治法改正で「指定管理者制度」導入
2005	「障害者自立支援法」が成立
2006	「公共サービス改革法(市場化テスト法)」が成立
2009	「公共サービス基本法」が成立

　一連の公共部門のリストラはNPOに新たなビジネスチャンスを提供する。たとえば地方自治体では、業務の民間委託が増えている。委託の中身も庁内の電話交換、ごみ収集、警備、スポーツ施設の管理運営、学校給食の提供、病院や診療所の管理・運営、特別養護老人ホームの運営などと幅広い。

　行政が業務を民間委託に切り替える最大の狙いは、効率化とコスト削減である。地方自治学会の調査によると、自治体経営から民間委託に切り替えた場合、直営に比べごみ収集や学校給食、庁舎清掃で50％前後、市民会館やス

ポーツ施設などが50〜60％，保育園は25％（公費持出）で済むという。

　民間委託はコスト削減だけでなく，サービスの質が改善する利点もある。特に需要の多様化が進む高齢者介護，幼児保育，まちづくりなどでは民間セクターのほうが，需要に応じたサービスを供給できる可能性が高いともいわれる。

Ⅳ　自治体改革とNPO

1　地方自治体のNPM導入

　NPMを軸にした国の改革が進む中，地方自治体でも改革の動きが始まった。地方自治体で最初にNPMを取り入れた政策を打ち出したのは，三重県の北川正恭知事（現早稲田大学大学院名誉教授）である。1996年に行政評価システムを導入し，費用対効果を追求することで行政の効率化を進めた。また，大分県臼杵市は2000年3月期から貸借対照表を導入して財政再建の効果を上げている。三重県に続く都道府県や多くの市町村では事務事業評価が先行し，その後，自治体の組織改革へと広がっていった。

　京都市では2001年から補完性の原則とNPMを市政改革の理念に据えた。補完性原則とは自治や決定はできるだけ小さな単位で行い，それができない場合に大きな組織が当たるルールのこと。京都市の場合は，市民の自助，共助で解決できる問題は自主的活動で処理し，それが困難な場合はNPOや企業が解決にあたり，それも難しい場合に限って自治体や国が支援する役割分担を導入した。こうして行政の守備範囲を見直して，サービス提供の方法を変更していった。[4]

　2003年の指定管理者制度の導入で，公的施設の管理方法は「自治体直営」か「指定管理者」かの二者択一になった。多くの自治体では指定管理者への切り替えが進んでおり，横浜市の場合は2014年4月1日時点で913施設と2005年12月に比べ16％増えている。

　一方，官民連携で公共サービスを提供するPPP改革を進めていた大阪府は，

---

[4]　宮内尚志「予算枠がしばりつける評価結果〜京都市」自治体問題研究所編（2006）『NPM行革の実像と公務・公共性』自治体研究社。

2007年から「大阪版市場化テスト」を導入した。北海道も2008年から市場化テストを始めている。

2　NPOとの事業分担——横浜コード

　業務の改革と同時に，地方自治体とNPOとの関係を見直して，NPOへの支援や連携を政策課題にする自治体が増えた。そのための条例を制定するところも多い。そのトップを切ったのが神奈川県横浜市の「横浜市における協働に関する基本方針」（横浜コード）である。

　横浜市では1997年に「横浜市市民活動推進検討委員会」（委員長，堀田力さわやか福祉財団理事長）を設け，①これからの社会における市民活動の役割②これからの市民活動と行政との関係③市民と行政との連携のあり方——について検討してきた。1998年には横浜コードを発表，2000年には「市民活動推進条例」を制定した。

　横浜コードでは①対等の原則（市民活動と行政は対等の立場に立つこと）②自主性尊重の原則（市民活動が自主的に行われることを尊重すること）③自立化の原則（市民活動が自立化する方向で協働を進めること）④相互理解の原則（市民活動と行政がそれぞれの長所，短所や立場を理解しあうこと）⑤目的共有の原則（協働に関して市民活動と行政がその活動の全体または一部について目的を共有すること）⑥公開の原則（市民活動と行政の関係が公開されていること）——の6つ原則を掲げ，協働の具体的方法として補助，助成，共催，委託，公の財産使用，後援，情報交換・コーディネート——などを挙げている。(5)

　1999年3月に公表された「横浜市市民活動推進検討委員会報告書」では，市民活動について「これまでの社会は，行政と企業の活動に負うところが大きかった」が，「市民活動の活発化により，地域の活動が多様な主体によって担われる多元的な社会へと展開しつつある」と指摘。そのうえで「今後は市民，行政，企業の活動が，それぞれの特性を生かし，相互に協働，競合しながら多種多様なサービスを供給することによって，より豊かな市民生活が実現され

---

(5)　横浜市市民局市民活動支援課HP（http://www.city.yokohama.lg.jp/shimin/tishin/jourei/sisin/code.html）2016年11月15日閲覧。

ることが期待される」としている。

　NPOなど市民との協働の意義については「中立性・公平性を求められる行政は，主として大多数の人の要望に添う平均的なサービスを提供している。しかし，社会ニーズが多様化・個別化・拡大化していくにつれて行政の提供するサービスだけでは対応できなくなってきている。このような状況で，個別のニーズへのきめ細かな対応や市民同士によるサービス提供が可能である市民活動の重要性が増している」と記している。

　NPOなど市民と行政との協働の領域については，図15-2のうち，NPOなどが行政と関係なく独自の活動する領域をA，行政の責任で行う領域をEとし，B～Dが協働できる領域としている。

図15-2　市民活動と行政が協働できる領域[6]

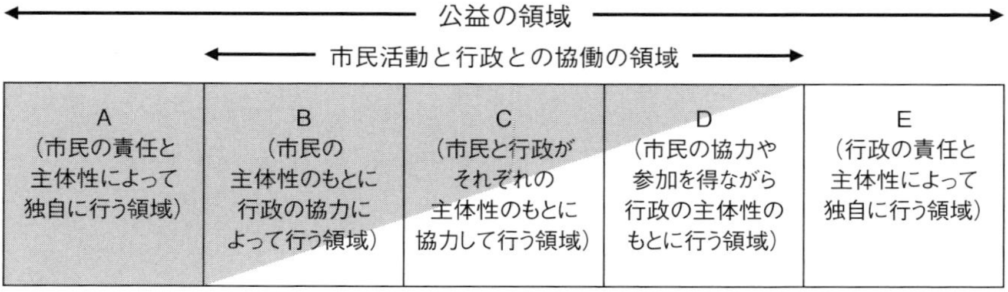

A (市民の責任と主体性によって独自に行う領域)	B (市民の主体性のもとに行政の協力によって行う領域)	C (市民と行政がそれぞれの主体性のもとに協力して行う領域)	D (市民の協力や参加を得ながら行政の主体性のもとに行う領域)	E (行政の責任と主体性によって独自に行う領域)

←――――――――――――公益の領域――――――――――――→
　　　←―――――市民活動と行政との協働の領域―――――→

3　NPOの育成――大阪府箕面市

　公益領域の分担と並行して，NPOの育成を打ち出す自治体も多い。大阪府箕面市は行政とNPOの間に市民運動を通した長い歴史があった。早くから「箕面市まちづくり理念条例」(1997年)，「箕面市市民参加条例」(同年)といったまちづくり条例を定め，まちづくりの主体は市民であると位置づけている。

　箕面市がNPOとの新たな連携のあり方を検討し始めたのは1997年。「これからの市民活動と行政の役割を考える研究会」を設立し，翌98年に提言を

---

(6)　横浜市市民局市民活動支援課HP(http://www.city.yokohama.lg.jp/shimin/tishin/jourei/kentouiinkai/) 2016年11月15日閲覧。

まとめた。提言では行政セクターや企業セクターに比べ，NPOなど市民セクターの規模は極めて小さいため，実質あるものに育てていく方向性が打ち出されている。

市内のNPOが抱える課題については専門的なアドバイスができる人材の不足，資金面の脆弱さ，事務所など拠点不足，行政情報の公開，NPOに関する情報ネットワークの整備などをあげ，環境整備のための施策が必要と記している。

これを受けて1999年には「箕面市非営利公益市民活動推進条例」が公布された。同条例では市民活動の環境整備策として助成金などの整備，公共分野への参入機会の提供を掲げている。また，NPOを公共サービスの供給主体とし，公共サービスの委託などで契約の対等な相手であることを明確にした。

1999年10月，市は「箕面市非営利公益市民活動促進委員会」を設立し，行政とNPOとの協働について検討。2000年11月に答申書「みのお市民社会ビジョン21」をまとめた。ビジョンでは「『市民参加のまちづくり』の重要性が叫ばれて久しい。しかし従来，それは理念の確認にとどまり，具体的な施策の改革にまで踏み込んだ提案は少なかった」としたうえで，NPO補助金の創設，事業委託，市民活動センターの設立など，NPOとの協働について具体策を提言した。[7]

ビジョンが提言した市民活動センターについて，NPO側は運営資金不足を解消するための補助金の増額などが先で，市民活動センターは時期尚早との声が強かった。これに対して，市は2001年に設立準備会を立ち上げて市民活動センター設立を求めた。最終的にはNPO側も了承。2002年1月，公共施設の一部を拠点とする「みのお市民活動センター」がオープンし，運営をNPO法人「市民活動フォーラムみのお」に委託した。

一方，促進条例が掲げた，公共サービス参入によるNPOとの委託契約や指定管理は表15-3の通りである。促進条例が制定された1999年度に事業数14件，契約額1億4,289万9,000円で始まったが，2013年度には46件，2億

---

(7) 箕面市HP「みのお市民社会ビジョン21――自治体とNPOの新しい協働のあり方」（http://www.city.minoh.lg.jp/kurashi/volunteer/hieiri/documents/toushinsyo.pdf）2016年11月15日閲覧。

6,754万5,000円に拡大している。委託内容はデイサービス，配食サービス，市民工房の運営，自転車置き場の整備，ジュニアスポーツ教室指導などさまざまだ。

表15-3　NPOとの委託契約及び指定管理実績の推移
（2015年7月25日現在）[8]

年度	2008	2009	2010	2011	2012	2013	2014
事業数	34	40	37	40	46	46	48
団体数	19	20	21	26	26	27	27
契約額（決算，千円）	77,992	80,232	217,153	260,711	280,945	267,545	281,275
一般会計予算に占める割合	0.21%	0.21%	0.4745%	0.65%	0.69%	0.53%	

4　官民役割分担の課題

地方自治体ではいま，トップダウン型のNPM導入と，NPOなどボトムアップ型の市民自治が並行して進んでいる。2つの流れは中央集権システムから地方分権に向かうために，公共サービスのあり方を見直す点で一致している。櫻井あかねは「行政側の領域論，NPOサイドのセクター論という視点から地域社会を再編成し，公共の新たな担い手であるNPOの台頭が行政とNPOの役割分担につながった」とみる。[9] 横浜市の官民の役割分担は，同時にNPOセクターを育成する可能性を秘めている。

ところが，行政のダウンサイジングを目指したNPMが導入されると，それまでのNPO支援策は民間委託などアウトソーシングに傾き，NPOは効率化やコスト削減のための受け手と化してしまう。特に指定管理者制度ができてからは，行政側がNPOを単なるアウトソーシング先ととらえる傾向が強くなっている。

---

(8)　箕面市HP「NPOとの委託契約等による協働状況の推移」(https://www.city.minoh.lg.jp/katudou/npo/touroku/npoitaku_files/documents/npo_itaku_suii.pdf) 2016年11月15日閲覧。
(9)　櫻井あかね (2008)「行政とNPOによる事業連携の変容」『法学研究』龍谷大学，No. 10。

こうした傾向は，NPO側の力量不足から生じる面もある。NPOには地域の課題を発見し，政策提言や事業を実施する能力が欠かせないが，NPOの経営マネジメントや組織マネジメント，人材確保などが不十分なことは否めない。行政の下請けにならないために，行政がNPOへの支援を強化する必要がある。

　公共の再編成には，もっと地域社会全体をとらえた構造改革が必要だろう。従来の「公共＝官」の世界から「公」と「共」を分離して「共＝市民やNPO」とし，「公」「共」「私」の3極構造をつくり，問題解決型の「パートナーシップ」へ転換する必要がある。3者をコーディネートする中間組織の充実も大事だろう。市民やNPOが地域の問題解決に向けた行動を起こしやすい仕組みをつくり，そのパワーを使った地域活性化が重要になっている。

（金子　弘道）

第16章　地域経済政策と人材養成教育

はじめに

　地域経済政策が示される時，またその政策が創られていく時，その政策を将来的に担う人材はどのように養成されるのか。

　帝京大学経済学部地域経済学科ではこれまでに栃木県下の那珂川町，益子町や宇都宮市などいくつかの地方公共団体とシンポジウムを開催してきたがパネリストの中に教育関係者が登壇することはなかった。このことは何を物語るのか。こういう疑問を抱くところからこの文章を書き始めたい。

　そこには地域経済政策における20年ほどの期間で地域に住み生活を続けている人材－乳児，幼児，保育園児，幼稚園児，児童，生徒を教育し，育成する保育園，幼稚園，小学校，中学校，高等学校という児童福祉施設や教育機関が存在する。地域では幼児教育，初等教育，中等教育が営まれており，これらの教育機関が果たす役割は，将来的に地域を支える人材を養成する。この意味で地域政策と人材養成教育の関わりは独自性を持つ。

　本稿は現在の地域政策の動向を概観し，地域における人材養成教育を教室の授業のあり方に焦点を当てて述べていく。
筆者は，学習院大学の佐藤学教授が提唱し指導する「学びの共同体」研究会のスーパーバイザーとして全国の小学校，中学校，高等学校を訪問して授業を通して生徒の学びを保障する授業のあり方を先生方と探究し，交流している。また，自分の足元である帝京大学宇都宮キャンパスでの筆者の授業でも「学びの共同体」を実践している。

　「学びの共同体」には哲学とヴィジョンがあり，その哲学の核心は，「教師の責任は『いい授業』を行なうことにあるのではなく，教室にいる一人ひとりの生徒の学ぶ権利を保障し，学びの可能性を開くこと」にあるからである。それ

は授業を中心として学校を変えることであり,「学びの共同体」の実践校で学んだ園児, 児童, 生徒, 学生が地域の未来の担い手になるであろうと考えるからである。

I　地域政策の動向

1　過疎化の歴史と「地方消滅 (増田レポート)」をめぐる動き

地域に関する変化は,「農山村における過疎化」として1970年の高度経済成長下で顕在化した。「過疎地域対策緊急措置法」の制定である。中国山地における人の空洞化が事実としてあがる。さらに20年後1980年代後半以降に「土地の空洞化」が顕在化し, 1987年に農林水産省が使用した「中山間地域 (地帯)」という用語で表される山間地域とその中間地域を含む意味を持つこの用語の出現で空洞化はさらに広がった。1990年代初頭には「むら (＝集落・自然村) の空洞化」が進み, 2000年代には「限界集落」の用語が登場し広まっていく (小田切徳美 2014)。さらに 2011 年 3 月 11 日の東日本大震災・津波と人災の福島原発事故が起こり, 2014 年の広島市安佐地区の土砂災害, 2015年の茨城県常総市の水害や 2016 年の熊本地震の発生と日本列島は災害に見舞われ, そのたびに被災地が「地域として」報道され注目されていく。こうしたなかで 2014 年 5 月 8 日, 日本創生会議・人口減少問題検討分科会の報告「成長を続ける 21 世紀のために『ストップ少子化・地方元気戦略』」(通称「増田レポート」) が発表された。雑誌『中央公論』に 3 回に分けて発表され, その後増田寛也編著『地方消滅——東京一極集中が招く人口急減』(中公新書) として出版され, 表紙には地域ごとに色分けされた日本列島が描かれ,「896 の市町村が消える前になにをなすべきか」と手刀を振りながら訴える増田寛也氏の写真入りである。巻末には「全国市区町村別の将来推計人口」が掲載され,「若年人口変化率・2040 年若年女性人口・2040 年総人口」と「2010 年若年人口・2010 年総人口」が対比され, 若年女性人口変化率がマイナス％で示され, 若年女性人口変化率のマイナス値が大きい順に市区町村名が列挙されている。マイナス値の大きいのは町と村である。「序章　人口急減社会への警鐘」には以下の叙述がある。

日本は二〇〇八年をピークに人口減少に転じ，これから本格的な人口減少社会に突入する。このまま何も手を打たなければ，二〇一〇年に一億二八〇六万人であった日本の総人口は，二〇五〇年には九七〇八万人となり，今世紀末の二一〇〇年には四九五九万人と，わずか一〇〇年足らずで現在の約四〇％，明治時代の水準まで急減すると推計されている（1〜2頁）

　半ば脅しの様相も呈するこの「増田レポート」に対しては，小田切徳美『農山村は消滅しない』（岩波新書），山下祐介『地方消滅の罠――「増田レポート」と人口減少社会の正体』（ちくま新書）が批判している。なかでも山下氏の著書は，「増田レポート」が「地方における若年女性減少の要因を東京一極集中による人口流出としているが，少子化による人口減の効果を見落とし，市区町村の将来人口の推計は精度が低いにもかかわらず既成事実化したこと，平成合併のもたらした人口減少をみおとしていること，定住人口だけをもって地域の維持存続を論じ，流動人口を見落としていることなど極めて一面的であることを坂本誠全国町村会調査室長の論文「『人口減少社会』の罠」（『世界』2014 年 9 月号）に依拠して批判している。また増田寛也氏は，2016 年の東京都知事選挙に地方よりも東京の改革を唱えて自民党公認で立候補し，小池百合子現都知事に敗北したことも記憶に新しい。
　山下氏は「不安の悪循環が始まっている」とし，「なぜ少子化が進むのか？――それは，あまりに経済重視，仕事重視できたために，暮らしをめぐる国民の問題解決能力が極端に低下してしまったからである。家族，人間関係，地域社会が壊れ，人生を自立的に設計し，遂行していく能力が，人々自身に，特に若者において失われつつある。ゆとりある時間と将来への安心，そして社会環境が子育てには不可欠である。これらを欠いていることが結婚・出生を妨げている。／さらにこうした状況をもたらすのが都市であり，なかでも首都圏・大都市圏の暮らしである。そこに若い人々が集住しており，集住すればするほど人々との不安は増大し，事態は難しさを増していく。」(53頁）と分析する。
　山下氏は，「第 2 章　地方消滅へと導くのは誰か」に「1 象徴としての学校

統廃合問題」を取り上げる。「学校の廃校、特に小学校の廃校は、地域が地域での子育てを諦めることにつながる重大な事態である。」と指摘し、1994年〜2003年の10年間の小学校の廃校が1,002校であるのに比して、2004年〜2013年には、2,289校に倍増している事実を挙げる。子どもの数の減少→少人数教育への不安→統合論の主張という過程をたどって統廃合が進んでいく。

2 中学生、高校生の住民投票参加

これまでに「学びの共同体」のスーパーバイザーとしていくつかの小・中・高校を訪問したが、入学者の減少で廃校の危機にあった長野県の県立高校が学校全体で「学びの共同体」による授業改革を行い、入学者が増えて廃校の危機を乗り越えて現在に到っている現実を見て驚きと感動を覚えた経験がある。

同じ長野県の平谷村では、2003年に中学生25人が村の合併を問う住民投票に参加し、その投票風景は、清水書院や教育出版の中学校社会科公民的分野の教科書に載っている。

1998年には神奈川県川崎市で高校生と外国人の住民投票参加が川崎市住民投票制度検討委員会で検討されている。また今年8月には、沖縄県与那国島の陸上自衛隊配備の賛否を問う中学生参加の住民投票が実施された。瀬戸内海のある島では、島内にある中学校の生徒会が島の高地に住むお年寄りの家に定期的に買い物をして食料や生活用品を届けることを生徒会活動としている。中・高生の住民投票参加が話題になり、実施されるのはなぜか。少子高齢社会の到来により中・高校生の存在が地域の担い手にならざるを得ない状況になってきたことの証であろう。

中央官僚出身の政治家によって「地方消滅」が叫ばれ、学校の統廃合が進められ、地域の住民投票に中高生の参加が認められようとする地域をめぐる動向のなかで将来地域の担い手になる園児、児童、生徒、学生が地域社会や生活環境が変化するなかで学びの問題、各学校の授業の在り方は大きな課題になるに違いない。次節では、「学びの共同体」の授業を具体的に示すことによりこの課題に挑戦したい。

Ⅱ　生徒が自ら知識を獲得する授業

　地域を担う人材を育てるためには生徒が自ら知識を獲得し，生徒が学ぶ授業を行う必要がある。以下に掲げるのは私が帝京大学宇都宮キャンパスカレッジ・インターンシップで高校生に行った 30 分の模擬授業である。授業目標と授業デザイン（授業の流れ）は以下の通りである。テーマは「丸ごとつかむ日本国憲法」とし，授業の目標を次のように設定した。

　「日本国憲法全文を資料として全 11 章の章題を書き，条数を数え，各章の条文の割合を算出し日本国憲法の構成を考える。さらに日本国憲法の三原理の根本を一人ひとりの生徒がつかめるようにする。前文に世界史の重要事件の影響があることを見つけ出し，日本国憲法が世界史の中で作られたことを理解できるように授業を進める。」

①あいさつ：キャンパスがラテン語で「原っぱ」の意味であることを伝え，友だちの近くに座り共同で課題を追究することを指示する。(2 分)

②日本国憲法の全 11 章の章題と条数を数え，各省の条文の割合を算出し，生徒を指名する。全 11 章の条数，パーセンテージを板書してもらう。（協同学習だから分担してやってよい）。(10 分)

③全体でパーセンテージの結果について考える。(5 分)

④法学者・弁護士伊藤真の文章を音読してもらい，日本国憲法の 3 原則の根本は第 13 条である理由を考える。(5 分)

⑤前文の下線部分に関する英文を読み上げ，スクリーンに画像を示し，演説する人の名を答えてもらう。(3 分)

⑥「感想＆学び得たこと」を書いてもらう。(5 分)

資料①として「日本国憲法全文」（Ａ 3 版両面印刷で少し字は小さいが日本国憲法全文が収まる）

資料② Lincoln のゲティスバーグ演説（写真）

資料③日本国憲法第 13 条の英文和訳資料（資料②③は課題探究中に画像で表示）

資料④【ワークシート】

2016 帝京大学宇都宮キャンパスカレッジ・インターンシップ模擬授業「丸ごとつかむ日本国憲法」

以下の課題を隣の人，近くの人と協同してやりなさい。

課題1．「資料日本国憲法」第1章～第11章の章題を書き，各省の条文を数え，条文の割合を％で表しなさい。

第1章 (1　　　　) (　) 条 (　) ％　　第7章 (7　　　　) (　) 条 (　) ％
第2章 (2　　　　) (　) 条 (　) ％　　第8章 (8　　　　) (　) 条 (　) ％
第3章 (3　　　　) (　) 条 (　) ％　　第9章 (9　　　　) (　) 条 (　) ％
第4章 (4　　　　) (　) 条 (　) ％　　第10章 (10　　　　) (　) 条 (　) ％
第5章 (5　　　　) (　) 条 (　) ％　　第11章 (11　　　　) (　) 条 (　) ％
第6章 (6　　　　) (　) 条 (　) ％

課題2．課題1の表からわかることを書きなさい。

課題3．次の文章を読んで，日本国憲法第13条を資料から写し，なぜ三原則の根本なのかを話し合いなさい。

　　大学三年の頃，飲み仲間だったアメリカ人ジャーナリストから「日本の憲法で最も大切なことは何か」と聞かれたことがあった。子どものころから「基本的人権の尊重」「国民主権」「平和主義」の三原則をセットで覚えてきたが，結局答えられず，「お前，よくそれで日本人やってるな」といわれ，日本人であることに人一倍誇りを持っていた私は，とても悔しい思いをした。そこで，憲法に関する本を一所懸命読んだ。すると，三原則の根本は，十三条で規定する「個人の尊重」にあるということが分かったのである。それは，「人は皆同じ。そして人は皆違う」。それぞれ個性を持って自分らしく生きればよい。そのために国家があるという意味だと分かりさらに人類の英知の結晶である『人権宣言集』も読んでどんどん熱くなる自分を感じた。
(伊藤 真「ゆっくりいそげ」岩波文庫編集部編『岩波文庫古典のすすめ第2集』所収)

課題4．「資料日本国憲法」の「前文」の下線部分を記すと以下のようになる。
　　その権威は国民に由来し，その権力は国民の代表者がこれを行使し，その福利は国民がこれを享受する。
　　この部分は以下の英文と照応するという憲法学者の見解がある。
　　The government, of the people, by the people, for the people shall not perish from the earth.
　　この一文で終わる演説をしたのは誰か。名前を答えなさい。

第16章 地域経済政策と人材養成教育

【課題の解答例】

課題1．
第1章（1 天皇）（8）条（7.8）％
第2章（2 戦争放棄）（1）条（0.9）％
第3章（3 国民の権利及び義務）（31）条（30.1）％
第4章（4 国会）（24）条（23.3）％
第5章（5 内閣）（11）条（10.7）％
第6章（6 司法）（7）条（6.7）％
第7章（7 財政）（9）条（8.7）％
第8章（8 地方自治）（4）条（3.9）％
第9章（9 改正）（1）条（0.9）％
第10章（10 最高法規）（3）条（2.9）％
第11章（11 補足）（4）条（3.9）％

課題2．
・第3章「国民の権利及び義務」の条文が最も多く次に第4章「国会」の条文が多い。
・第3章「国民の権利及び義務」と第4章「国会」を合わせると53.4％になり過半数を超える。
・この事実から第3章と第4章が日本国憲法の主体という構成になっていると考えられる。

課題3．（略）

課題4．
　　リンカーン（エイブラハム・リンカーン，1863～65年，アメリカ合衆国大統領。課題の文章は，1863年11月19日，ペンシルベニア州ゲティスバーグにある国立戦没者墓地の奉献式において，リンカーンが行った演説。「ゲティスバーグの戦い」は，アメリカ南北戦争（The Civil War）において事実上の決戦となった戦い。南北戦争の戦死者は約62万人（北部約36万人，南部約26万人）で，アメリカ独立戦争～ベトナム戦争までの戦死者58万人より多いのが南北戦争の戦死者である）。

　カレッジ・インターンシップという初対面の高校生に私の授業が通じるかという不安はあったが，これまで「学びの共同体」の授業に確信をもって来たので思い切って試みることにした。緊張して教室に入ってくる高校生たちに「1人で座るのではなく，他校の高校生とも一緒に座ってください。協同して学ぶ授業をぜひ体験していただきたいのです」と呼びかけた。
　時間が30分なので授業デザインを日本国憲法の条文を数えてパーセンテージを出すというシンプルな形にし，その数字からわかることを隣の人や前後の人と話し合ってもらうよう指示した。パーセンテージの出し方は，スマホの電卓を開いて「8÷103×100」とするとよいと示唆した。日本国憲法は11章から

なるので，協同して学ぶということは，「1人が1～6章までのパーセンテージを計算し，あとの1人が7～11章を計算して合わせればよい。あとの人は検算すればよい。小数点第2位で四捨五入してください。」と言うと，「エッ」という顔をする高校生がいた。いつも一人で自力解決をしてきたからか。レフ・ヴィゴーツキーの言う「大人の指導の下や，自分より能力のある仲間と協同すれば，独力で解決できる知能の発達水準を超える」という『最近接発達の領域』の一節が思い出された。重要なのは，103条のうちのどの章の条文が多いか，その結果から日本国憲法が何に力点を置いて成り立っているかを考えることにある。

　課題1, 2は日本国憲法全体の構造をつかむことを意図した。さらに課題3では，法律家伊藤真の文章を読んで日本国憲法の条文のなかで一番肝心な条文がどれかを考える課題である。これは，基本的人権の尊重，戦争放棄（平和主義），国民主権という日本国憲法の三大原理の根本を追究する課題である。この課題に取り組んでいる最中にスクリーンに英文学者柴田元幸訳の「第13条は，アメリカの独立宣言が聞こえる気がする。特に the pursuit of happiness（幸福の追求）というフレーズはとてもアメリカ的です。」(柴田元幸×木村草太対談『英語からみた「日本の憲法」』(『現代語訳で読む日本の憲法』アルク，2015年8月刊，137頁))を映した。

　「第13条が日本国憲法の根本である」ことを「私はよく学生への講義で言っていました。『日本国憲法で一番肝腎な条文をひとつだけ言えと言われたら，十三条だろう』と。すべての国民が『個人』として尊重されるということが憲法の要なのです。」(樋口陽一・小林節『「憲法改正」の真実』(集英社新書，2016年3月刊，68頁)という指摘に求めた。私も含めて高校公民科と中学社会科の教師たちがこの指摘を自覚して生徒に向かい合ってきただろうかとの忸怩たる思いがある。さらに伊藤真や樋口陽一，柴田元幸が指摘している第13条がなぜ日本国憲法の三原則の根本であるのかをジャンプの課題にした（「学びの共同体」の授業では，授業の前半に全グループが達成できる「共有の課題」を4人グループで探究させ，次に教科書レベルを超えるさらに高い共有の課題に4人グループで挑戦させる）。憲法前文にゲティスバーグ演説の文言があることに気付かせた。このことはアメリカ独立革命や南北戦争という近代アメリカが市民革命や内乱

を経て確立し発展させた立憲主義と民主主義の精神や思想が日本国憲法の前文に盛り込まれていることを知り，考えることにほかならない。

　これまでの高校公民科や中学校社会科公民的分野の授業では，自由権・平等権・生存権などに分割してこれらの人権に関する条文を指摘する憲法学習が基本であった。憲法が何のためにあり，全体で何条あり，どんな構成になっているかに着目することなく，授業が行われてきた。樋口陽一と小林節の対談でいみじくも語られている「第13条が日本国憲法の根本」であることなど，法学部の学生には教えられてきたが小・中・高の社会科の授業で指摘されることはなかったように思う。私自身も数年前に伊藤真の著書で知り，自らの憲法授業の教材研究を改めた。

　受講者は，高校生が63名，引率教師3名を含めて合計66名であった。ではここでこの授業を受けた生徒たちの「学び得たこと＆感想」のいくつかを挙げてみよう。

1．日本の憲法で最も大切なことは何かと聞かれたら答えられなかったと思います。／だけどこの授業を聞いてわかりました。／このようなわかりやすい授業をしてくださり勉強が苦手な僕でもわかりました。／ありがとうございました。（私立2年男子）
2．103条ある憲法の日本国憲法の全体をとらえるのに草川教授の教え方はとても分かりやすかったです。日本国憲法が国民に重点を置いているのは，ある程度知っていましたが，50％以上もあるとはおどろきでした。（私立2年男子）
3．今まで自分たちが学んでいた日本国憲法というのは，ほんの一部でしかなく，本質を捉えていなったことに気付かされた。ただ授業を受けるだけの「受け身」の状態から，授業で学んだ分野について「自発的」に調べていきたいと思った。／今日の講義はとても有意義だった。（私立2年男子）
4．憲法の注目すべきところが違かったことや日本国憲法にリンカーンが関わっていることがおどろきだった。／憲法の認識がかわった。（県立2年女子）
5．今回の授業で，今までは，日本国憲法の大事なところだけしか習っていなかったけど，全部知ることが大切なんだということがわかりました。今日の

帰りに一度読んでみようかなと思いました。(私立2年女子)
6．今まで日本国憲法のことは少しだけわかっていたが，今日の授業で第3章と第4章が日本国憲法の半分以上を占めていることが始めて分かった。(私立2年女子)
7．日本国憲法についてよくわかった。日本国憲法の原理やアメリカの独立宣言に近いことにはびっくりした。日本国憲法の本をあらためてよんでみようと思う。(県立2年女子)
8．私は憲法について，何も知らなかったことに気が付きました。今日，初めて憲法について知ることができたと思います。学校の先生に憲法についてきいてみようと思います。(私立1年女子)
9．ただ単に憲法を学ぶのではなく，出来事と関連付けながら教えて下さって今までとは全く憲法に対する意識が変わりました。／大学の講義って思っていたよりも楽しそうだと思いました。(私立1年女子)
10．私は公民が好きじゃないです。でも少しでも憲法が理解できたらいいなと思って講義受けました。／ゴチャゴチャしてなくてわかりやすかったです。全文を理解するって最初は驚きましたが簡単に説明してもらえたのでよかったです。(私立1年女子)
11．日本国憲法はひとつひとつではなく，まるごと，理解していく。日本国憲法の中にはアメリカのものも入っていた。英語訳の日本国憲法も読んでみたいと思いました。(私立1年女子)
12．日本国憲法は正直わけわからなかったが，この授業でなんとなく日本国憲法が分かってきた。これを自分のものにしていきたい。(私立1年男子)
13．とても分かりやすい授業でした。中学三年生のときは，日本国憲法のほんの一部しか学ばなかったので，今回の授業で日本国憲法をしっかり学ぶことができました。(私立1年男子)
14．日本国憲法を全部学ぶことはしなかったので，今回学ぶことができて良かった。第3章と第4章が五十三．四パーセントで半分以上を占めて重視していることを知った。短い時間で沢山学べた。(私立1年女子)
15．新しい目線から日本国憲法を見ることができ，新たな発見もできました。三大原理がすべてではないことに驚きました。ただ覚えるだけでなく，現代

に役立つように自分流に要約していきます。(私立1年男子)
16. 日本国憲法をまるごと通して見ることで，日本国憲法が大切にしていることを深く知ることができた。自分たちには三年後に選挙権があたえられるが，その時には今回の講義で学んだことを活かしていきたい。(私立1年男子)
17. 日本国憲法を一文一文考えて行く中で，アメリカ独立宣言やリンカーンのセリフが含まれていて，歴史から生まれた憲法もあるのだと知りました。内容が深いので，高校でもまた内容を復習し，大学で教わったことを生かして勉強していきたいです。(私立1年女子)
18. 日本国憲法について去年公民の授業をとおして学びました。しかし，今日の模擬授業でアメリカのような考え方が入っていると知りおどろきました。また，まわりの友達と一緒に考えることができて楽しかったです。(私立1年女子)
19. 自分がどれだけ浅い憲法しか知らないのかと思った。私は来年の一月に留学します。／日本人として恥じないようしっかりと憲法を学んでいきたいと思いました。／ありがとうございました。／改めて憲法を学びなおしたいです。(私立1年女子)
20. 今回，憲法についていろいろ学ぶことができました。／憲法一つ一つではなく，すべて集まった物を見るのは初めてだったのでとても勉強になりました。楽しくて興味がでました。(県立1年男子)
21. 今までは憲法についてそこまで興味なかった。だけど細かい部分まで聴いたことで少し興味が持てた。／憲法は自分らしく個性を持ちながら生きていくためにあるということが分かった。これからも少しずつ理解していけるようにしたい。(県立1年男子)
22. 今までは日本国憲法の細かい部分しか，見ていませんでしたが，全体的に大きく見るのは初めてでした。一番大切なところは，たくさんあると思いますが，自由・生命・幸福の追求がある第13条だと思いました。これからも憲法をしっかりと学びたいです。(私立1年男子)
23. 日本国憲法の割合の多くを占めるのは第三章第四章であること。また，第13条の日本国憲法の根本は，内容をより深く読み解くことが日本人にとっては必要なことであるということ。(私立1年女子)

24. 英語での意味と日本語での意味が少し違っていておもしろかったです。英語を翻訳したものをもっと読んでみたいと思いました。大学の授業は高校と違うということが分かりました。(県立1年男子)
25. 最初は他校の生徒と一緒にやると言われ，不安でしたが，今後大事になってくるということが分かりました。先生の教え方が高校にも取り入れられたらいいなと思いました。(私立1年男子)
26. 第13条の大切さを知りました。ぎせいの上に民主主義があるのをしりました。民主主義の大切さを知りました。生命自由があってこその人間なんだと考えさせられました。第9条がどうなるのか気になります。キャンパスは，原っぱだというのを初めて知りました。(県立1年男子)
27. 急な授業にびっくりした。でも分かりやすかった。条文の割合の求め方が分かった。(私立2年女子)
28. 前に一度，憲法の本を購入したことがあるがよく分からず，結局読むのをやめてしまった。／しかし，今日の講義で憲法の全体像を少しつかむことができ，親しみが湧いた。しかも，前からいいなと思っていた第13条が核だと知り，国民の一員として大事にしていきたいと思った。(私立2年女子)
29. 何が必要で，何を得ていれば社会や世界で通用するのか印象に残った。／日本国憲法で重きを置かれている内容がどこに執着するのか，新たな捉え方で考えられた。とても興味深かった。／キャンパスは「原っぱ」→生命―自由―幸福＝個人の尊重。(私立1年男子)
30. 日本国憲法を「章」ずつで分けてそれから「条」に分けて割合でみると，第3章と第4章の割合がとても多いことに気付け，驚きでした。それから第3章の中の13条は，外国語におきかえると少し意味が変わり，意外な所も分かることができました。日本国憲法をもっと勉強したいと思えました。(県立1年女子)

「丸ごとつかむ日本国憲法」という授業の目的は達成されたか。

2，3，5，10，11，14，16，20，22，28の生徒10名が日本国憲法を全体としてつかむことの意味に言及している。

5の私立2年女子生徒は，「全部知ることが大切なんだということがわかり

第16章　地域経済政策と人材養成教育　305

ました。今日の帰りに一度読んでみようかなと思いました。」と日本国憲法全体に興味を持ったようである。10の私立1年女子の生徒は「公民が好きではない」と表明し，「でも，少しでも憲法が理解できたらいいなと思って」受講したという。「全文を理解するって最初は驚きましたが」と書いているが日本国憲法を逐一理解するのだと思っていたらしい。日本国憲法の何章の条文が多いのか，それは何を意味するのかを追究する課題はこの生徒にとっては「ごちゃごちゃしていなくてわかりやすかったです。」に行きつくのである。12の私立1年男子生徒は，「正直わけわからなかったが」「何となく分かってきた」と書いている。この感覚がよいのである。授業とはある意味，学びのきっかけを与えるものだからである。授業である程度までわからせようと，一斉授業を行う教師は多くの内容を授業に盛り込むが，授業はより少なく学ぶことでより多くを学ぶことになる。"Less is more." ということである。14の私立1年女子生徒は「(これまで―草川註)日本国憲法を全部学ぶことはしなかったので，今回学ぶことができて良かった。(中略) 短い時間で沢山学べた」と述べる。20の県立1年男子生徒は，「憲法は一つ一つではなく，すべて集まった物を見るのは初めてだったのでとても勉強になりました。」と書く。私も含めて日本国憲法をこれまで全体としてつかむ視点が弱かったのだと思う。そのことをこの生徒は率直に述べてくれた。22の私立1年男子生徒も「全体に大きく見るのは初めてでした。」と書く。28の私立2年女子生徒は「前に一度，憲法の本を購入したことがあるがよく分からず，結局読むのをやめてしまった。／しかし，今日の講義で憲法の全体像を少しつかむことができ，親しみが湧いた。」と述べる。私たちは知らない土地を訪ねた時，街の景観がわからないと高いところに登り俯瞰する。そうして安心する。全体を見るとは「鳥の目」で見ることである。日本の憲法学習が「蟻の目」で学ぶことに陥っていたのではないか，とさえ感じる。

　課題3の文章で法律家伊藤真が親しいアメリカ人に問われて悔しい思いをして猛勉強し，日本国憲法の根本は第13条にあると確信したことが，高校生に理解できるかを問うた課題である。このことにふれているのは，22，26，29，30の生徒である。22の私立1年男子生徒は，「一番大切なところは，たくさんあると思いますが，自由・生命・幸福の追求がある13条だと思いました。」「生命・自由・幸福追求」の順序が条文と違っているが，そのことに彼はすぐ

に気付くだろう。26の私立1年男子生徒がズバリ書いている。「生命自由があってこその人間なんだと考えさせられました。」私の授業を受けてこのように考えてくれる若者がいるのだということにとても嬉しくなった。この模擬授業をやって本当によかったと思う。29の私立1年男子生徒は,「日本国憲法で重きを置かれている内容がどこに執着するのか,新たな捉え方で考えられた。とても興味深かった。」この「執着」は,私なら「帰着」と書くところだが,『新明解国語辞典第五版』には「そのことばかり心に思い,忘れられないこと」との意味がある。この場合には「執着」の方が合いそうだ。高校生の語彙の使い方に一つ教えられた気がする。この生徒が「キャンパスは「原っぱ」→生命―自由―幸福＝個人の尊重」と関係を記したことに彼の憲法理解の深さを見ることができる。30の県立1年女子生徒は,「第3章の中の13条は,外国語におきかえると少し意味が変わり,意外な所も分かることができました。と述べる。これは英文学者柴田元幸訳の「第13条は,アメリカの独立宣言が聞こえる気がする。特にthe pursuit of happiness（幸福の追求）というフレーズはとてもアメリカ的です。」を受け止めてくれたことがわかる。

　課題2については,6,14,23,30の生徒が言及している。6の私立2年女子生徒は,「今日の授業で第3章と第4章が日本国憲法の半分を占めていることが初めて分かった。」と述べ,23の私立1年女子生徒や30の県立1年女子生徒も指摘している。14の私立1年女子生徒だけが,「第3章と第4章が五十三.四パーセント」という数字を挙げて「重視していることを知った。」と述べている。この課題については解答例にあるように「第3章『国民の権利及び義務』の条文が最も多く,次に第4章『国会』の条文が多い。」と分けて答えてもらいたかった。とにかく日本国憲法は「国民の権利及び義務」が31条と最も多く,この第3章に「日本国憲法の要・根本」というべき第13条も含まれているのである。「国民の権利及び義務」とは「基本的人権の尊重」にほかならないが,「基本的人権の尊重」という文言は"respect for the fundamental human rights"として「ポツダム宣言」の第10項に現れる。

　「基本的人権の尊重」「戦争放棄」の2つが日本国憲法制定の目的であり,「国民主権」はその手段・運用であるとの見解を持つ憲法学者もいる。日本国憲法全文でただ1カ所「政府」という文言がその前文の「政府の行為によって

再び戦争の惨禍が起こることのないやうにすることを決意し」に使われているが，このことは明治以来の日本の戦争が政府によって，またすべての戦争を政府が起こすという歴史の教訓を踏まえている。

　日本国憲法が，いやすべての国の憲法が歴史的事件と関係していることは当然のことであるが，日本国憲法が歴史的事件や出来事と関係していることを，憲法の文言から学べるということも児童，生徒，学生が憲法を学ぶときの有効な方法であろう。

　4，9，17，18の生徒がこのことについて述べている。4の県立2年女子生徒は，「日本国憲法にリンカーンが関わっていることがおどろきだった。」と述べているが，リンカーンのゲティスバーグ演説が前文に反映され，もしくは影響しているということであろう。17の私立1年女子生徒は「日本国憲法を一文一文考えて行く中で，アメリカ独立宣言やリンカーンのセリフが含まれていて，歴史から生まれた憲法もあるのだと知りました。」と述べている。高校生にとっては9の私立1年女子生徒のように「ただ単に憲法を学ぶのではなく，出来事と関連付けながら教えて下さって今までとは全く憲法にに対する意識が変わりました」と述べ，とっつきにくい憲法学習への関心を示している。

　25の私立1年男子生徒は，「最初は他校の生徒と一緒にやると言われ，不安でしたが，今後大事になってくるということが分かりました。先生の教え方が高校にも取り入れられたらいいなと思いました。」とやってみてよかったという感想を述べている。教師は協同学習を取り入れることに慎重になるが，これは教える側からの発想であって学ぶのは生徒なのである。学ぶ主体である生徒の立場と思いを想像力をもって教師が知ろうとすることが必要であろう。

　19の私立1年女子生徒は，「自分がどれだけ浅い憲法しか知らないのかと思った。私は来年の一月に留学します。／日本人として恥じないようしっかりと憲法を学んでいきたいと思いました。／ありがとうございました。／改めて憲法を学びなおしたいです。」と留学する自分を見つめ，決意を示してくれている。

　以上，授業を受けた学生がどのように考え，学んだかを「学び得たこと&感想」から分析してみた。30分の授業の最後の5分でこれらの文を書いてくれるとは思わなかったが，

　学びが成立すれば短い時間であっても生徒の頭は活性化するのだと思った。

Ⅲ 協同学習が地域人材養成にとって持つ意味

　ある高校の公開授業研究会の授業協議会の席上，その高校の年配の教師から「なぜ協同学習をやるのか，グループ学習が必要なのか，その理由を知りたい」という質問が出された。私もその研究会に参加していたので，講師（助言者）がどのような答えをするのかに興味をもって耳を傾けた。その答えはこうであった。「今，学んでいる生徒たちが将来社会に出て仕事をする時，年齢の違う人，性の違う人，経験のある人，無い人など自分とは異なる人たちと協同して仕事をしていかなければなりません。これが現実です。そのために協同学習やグループ学習をするのです。共同してグループで課題に取り組むのですが，基本は個人学習です。グループにするのはレフ・ヴィゴーツキーが『最近接発達の領域』で述べているようにレベルの高い課題に取り組むときに有効だからです。学力はレベルの高い課題にグループで挑戦しようとして背伸びする時に付くのです。このことは協同学習やグループで追究するときの課題が教科書レベルよりも高い課題でなければなりません。ここに先生方が設定する課題が高いかどうかが問われるのです。これが協同学習やグループで課題に取り組む理由ですがいかがでしょうか。」なるほどなあと私も聴いていた。

　次に別の教師から「一斉授業ではなぜいけないのでしょうか」との質問が出た。講師（助言者）は続けて静かに答えた。「中学や高校の授業は教師が板書して生徒がノートをとる一斉授業が多いのですが，あれは教師が勉強してきたことを生徒に写させているに過ぎません。生徒はなぜ写すのでしょうか。それは教師がその板書事項を定期試験に出すからです。そうして試験が終わると忘れます。定期試験までに一所懸命暗記して解答用紙に暗記した用語を書いて終わりです。これは受け身の学習です。生徒を学ぶ主体にするには，先生方が板書する内容を教科書や資料を読んで生徒が追究できるように授業を変えることです。いかがでしょうか。」質問した教師も会場にいた全国から参加した教師たちも静かに聴いていた。

　私は，このことは地域で生起する課題に取り組む際にも有効ではないかと考えた。地域の担い手である住民が年齢，性，経験，などの違いを超えて協働

で取り組むことに通じる形態の一つではないかと思う。これからの地域人材養成はこのような形で進められるのではないかとも考えた

おわりに

　地域をめぐる動向は激しく，変化もまた大きい。これまで経験したことのない動きや変化が現出している。それはまた，1989年のベルリンの壁崩壊，冷戦終結，東欧社会主義諸国の崩壊とソ連崩壊に始まるグローバルな世界の出現，そうして地球温暖化，情報社会・知識基盤社会，先進国の少子高齢社会の出現など多岐にわたっている。

　しかし，歴史を見るならば，いつの時代も未経験の変化や動向に出会ってきたことになる。

　地域経済政策もこれらの要因によって変化し，作成されるだろう。ではその地域経済政策を担う人材をどう育成するか。それはひとえに学び続ける人間によって遂行されるであろう。学ぶことが新鮮で魅力に満ちた経験を学校という授業の場で積むことができれば，学び続ける主体は育成されるであろう。

　「学びの共同体」の授業を経験した生徒たちはたとえ30分という短い時間であっても，その日に出会ってたまたま机を並べた生徒たちであっても協同して学ぶことは可能であることを示してくれた。

　私の拙い授業ではあるが，地域の人材養成に何ほどかの示唆ができれば幸いである。

（草川　剛人）

〈参考文献〉
増田寛也編著（2014）『地方消滅――東京一極集中が招く人口急減』中公新書。
小田切徳美（2014）『農山村は消滅しない』岩波新書。
山下祐介（2014）『地方消滅の罠――「増田レポート」と人口減少社会の正体』ちくま新書。
佐藤学ほか編著（2015）『持続可能性の教育――新たなビジョンへ』教育出版。
佐藤学（2012）『学校を改革する――学びの共同体の構想と実践』岩波ブックレット。
柴田元幸・木村草太対談「英語からみた『日本の憲法』」柴田元幸訳，木村草太監修（2015）『現代語訳でよむ日本の憲法』アルク。
樋口陽一・小林節（2016）『「憲法改正」の真実』集英社新書。

索　引

英数字

1.5 次産業　106
BID　167
CAP 政策　196
GHQ　204
IT 景気　145
I ターン　194, 202
LRT　ix, 177, 232, 236-237
M&A　230
MANDARA　263
MICE 産業　183
NGO　x, 274, 281-282
NPM　x, 220, 279, 283, 287, 291
NPO　x, 14, 123, 166, 177, 221-222, 274-278, 280-283, 285-292
OECD　279, 282
PDCA サイクル　97
PFI　viii, 220-222, 279-280, 285-286
PI　120
PPP　221-222, 280
RESAS　ix, 263, 268
TPP　131
U ターン　202
WTO　125, 129, 130-132, 281
X 効率論　220

あ行

アウトソーシング　x, 221, 291
青の政策　132, 135
アグリツーリズモ　194-197, 199-200
アソシエーション　79, 281-282
アメリカ独立宣言　303, 307
安定成長景気　145
イエ, 家制度　50, 75

イザベラ・バード　52
いざなぎ景気　145
意思決定　16, 40, 72, 229-230, 251
移出産業　2-3, 12
一村一品運動　vi, 103-104, 106-107, 109-119, 121-123, 206
一般財団　276
一般社団　276
移入・移出　245
イノベーション　143-144, 160
医福利便性　176, 177
移民　50-51, 60-61, 133
岩戸景気　145
インターネット　vii-viii, 1, 77, 186, 210
インナーシティ問題　166
インバウンド　viii, 180, 186, 208, 210
宇治茶　192
薄型テレビ　145, 149
駅勢圏　271
エージェンシー　279
エコ・ツーリズム　185, 208, 209
エンジェル　158
オイルショック, 石油危機　105, 145, 156, 206, 212
大きな政府　274
大阪万博　205
大阪府箕面市　289
オープンデータ　ix, 256, 261-263, 268, 271
オーナー制度　194, 213-214
オリンピック景気　145

か行

海外生産比率　150
外国人旅行者　180, 185, 191, 204, 208

開業率　146, 159-160
介護　75, 275, 285-287
会社法　225, 229
回収期間　230-231
買物利便性　176-178
価格政策，価格保護政策　125, 127, 129-132, 134-138, 140
閣議決定　iii, 87, 92, 94-98, 107, 284
閣議報告　95
閣議了解　94-95
格安航空券　186
過疎地域振興特別措置法　105, 110
価値連鎖　v, 2
学校統廃合　295
観光関連産業　183, 202
観光基幹産業　181-184
観光公害　203
観光産業　180-185, 187, 190, 192-197, 199-200
観光地域政策　viii, 201, 209-210, 217
観光農園　211-212
関税　1, 132, 245
完全失業率　147
官庁会計　viii-ix, 223-224, 229
看板方式　149
管理会計　220, 229-230
議員立法　89, 93, 100
機関委任事務　284
起業家　18, 143, 157, 158, 160
企業会計　viii-ix, xi, 220, 223-225, 227-229, 234
企業版ふるさと納税制度　118
技術革新　143
規制緩和　220, 275, 281
黄の政策　132
基本的人権の尊重　298, 300, 306
（〇〇）基本法　vi, viii, 85-92, 101, 205, 208, 255, 284, 286
逆行列係数（表）　243-244, 246-247, 251

（大型・豪華）客船　190-191
キャッシュフロー　224-226, 230-231
キャピタルゲイン　158
行政改革　42, 109, 283-284
行政コスト計算書　225-229
行政的地域　26-31, 34-35, 38-40, 45-46
共生社会　173
競争原理　220, 279
協同学習　297, 307-308
和束町（京都府）　192-194
拠点開発方式　114
儀礼的無関心　78
金太郎飴　108, 121
空間経済学　iv, 1
空間スケール　256, 258
空間的自己相関　264
クラフト　199
グリーン・ツーリズム　185, 200, 208, 215
クルーズ産業　190
グループ学習　308
クレマンテル　41-46
グローカル　xi, 1
グローバル・スタンダード　28
景観　viii, 5, 162, 166, 170, 184, 189, 192-194, 206, 208, 212, 214-216, 305
経済のグローバル化　xi, 149, 281
経済波及効果　184, 203
計算書類　225
傾斜生産方式　148
ケインズ経済学　132
結節地域　6
ゲティスバーグ（演説）　297, 299-300, 307
限界集落　294
減価償却　224, 228, 230-231, 233
現金主義　viii, 223-224, 226
減反　130
現地法人　149-150
広域行政機構　115
広域連携　12, 118, 122

公益法人　276, 283, 285
公共空間　vi, 74-75, 77-81
公共サービス　vi, x, 85-87, 101, 221,
　　274-275, 281, 283, 285-287, 290-291
公共財　164, 234
公共政策　vi, 64, 83-95, 98
公共投資景気　145
耕作放棄地　192, 219
公設民営　221-222, 279
高度成長，高度経済成長　vii - viii, 11, 38,
　　62, 64, 110, 128-129, 148-149, 153-154,
　　156, 180, 185-186, 206, 211-212,
　　218-219, 283, 294
高度大衆消費社会　148
交流ネットワーク方式　114
国勢調査　iv, 57, 76, 258, 262
国土利用状況　63
国土強靭化論　64
国土地理院　255
国内総生産，GDP　97, 180, 239, 278
国富　146, 278
国民休暇村　205
国民経済計算　277, 278
国民国家　22-27, 29-30, 32, 35-38, 41, 43-
　　47, 278, 281
国民主権　298, 300, 306
国民宿舎　205
国立公園　viii, 204-205
個人情報保護法　272
個人旅行化　186-187
国家の三要素　24
古典派経済学　4
コト消費　203
個別実体法　85, 88-89, 91-92
コミューン　37-39
米騒動　129
コンセッション　221
コンパクトシティ　170, 172
コンベンション　183, 208

さ行

埼玉県秩父市大滝地区　217-219
最小輸送費地点理論　11
サード・セクター　277
最近接発達の領域　300, 308
財政再建団体　222
財閥　147
財務諸表　225
財務書類　225-226
さざなみ景気　145
サッチャー（政権）　67, 220, 274, 279-282
サブネーション　23, 25-27, 29-30, 35-37
サプライヤー企業　265
産学連携　267
産業クラスター　12, 155
産業構造　7, 105, 145, 170, 248, 279
産業集積　xi, 12, 154, 238, 264-267
産業の空洞化　1, 12, 150, 220
産業用ロボット　145
産業連関（表・分析）　viii-ix, 18, 180,
　　238-242, 245-248, 251-253
サン＝シモン主義　34
市街化調整区域　168, 171, 174
時間価値　230-231, 236
資金循環　16
事後管理　120
自己資本比率　227
市場化テスト　286, 288
市場自立型中小企業　154
自然休養村　211
持続可能性，サステナビリティ　166-167
下請け　148-149, 292
自治体消滅（地方消滅）　64, 110-111, 294,
　　296
指定管理者制度　222, 285-287, 291
自動車大国　145, 149
地元学　10
社会関係資本　vi, 67-69, 71-80, 171

索引　313

社会空間　74, 77
社会構造　68-71, 74-75, 77
社会資本（整備）　vi, 7, 11, 73, 108, 121, 164, 167, 172, 221, 279
社会主義（国）　16, 274, 280-282, 309
社会喪失　68
社会的共通資本　v, 164
社会的ネットワーク　vi, 71-73, 75, 78, 80-81
社会福祉法人　276
ジャスダック　142, 157-158
就業人口　57-58, 62
重厚長大　105, 108
自由放任　274
住民監査請求制度　121
重要業績評価指標　117, 120
主題図　258
出生率　50, 111-112
主要簿　226
シュンペーター　143
上下分離方式　232
住民自治　121
証券取引所　142, 158
条件不利地域対策　131, 134-135
消費者余剰　133, 234-235
消費者余剰法　234-235
正味現在価値　231-232
将来人口推計　110, 153, 294
条例　17, 87, 92, 98, 100, 113, 119, 155, 163, 172-173, 187, 196, 208, 223, 288-290
昭和恐慌　129
所得補償政策　124, 135
シリコンバレー　157
シルバー・ウイーク　181
仕訳　224, 226
新幹線　62, 64, 189, 205-206, 209
新規上場企業数　158
人口減少　iv, 106-107, 110-113, 116, 153, 172-173, 192-193, 201, 208, 210, 220-221, 256, 294, 295
人口集中地区　63
人口分布　62-63, 258
新経済地理学　1
新古典派経済学　132
人材養成教育　293
新産業都市　12, 105
親密空間　74-78, 80
推進法　85, 87, 89-92, 215
垂直的ネットワーク　267
水平的ネットワーク　267
ステークホルダー　xi, 22, 46
スープラネーション　23, 25, 27
スピンオフ　267
スマイルカーブ化現象　250-251
スマートグロース　166-167
アダム・スミス　vi, 4
スラック　220
スローフード　216
生活必需品　169-170, 268, 270
生産支援政策　vii, 127-129
生産調整　130, 133-134, 139
成長管理政策　166
制度会計　229-230
政府の失敗　277, 279
精密法制　92, 100
政令指定都市　iv, 64, 176, 264
世界測地系　261-262
世界貿易機関（WTO）　125, 129-132, 134-135, 281
絶対王政期　23, 29
全国総合開発計画　12, 14, 109, 111, 113-115, 206, 262
戦争放棄　299-300, 306
総勘定元帳　226
ゾーニング　167, 172
ソーシャル・ツーリズム　205
損益計算書　224-226

た行

第1次産業　57-58, 62, 106, 247
第1セクター　277
第2次産業　57, 65, 247, 251
第2セクター　277
第二帝政　34-35, 37-38, 40, 44
第三共和政　37
第三空間　79
第3次産業　57, 65, 247, 251
第3セクター　221, 232, 277
対家計民間非営利団体　278
大企業　vii, 12, 142-144, 147-148, 151-155, 157
大規模拠点開発プロジェクト方式　114
貸借対照表　224, 225-227, 229, 287
大店立地法　167, 170
太平洋ベルト地帯　11, 154
ダウンサイジング　x, 291
タウンマネジメント　166
棚田　216
多極分散型　114
単一予算主義　223
団体自治　121
団体旅行　187
ダンピング輸出　132
地域学　iii, xi, 9-10
地域3政策　104, 113
地域おこし（協力）隊　117, 217
地域活性化　iii, vi, 116, 153, 201, 208, 217, 292
地域経済学（科）　x-xi, 1, 5, 293
地域経済政策学　iv-xi, 5, 14
地域コミュニティ　28, 118, 123, 172
地域産業　viii, 2-3, 16, 104, 239
地域主義　v, 3, 36-38, 40, 43-47, 123
地域通貨　16-17
地域づくり養成塾　120
小さな政府　220, 274, 279, 283

地誌学　9
地球温暖化　5, 172, 177, 309
地図でみる統計　263
地方交付税（交付金）　115, 117, 119, 229
地方制度調査会　114
地方創生　vi, 64, 97, 103, 104, 107, 110-112, 116-122, 208
地方単独事業　114, 120
地方分権　x, 47, 65, 103-104, 109, 115-116, 225, 275, 283-284, 291
着地型観光　186
中山間地（域）　xi, 18, 113, 131, 134, 178, 216, 218, 294
中小企業　32, 97, 142-151, 153-160
中心市街地　vii, 163, 166-167, 170-172, 174-178
朝鮮戦争　147
直接支払い　vii, 124-127, 130-140
地理情報システム，GIS　ix-x, 255-258, 260-263, 271-272
通勤利便性　176-177
定義規定　99
帝国主義　62
定住構想　114
デカップリング　124-125, 135, 196
テクノポリス　12
テーマパーク　183, 207, 209, 214
転作　130
東京一極集中　62-64, 66, 107, 111-112, 114, 294-295
東京五輪　204-205, 210
投資回収年数　231
投資の限界効率　230
投入係数　242-243
特殊法人　284-285
特別養護老人ホーム　286
匿名加工情報　272
独立行政法人　86, 284-285
都市蟻地獄　50

都市空間　163, 165-166
都市計画　165-168, 171-172
都市国家　62-63
都市農村交流　212-214, 217-218
都市法　165
特化係数　248-249, 251, 264
特許分布図　268-270
トップダウン型　x, 291
トランスネーション　23, 25, 28
取引基本表　242

な行

内発的発展論　9
内部収益率（法）　231-232
ナポレオン（1世）　22, 31-32
ナポレオン3世　34-35
二重構造問題　148
二重米価制　129
日銀短観　142
日本国憲法　vi, 14, 100, 297-307
日本商工会議所　151
日本測地系　262
日本標準産業分類　182
日本列島改造論　206
ニュー・パブリック・マネジメント（NPM）　220, 279, 284
農業政策　124-129, 132, 137, 139-140
農ガール，農ボーイ　216

は行

パートナーシップ　x, 280, 292
廃業率　146, 159
廃校　18, 296
ハイテク景気　145
爆買い　180
白豪主義　61
箱物行政　64
発生主義　ix, 224-225
バーノン（ヴァーノン）　150
バブル経済（景気）　154, 157, 186, 207, 215, 274, 281
阪神淡路大震災　x, 255, 275
非営利革命　x, 274-275, 278, 282-283
比較優位論　1
東日本大震災　vi, x, 10, 216, 294
ピーター・ドラッガー　276
非分配制約　276-277
費用対効果　220, 237, 287
費用便益分析　ix, 234-235
風俗習慣　56-57
フェリブリージュ　36-38
付加価値　2-3, 106, 144-146, 184, 202, 213, 241-243, 246, 250-251, 278
複式簿記　ix, 223-225
福島県商業まちづくり条例　173
福祉国家　67, 274, 279, 281-282
プラザ合意　157, 207
フランス革命　22, 29-30, 37-38, 41, 45
ふるさと　15, 104-105, 108, 112-113, 116, 119-120, 189, 212-214
ふるさと運動　212
ふるさと支援隊　218-219
ふるさと創生　vi, 103-104, 107-112, 114-119, 121-122, 207, 209
ふるさと納税制度　118
プロダクト・サイクル理論　150
プレイスメイキング　79
文化的地域　26-36, 38-39, 43, 45
平成景気　145
平成の大合併　201
ベクター形式　256-257
ヘゲモニー　8
ベルリンの壁　309
ベンチャー企業　142-144, 155-158, 160
ベンチャーキャピタル（VC）　158
ベンチャーブーム　156-157, 159
貿易摩擦　145, 149
法体系　vi, 89, 92, 100

訪日外国人　180-181, 186, 191, 208, 210
法律事項　88, 91
ポート・セールス　191
ポートピア　207
補完性原則　287
補助金　vii, 3, 64, 84, 91, 104, 107, 113, 115, 117, 121, 123, 127-128, 131, 134-135, 167, 196, 227-229, 241, 284, 290
補助金適正化法　117, 122
補助簿　226
北海道美瑛町　214-215
ボトムアップ型　x, 291
骨太の方針　284
ボランティア　x, 16, 81, 118, 123, 275, 278
ボルツァーノ　195, 197-198, 200

ま行

マイケル・ポーター　12
マッキーヴァー　79
マーケティング　162, 186, 197
マクシャーリー農政改革　134
マザーズ　142, 157-158
マス・ツーリズム　186, 191
まちづくり　viii, xi, 15, 112, 162-176, 194, 206, 209, 287, 289-290
まちづくり三法　vii, 163, 166-169, 172
町並み　162-163, 205-206
学びの共同体　x, 293-294, 296, 299-300, 309
マルクス（経済学）　4-5, 148
ミニ独立国　206, 214
緑の政策　132, 135
民営化　220-222, 275, 279, 281, 283-285
民泊　187, 200
メッシュ　259-260
メッツァドリア　196
最寄品　174

や行

ユースホステル　205
輸入自由化　125, 129-130, 137
横浜コード　288
予算　87, 89-90, 92-94, 98, 103, 107, 117, 119, 224, 284
予算単年度主義　93
予算理論　93
預貸率　16

ら行

ライブドア事件　158
ラスター形式　256-257
ラティフォンド　195
リカード　1
リーマンショック　158, 216
利害関係者　222
リゾート法　187, 207
リテラシー　271-272
リモート・センシング　256
流通革命　156, 175
旅行業　182, 185-186
リンカーン　299, 301, 303, 307
臨時行政調査会　109, 114
ルイ14世　22, 29
ル・プレー　39-40, 43
レイヤー構造　257-258
レーガン政権　167, 220, 274, 281
レジリエンス　vi, 73
レスター・サラモン　276, 278, 281
レッド・ルースター　197, 199-200
列島改造ブーム　145, 156
連結ベース　225-226, 234,
労働生産性　vi-vii, 4, 127, 175
ローカル・モランI統計量　264-265
ロードプライシング　237
ロストウ　148

執筆者紹介 (執筆順)

山川　充夫（やまかわ みつお，はじめに，第1章，第9章 担当）
　帝京大学経済学部地域経済学科長・教授
　東京大学大学院理学研究科博士課程満期退学，博士（学術），日本学術会議会員
　都立大学，福島大学を経て現職
　専門：経済地理学，地域経済学，震災復興学

乗川　聡（のりかわ さとし，第2章 担当）
　帝京大学経済学部地域経済学科専任講師
　早稲田大学大学院商学研究科博士課程満期退学
　早稲田大学，跡見学園女子大学等を経て現職
　専門：経済史，経済思想史

山室　建徳（やまむろ けんとく，第3章 担当）
　帝京大学経済学部地域経済学科教授
　東京大学大学院人文科学研究科修了，博士（史学）
　帝京大学理工学部を経て現職
　専門：近代日本史，日本の政治構造，日本文化史論

松尾　浩一郎（まつお こういちろう，第4章 担当）
　帝京大学経済学部地域経済学科准教授
　慶応大学大学院社会学研究科博士課程満期退学，博士（社会学）
　日本社会事業大学等を経て現職
　専門：社会調査論，都市社会学

夜久　仁（やく ひとし，第5章 担当）
　帝京大学経済学部地域経済学科教授
　東京大学法学部卒業
　衆議院法制局，国立国会図書館を経て現職
　専門：予算理論，立法政策，立法過程

内貴　滋（ないき しげる，第6章 担当）
　帝京大学経済学部地域経済学科教授
　東京大学法学部卒業，博士（法律学），バーミンガム大学名誉フェロー
　自治省入省，官房審議官，消防大学校長，北九州副市長，ロンドン事務所長，
　在英日本大使館一等書記官などを経て現職
　専門：地方財政論，行政法，公共政策論，危機管理論，地方自治法

加瀬　和俊（かせ かずとし，第7章 担当）
　帝京大学経済学部地域経済学科教授
　東京大学大学院経済学研究科博士課程中途退学，博士（農学）
　東京水産大学，東京大学を経て現職
　専門：農業経済学，流通経済学，漁業経済学

黒崎　誠（くろさき　まこと，第8章 担当）
　帝京大学経済学部地域経済学科教授
　時事通信社で主に経済問題を担当，同社解説委員を経て現職
　専門：起業論

五艘　みどり（ごそう　みどり，第10章 担当）
　帝京大学経済学部地域経済学科専任講師
　立教大学大学院観光学研究科修士課程修了
　ジャルパック，富士通総研，神戸夙川学院大学等を経て現職
　専門：地域経営，観光産業史

山田　耕生（やまだ　こうせい，第11章 担当）
　千葉商科大学サービス創造学部准教授
　立教大学大学院観光学研究科博士課程満期退学
　帝京大学准教授（2016年3月まで）を経て現職
　専門：観光地理学，観光地域論

浅井　康次（あさい　こうじ，第12章 担当）
　帝京大学経済学部地域経済学科教授
　京都大学卒業，ウェールズ大学経営大学院ＭＢＡコース修了
　日本開発銀行〜日本政策投資銀行を経て現職
　専門：会計学，簿記論

溝口　佳宏（みぞぐち　よしひろ，第13章 担当）
　帝京大学経済学部地域経済学科専任講師
　一橋大学大学院経済学研究科博士課程満期退学
　成城大学，明治学院大学等を経て現職
　専門：国際経済学，ミクロ経済学，マクロ経済学

丹羽　孝仁（にわ　たかひと，第14章 担当）
　帝京大学経済学部地域経済学科非常勤講師
　東北大学大学院理学研究科博士課程後期修了，博士（理学）
　マップ仙台M96 GIS室研究員，神戸大学研究員等を経て現職
　専門：地理情報分析学，地域政策論

金子　弘道（かねこ　ひろみち，第15章 担当）
　帝京大学経済学部地域経済学科教授
　早稲田大学政治経済学部卒業
　日本経済新聞論説委員，鳥取環境大学を経て現職
　専門：地域産業論，まちづくり論

草川　剛人（くさかわ　たかと，第16章 担当）
　帝京大学経済学部地域経済学科教授
　早稲田大学大学院文学研究科修士課程修了
　中等教育学校教員・副校長等を経て現職
　専門：日本近代思想史，教員養成

地域経済政策学入門

2017年5月15日　第1刷発行

編著者　　帝京大学地域経済学科
　　　　　山　川　充　夫

発行者　　片　倉　和　夫

発行所　　株式会社　八　朔　社
　　　　　　　　　　はっ さく しゃ
東京都新宿区神楽坂2-19 銀鈴会館内
電話 03-3235-1553　Fax03-3235-5910
E-mail : hassaku-sha@nifty.com

ⓒ帝京大学地域経済学科 山川充夫, 2017　組版・鈴木まり 印刷製本・厚徳社
ISBN978-4-86014-084-7

― 八朔社 ―

大型店立地と商店街再構築
地方都市中心市街地の再生に向けて
山川充夫著 ……四二〇〇円

北東日本の地域経済
経済地理学会北東支部編 ……三四〇〇円

グローバリゼーションと地域
21世紀・福島からの発信
福島大学地域研究センター編 ……三五〇〇円

地域計画の射程
鈴木浩編著 ……三四〇〇円

小さな自治体の大きな挑戦
飯舘村における地域づくり
境野健兒／千葉悦子／松野光伸編著 ……二八〇〇円

八ッ場ダムと地域社会
大規模公共事業による地域社会の疲弊
桜美林大学産業研究所編 ……二八〇〇円

定価は本体価格です